Geomarketing

Anwendung Geographischer
Informationssysteme im Einzelhandel

von

Frank Schüssler

Tectum Verlag
Marburg 2006

Schüssler, Frank:
Geomarketing.
Anwendung Geographischer
Informationssysteme im Einzelhandel.
/ von Frank Schüssler
- Marburg : Tectum Verlag, 2006
Zweite, unveränderte Auflage
Zugl.: Gießen, Univ. Diss. 2000
ISBN 3-8288-8981-6

© Tectum Verlag

Tectum Verlag
Marburg 2006

Vorwort

Die vorliegende Dissertation entstand auf Anregung meines Doktorvaters Prof. Dr. Ernst Giese (Institut für Geographie der Justus-Liebig-Universität, Gießen), der mich während des Studiums kontinuierlich begleitete, mein Graduiertenstipendium unterstützte und somit diese Arbeit ermöglichte. Seine Betreuung bei der Erstellung der Dissertation zeichnete sich dadurch aus, daß er mir eine individuelle Entfaltungsfreiheit gewährte und zugleich als Ratgeber sowie kompetenter Diskussionspartner zur Seite stand. Aufgrund seiner konstruktiven Kritik und seiner beständigen Motivation gilt ihm mein besonders herzlicher Dank.

Herrn Dr. Wolf-Dieter Erb (Institut für Geographie der Justus-Liebig-Universität, Gießen) danke ich für die unzähligen Diskussionen über Geographische Informationssysteme in meiner Zeit als studentische Hilfskraft, Diplomand und Doktorand am Institut für Geographie. Darüber hinaus danke ich ihm für die Anfertigung des Zweitgutachtens.

Dem Bundesland Hessen gilt mein Dank für die finanzielle Unterstützung der Dissertation durch die Bewilligung eines Graduiertenstipendiums.

Des weiteren bin ich besonders Herrn Dr. Thomas Christiansen (Institut für Geographie der Justus-Liebig-Universität, Gießen) zu großem Dank verpflichtet, insbesondere für seine sorgfältigen und äußerst hilfreichen Notizen zum Manuskript sowie für aufmerksame Anregungen hinsichtlich wissenschaftlicher Arbeitsmethoden.

Den Herren Dr. Reinhard von Stoutz, Dr. Matthias Höher, Torsten Günther, Dipl.-Kfm. Ludger Picken, Ivo Moßig und Mike T. Bruce danke ich für viele wertvolle Anregungen und die unkomplizierte Hilfsbereitschaft.

Am Zustandekommen der Arbeit waren weitere Organisationen und Personen maßgeblich beteiligt. Dies sind insbesondere Manifold Net Ltd. (Carson City / USA), die Arbeitsgemeinschaft Mediaanalyse (Frankfurt), die GfK Gesellschaft für Konsumforschung (Nürnberg), die ZMG ZeitungsMarketingGesellschaft (Frankfurt), Pan-Adress Direktmarketing (Planegg), Macon (Waghäusel), Microm (Düsseldorf), HDE Hauptverband des Deutschen Einzelhandels (Köln) und nicht zuletzt StrateGIS (Gießen).

Die Arbeit ist meinen Eltern gewidmet.

Gießen, im April 2000   Frank Schüssler

Inhaltsverzeichnis

Vorwort I

Inhaltsverzeichnis III

Verzeichnis der Tabellen V

Verzeichnis der Abbildungen VI

Verzeichnis der Abkürzungen IX

1. Einleitung 1
1.1 Fragestellung und Zielsetzung 1
1.2 Methodik der Arbeit 4
1.3 Struktur der Arbeit 5

2. Geomarketing 9
2.1 Definition 9
2.2 Entstehungsgeschichte 10
2.3 Instrumente 15
2.4 Datenbasis 16
    2.4.1 Raumbezogene Daten 19
    2.4.2 Attributbezogene Daten 24
    2.4.3 Neue Geodaten durch Geomarketing? 40
    2.4.4 Fehlerquellen 41

3. Geographische Informationssysteme 43
3.1 Vorbemerkungen 43
3.2 Entstehungsgeschichte 46
3.3 Methodik 48
    3.3.1 Generalisierung 49
    3.3.2 Abfragen 52
    3.3.3 Analyse 56
    3.3.4 Visualisierung 70
    3.3.5 Sonstige Methoden 73
3.4 Kritik an GIS 81

4. Einzelhandel 85
4.1 Funktionen des Einzelhandels 85
4.2 Angebotsformen und -struktur 87
4.3 Nachfragestruktur 94
4.4 Marketing im Einzelhandel 97

5. Geomarketing in der Standortplanung 99
5.1 Betriebswirtschaftliche Grundlagen 99
5.2 Standortplanung 102
    5.2.1 Standortsuche 103
    5.2.2 Marktanpassung 115

6. Geomarketing in der Zielgruppen-Analyse 129
6.1 Betriebswirtschaftliche Grundlagen 129
6.2 Zielgruppen-Analyse mittels geographischer Marktsegmentierung 132
    6.2.1 Zielgruppen und Marktsegmentierung 132
    6.2.2 Methodik 134
        6.2.2.1 Analyse interner Daten 135
        6.2.2.2 Definition des Einzugsgebietes 137
        6.2.2.3 Analyse der Struktur des Einzugsgebietes 141
        6.2.2.4 Penetrations- und Potentialanalyse 144
        6.2.2.5 Preispolitische Entscheidungen 149

7. Geomarketing in der Mediaselektion und Database Marketing 151
7.1 Betriebswirtschaftliche Grundlagen 151
7.2 Regionale Inter-Mediaselektion bei Printmedien 155
    7.2.1 Definition und Zielsetzung 155
    7.2.2 Mediaanalyse 156
    7.2.3 Der Beitrag von GIS und Geomarketing 162
7.3 Database Marketing (DBM) 163
    7.3.1 Grundlagen des Database Marketing 163
    7.3.2 Anwendungen von Database Marketing im Einzelhandel 165
    7.3.3 GIS und Geomarketing im Database Marketing 168

8. Geomarketing in der Vertriebs- und Serviceoptimierung 173
8.1 Betriebswirtschaftliche Grundlagen 173
8.2 Optimierung von Marktverantwortungsregionen (MVR) 175
    8.2.1 Service und Vertrieb in MVR 175
    8.2.2 Anforderungen und Kriterien zur Bewertung von MVR 176
    8.2.3 Planung von MVR mittels GIS-Software 177
8.3 Tourenplanung 188
    8.3.1 Zielsetzung der Tourenplanung 188
    8.3.2 Strategische und operative Tourenplanung mittels GIS 188
    8.3.3 In-Car-Navigation 192

9. Ergebnisse 195
9.1 Zusammenfassung 195
9.2 Geomarketing und GIS im Einzelhandel 199
9.3 Ausblick und zukünftige Entwicklungen 203

10. Summary 207

Literaturverzeichnis 211

VERZEICHNIS DER TABELLEN

2.1	Betriebsinformationssysteme: Einsatzgebiete und Beispiele	13
2.2	Kennzeichen geometrischer Daten in Deutschland	20
2.3	Die deutsche MOSAIC-Klassifikation	27
2.4	Nischen-Profile in den USA	32
2.5	Merkmale der MIKROTYP-Datenbank (Auszug)	36
2.6	Datenbezogene Fehlerquellen	42
3.1	Systemkomponenten eines GIS	45
3.2	Die technologische Entwicklung von GIS	48
3.3	Ergebnisse einer Nachbarschaftsanalyse	58
3.4	Beispieldatensatz zur Netzanalyse	59
3.5	Klassifikation mathematisch-statistischer Methoden im Geomarketing	68
3.6	Kartographische Gestaltungsmittel	71
3.7	Thematische Darstellungen	73
4.1	Anzahl und Rohertrag der Einzelhandelsunternehmen mit einem jährlichen Umsatz unter 2 Mio. DM in den Jahren 1994 und 1997	89
4.2	Entwicklung von Zahl und Verkaufsfläche der Shopping-Center von 1970 bis 1999	91
4.3	Demographische Entwicklungen 1950 – 1997	94
5.1	Distributionsentscheidungen im Einzelhandel	100
5.2	Stärken und Schwächen empirischer Modelle und mathematischer Methoden	110
5.3	Probleme der Geocodierung von Adressen	112
5.4	Warengruppen und Intensitätszonen im Marktgebiet von Gießen	126
6.1	Bestandsindex	144
6.2	Kombination der Penetrationsindizes	150
7.1	Indizes zur Mediaanalyse	157
7.2	Beispiel für ein Scoring-Modell	167
7.3	Mosaic-Typen und Scorepunkte	169
7.4	Integration von Zielgruppen- und Zielgebietsanalyse zur Entscheidungsmatrix	170
8.1	Anzahl der potentiellen Lösungen des Travelling-Salesman-Problems	191

Verzeichnis der Abbildungen

1.1	Geomarketing im Spannungsfeld zwischen Limitationen und Anforderungen	5
2.1	Einflußfaktoren bezüglich der Entwicklung von Geomarketing	15
2.2	Zuordnung von Attributdaten zu Geometriedaten	18
2.3	Typbeschreibung einer MOSAIC-Klasse	28
2.4	Fragebogen zur Ermittlung von ‚Geolifestyles'	31
2.5	Sozio-Stile	33
2.6	Struktur der MIKROTYP-Datenbank	35
2.7	Formen von Panel-Erhebungen	40
3.1	Vor (a) und nach (b) der geometrischen Generalisierung	51
3.2	Selektionsmöglichkeiten	53
3.3	Kombinierte Abfrage zur Ermittlung von Zielregionen	55
3.4	Nachbarschaftsraum einer Abfrage	58
3.5	Schema des Verschneidungsvorganges	62
3.6	Puffer- und Korridorbildung	63
3.7	Voronoi-Polygonisierung	64
3.8	‚Location-Profiler'-Methode	66
3.9	‚HUFF'-Modell	66
3.10	Wahrscheinlichkeiten des ‚HUFF'-Modells	67
3.11	Struktur einer konventionellen SQL-Abfrage in MANIFOLD SYSTEM	77
3.12	Eingabe ‚unscharfer' Kriterien in MANIFOLD SYSTEM anhand von Profilen	78
3.13	Kombination von Unschärfeprofilen in MANIFOLD SYSTEM	79
3.14	Ergebnisse der Fuzzy-Abfrage in MANIFOLD SYSTEM	80
4.1	Effektive Transaktionen durch Einzelhandel	86
4.2	Entwicklung der Umsätze des deutschen Einzelhandels im engeren Sinne, real, jeweils in Prozent zum Vorjahr	87
4.3	Zahl der Betriebe und Rohertrag nach verschiedenen Unternehmensgrößen 1997	89
4.4	Heutige uns zukünftige Bedeutung der Betriebsformen des Einzelhandels nach Einschätzung von 171 Handelsunternehmen	91
4.5	Ausweitung der Verkaufsflächen in den randstädtischen Einkaufszentren von Gießen 1963 bis 2000	92
4.6	Regionale Disparitäten auf Basis der 5-stelligen Postleitzahlgebiete	96
5.1	Randsegment einer Pufferzone	105
5.2	Vergleich zwischen Korridor- und Fahrdistanzmethode	107
5.3	Statistikfenster in MAPINFO	113

5.4	Prozentuale Abweichung demographischer und ökonomischer Kennwerte der Gemeinden im EZG Gießens vom Landesdurchschnitt	115
5.5	Abgrenzung der Marktgebiete für die Stadt Gießen durch die GFK	119
5.6	Abgrenzung der Marktgebiete für die Stadt Gießen durch GIESE (1997	121
5.7	Vergleich zwischen GFK-Marktgebieten (1999) und der Abgrenzung nach GIESE (1997)	123
5.8	Anteil der einzelhandelsrelevanten Kaufkraft in den Intensitätszonen des Marktgebietes der Stadt Gießen laut Abgrenzung der GFK	123
5.9	Kaufkraft nach Branchengruppen und Intensitätszonen im Marktgebiet von Gießen (täglicher Bedarf und außenbereichorientierte Sortimente)	125
5.10	Kaufkraft nach Branchengruppen und Intensitätszonen im Marktgebiet von Gießen (innenstadtorientierte Sortimente und Sortimente ohne eindeutige Standortorientierung)	125
6.1	Prinzipien der Preisfestlegung	130
6.2	Daten der Preispolitik	132
6.3	Kriterienverknüpfung der Zielgruppe für hochwertige Kinderprodukte	134
6.4	Ablauf der Zielgruppen-Analyse	135
6.5	Nutzen eines Data-Warehouse-Ansatzes	137
6.6	Intensität des Absatzes (erstes Quartal 1997) in DM pro Haushalt	139
6.7	Profil zu Abb. 6.6 - Absatz in DM pro Haushalt in Mittelhessen (erstes Quartal 1997)	139
6.8	Zusammenhang zwischen Alter und Kaufkraft der Bevölkerung im Einzugsbereich von Gießen auf der räumlichen Basis von Postleitzahlgebieten	142
6.9	Erstellung eines Regional-Portfolios in REGIOGRAPH	142
6.10	Der AID-Ansatz	143
6.11	Externe und interne Daten während des Segmentierungsprozesses	144
6.12	Bestandsindex auf der Basis von zwei Variablen	145
6.13	Penetration ersten Grades im Untersuchungsgebiet	147
7.1	Ablauf der Kommunikationspolitik	153
7.2	Zeitungstitel im Lahn-Dill-Kreis	157
7.3	Bildschirmausschnitt des ZMG-Verbreitungsatlas	159
7.4	Einsatz von Scoringtechniken im Kundenlebenszyklus	168
7.5	Integration von Zielgruppen- und Zielgebietsanalyse	171
8.1	Ablauf der Planung optimaler MVR	178
8.2	Die Bestandskarte als Basis zur Gebietsoptimierung in MAPINFO PROFESSIONAL	181
8.3	Manuelle Gebietszuweisung in MAPINFO PROFESSIONAL	185
8.4	Eingabeparameter zur Travelling-Salesman-Berechnung in MANIFOLD SYSTEM	190
8.5	Eingabeparameter zur Multiple-Salesman-Berechnung in MANIFOLD SYSTEM	191

8.6	Eingabeparameter zur Emergency-Center-Berechnung in MANIFOLD SYSTEM	192
9.1	Geomarketing im Einzelhandel	200
9.2	Angebotsstruktur des Geomarketing	202

Verzeichnis der Abkürzungen

AG.MA	Arbeitsgemeinschaft Media-Analyse
AID	Automatic Interaction Detection
ATKIS	Amtliches Topographisch-Kartographisches Informationssystem
AVNS	Automatic Vehicle Navigation Systema
BAB	Bundesautobahn
BAG	Bundesarbeitsgemeinschaft der Mittel- und Großbetriebe des Einzelhandels
BCG	Boston Consulting Group
BMRB	British Market Research Bureau
CAD	Computer Aided Design
CAM	Computer Aided Mapping
CAP	Computer Aided Production
CGIS	Canada Geographic Information System
DBM	Database Marketing
DBMS	Datenbank-Management-System
EBM	Event Based Marketing
EDV	Elektronische Datenverarbeitung
EHI	EuroHandelsinstitut
ESRI	Environmental Systems Research Institute
EZG	Einzugsgebiet
FBI	Flächen-Bevölkerungs-Index
GfK	Gesellschaft für Konsumforschung
GIS	Geographisches Informationssystem
GPS	Global Positioning System
HLCG	Harvard Laboratory for Computer Graphics
IDW	Inverse Distance Weighting
ISDN	Integrated Services Digital Network
IT	Informationstechnologie
KAM	Knowledge Acquisition Module

MA	Mediaanalyse
MAUP	Modifiable Area Unit Problem
MS	Microsoft
MVR	Marktverantwortungsregion
NDL	National Demographics and Lifestyles
ODBC	Open Database Connectivity
ODS	Operational Data Store
OpenGIS	Open Geodata Interoperability Specification
PC	Personal Computer
PCMCIA	Personal Computer Memory Card International Association
PLZ	Postleitzahl
POS	Point-of-Sale
SB	Selbstbedienung
SDSS	Spatial Decision Support System
SPSS	Statistical Package for the Social Sciences
SQL	Structured Query Language
USGS	United States Geological Survey
VAR	Value-Adding-Resellers
VML	Vector Markup Language
ZIP	Zone Improvement Plan
ZMG	Zeitungs-Marketing-Gesellschaft

1 EINLEITUNG

1.1 Fragestellung und Zielsetzung

Der Einzelhandel befindet sich seit dem Anfang der 90er Jahre in einer rezessiven Phase. Seit 1992 nehmen die Umsätze des Einzelhandels real nicht mehr zu. Den Hintergrund dieser Entwicklung bilden einerseits rückläufige bzw. stagnierende Bevölkerungszahlen. Andererseits sinkt der Anteil des Einzelhandelsumsatzes am privaten Verbrauch: die Konsumenten haben eine Umverteilung ihrer Ausgaben zugunsten von Reisen, Freizeit, Versicherungen und Kapitalanlagen vorgenommen. Die Folgen dieser Entwicklung sind gesättigte Märkte und ein Verdrängungswettbewerb, der in den letzten Jahren scharfe Formen angenommen hat und sich in zahlreichen Kooperationen und Unternehmensvereinigungen, aber auch in vielen Insolvenzen und Liquidationen manifestiert. In der Folge dieses Verdrängungswettbewerbes sank in Deutschland die absolute Zahl der Einzelhandelsunternehmen zwischen 1994 und 1996 um über 26.000, dies bedeutet einen Rückgang um 7,8 Prozent (STATISTISCHES BUNDESAMT 1999). Auch im ersten Halbjahr 1999 waren im Einzelhandel bundesweit 3,2 Prozent mehr Insolvenzen zu verzeichnen als im Vorjahreszeitraum (CREDITREFORM 1999); die Tendenz setzt sich also weiter fort.

So wie der wachsende Konkurrenzdruck auf der Angebotsseite eine Intensivierung des Marketings verlangt, erfordern auf der Nachfrageseite Veränderungen der Konsumgewohnheiten und des Einkaufsverhaltens der Verbraucher eine intensive, zielgerichtete Beobachtung und Analyse des Marktgeschehens. Seit den 80er Jahren ist eine Individualisierung des Einkaufsverhaltens zu beobachten, mit der eine Abkehr vom Konsum standardisierter Massengüter verbunden ist (GIESE 1999: 62). Der Einkauf entwickelt sich neben dem reinen Versorgungseinkauf mehr und mehr zu einem genußfreudigen Ereignis, er nimmt hedonistische Züge an und wird zu einem wichtigen Teil der Freizeitbeschäftigung. Einkaufen soll Spaß machen, Freude vermitteln und Befriedigung schaffen. Dementsprechend haben sich die Ansprüche und Erwartungswerte der Kunden geändert – sie sind differenzierter geworden.

Diese Entwicklung verlangt vom Einzelhandel ein hohes Maß an Flexibilität, Risikobereitschaft und schnelle Reaktionen bezüglich sich rasch verändernder Marktstrukturen. Ohne ein strategisches Marketing und ohne die Entwicklung von zielgruppenorientierten Verkaufsstrategien ist ein Überleben angesichts des sich verschärfenden Wettbewerbs nicht mehr denkbar.

Parallel zu dieser Entwicklung des Marktgeschehens und der zunehmenden Bedeutung des Marketings haben sich zwei Entwicklungen vollzogen, die einer Intensivierung und Professionalisierung des Marketing zustatten kommen. Einerseits ermöglicht es die zunehmende Daten- und Informationsflut, das Marktgeschehen gründlich und differenziert zu durchleuchten. Zum anderen erlaubt die technologische Entwicklung, große Mengen betriebsinterner und -externer Daten u.a. auf der Grundlage raumbezogener Strukturen zu verarbeiten, d.h. zu verflechten, zu visualisieren und zu analysieren. Die Datenflut in den Unternehmen erfordert den Einsatz mathematisch-statistischer Verfahren, wie sie in der „Quantitativen Geographie" zur Verfügung gestellt werden (vgl. BAHRENBERG, GIESE & NIPPER 1992, 1999). Sofern räumlich differenzierte Daten dargestellt werden sollen, zum Beispiel zur Visualisierung und Analyse von Kundeneinzugsbereichen oder als Grundlage für eine Standortentscheidung, haben sich „Geographische Informationssysteme" (GIS) als nützliche und effektive Softwarewerkzeuge erwiesen. Der wachsende Erfolgsdruck, schnellstmöglich Ergebnissteigerungen zu erreichen, bedingt zwangsläufig den Einsatz geeigneter Software zur systematischen Eingabe, Verwaltung, Analyse und Ausgabe digitaler Daten.

Diesen Entwicklungen zur Folge ist das „Geomarketing" entstanden. Es zielt darauf ab, betriebsinterne Daten auf der Grundlage raumbezogener Strukturen realitätsnah abzubilden und mit betriebsexternen Marktdaten zu verflechten, um unternehmerische Entscheidungen vorzubereiten und zu unterstützen. Geomarketing bezieht sich dabei auf alle vier Elemente des klassischen Marketing-Mix, die sogenannten „4P": Place (Distribution), Promotion (Kommunikation), Price (Preis) und Product (Produkt).

Eine wesentliche Voraussetzung für die Realisierung des Geomarketing besteht darin, daß die Unternehmen mit computergestützten Warenwirtschaftssystemen ausgestattet sind. Bei mittleren und größeren Einzelhandelsunternehmen ist das mittlerweile der Fall, da in der Regel große Datenmengen zu verwalten sind (ZIMMER & BOSCH 1999: o. S.). Des weiteren ist vorauszusetzen, daß valides Datenmaterial zur Verfügung steht, das die aktuelle Situation des Unternehmens hinreichend realitätsnah beschreibt. Schließlich müssen mathematisch-statistische Verfahren einsetzbar sein, die es erlauben, unternehmensrelevante räumliche Strukturen und Prozesse zu erfassen und analysieren (z.B. Kundeneinzugsbereiche, Kundenwanderungen, räumlich variierende Kaufkraftpotentiale etc.).

Bis in die neunziger Jahre hinein war die Anwendung von Geomarketing und Geographischen Informationssystemen für Betriebe des Einzelhandels vor allem durch die Dringlichkeit der Umsetzung und den Zwang zur schnellen Realisierung von Anwendungen gekennzeichnet. Geomarketing hat sich seither weniger als Forschungsgebiet, sondern vielmehr als schnell wachsender Wirtschaftszweig ohne hinreichendes wissenschaftliches Fundament etabliert. In der Vergangenheit fehlte speziell im Einzelhandel eine gesicherte Analyse des notwendigen analytischen Instrumentariums: viele der in GIS-Programmen enthaltenen Methoden lassen sich für Geomarketing-Analysen nicht oder nur begrenzt einsetzen, gleichzeitig sind wichtige Funktionen nicht integriert.

Auf dem sehr komplexen Softwaremarkt werden vielfältige GIS-Produkte angeboten, die - laut Herstellerangaben - den sehr individuellen Bedürfnissen der Benutzer entsprechen sollen. Gleichzeitig besteht seitens der potentiellen Anwender die Forderung nach einer übersichtlichen Struktur der Programme, damit diese nicht nur von EDV-Experten bedienbar sind. Den Herstellern von GIS-Software wird hierdurch eine Gratwanderung abverlangt: die Integration hochspezialisierter analytischer Funktionen steht dem Wunsch nach einfacher Bedienung gegenüber (CRESSWELL 1995: 197). Alternativ dazu besteht die Möglichkeit, die Software exakt an die Bedürfnisse eines fest definierten, relativ kleinen Anwenderkreises anzupassen. Diese Strategie birgt jedoch wiederum einen gravierenden Nachteil: durch den gestiegenen Programmieraufwand und den kleineren Absatzmarkt verteuert sich die Software erheblich und wird infolgedessen für viele potentielle Anwender unrentabel.

Bislang besteht ein deutliches Defizit bei der kritischen Beurteilung von Anwendungen des Geomarketings im Hinblick auf die konkrete Unterstützung der Entscheidungsträger in Unternehmen des Einzelhandels. In der vorliegenden Arbeit soll deshalb der Frage nachgegangen werden, in welcher Form und in welcher Intensität der Einsatz Geographischer Informationssysteme (GIS) im Geomarketing einen Beitrag zur Verbesserung der Entscheidungssituation von Einzelhandelsunternehmen leisten kann.

Aus diesem allgemeinen Ziel der Arbeit leiten sich weitere Detailfragen ab:
- Welche grundlegenden Inhalte sind mit Geomarketing zu verbinden?
- Wie ist Geomarketing entstanden?
- Welche Instrumente und Daten werden benötigt?
- Welche praktischen Vor- und Nachteile bietet der Einsatz von GIS im Geomarketing?
- Wie kann Geomarketing konkret in den einzelnen Bereichen des Marketing-Mix eingesetzt werden?

Bei der vorliegenden Arbeit handelt es sich somit um eine kritische Auseinandersetzung mit Inhalten und Zielen des Geomarketing und den relevanten Instrumenten sowie um eine Strukturierung der praktischen Einsatzmöglichkeiten. Darüber hinaus soll sie dazu beitragen, die Rolle der Geographie innerhalb der kommerziellen Anwendungen des Geomarketing hervorzuheben und deren Funktion in diesem Tätigkeitsfeld darzustellen. Der folgenden Feststellung OPENSHAWS ist zuzustimmen: „Most geographers seem never to have really understood commercial needs or appreciated the potential applied opportunities for their technology in a marketing context, or indeed to have displayed concern for the needs of applied users. [...] Geographers have been particularly slow to appreciate the commercial relevance and monetary value of many basic geographical analysis and modelling skills" (OPENSHAW 1995: 151).

1.2 Methodik der Arbeit

Die Fragestellung der vorliegenden Arbeit eignet sich weder für intensive empirische Studien noch für eine reine literaturbasierte oder beispielorientierte Vorgehensweise:

- Quantitative Daten über den finanziellen Umfang sowie über die inhaltliche Ausgestaltung des Einsatzes von Geomarketing sind derzeit mangels entsprechender Dachorganisationen in der Privatwirtschaft nicht verfügbar. Hinzu kommt, daß sowohl Anbieter als auch Nachfrager des Geomarketing oftmals kein Interesse an der Veröffentlichung vertraulicher, betriebsinterner Daten zeigen. Aus diesen Gründen ist es kaum möglich, gelegentlich veröffentlichte Angaben einzelner Unternehmen zu verifizieren und zu verallgemeinern.

- Das Angebot an aktueller Literatur speziell für den Bereich Geomarketing ist gegenwärtig recht überschaubar. Geomarketing ist ein noch junges Arbeitsfeld und steht erst am Anfang seiner Entwicklung. Im deutschsprachigen Raum sind lediglich die Bücher von LEIBERICH (1997) und NITSCHE (1998B) bemerkenswert, des weiteren sind einige Zeitschriftenartikel zu speziellen Themen oder einzelnen Anwendungen erschienen (vgl. Literaturverzeichnis). Eine wichtige Informationsquelle sind Tagungsunterlagen diverser kommerzieller Informationsveranstaltungen zum Thema Geomarketing (z.B. GFK 1998, IIR 1996, UEBERREUTHER 1998). Im anglophonen Bereich sind v.a. die Werke von LONGLEY & CLARKE (1995B) und BIRKIN ET AL. (1996) zum Thema „Business Mapping" zu beachten. Dort sind wesentlich mehr Veröffentlichungen in Fachzeitschriften (z.B. BUSINESS GIS, GEOEUROPE) und GIS-orientierten Sammelbänden erschienen, z.B. in MAGUIRE, GOODCHILD & RHIND (1995) und LONGLEY ET AL. (1999). Eine umfassende Studie mit einer systematischen Aufarbeitung der Inhalte und Anwendungen des Geomarketing liegt bislang allerdings noch nicht vor.

- Die Durchführung umfangreicher Fallstudien ist im Rahmen dieser Arbeit ebenfalls nicht praktikabel, da die ganze Breite der Einsatzmöglichkeiten des Geomarketing im Einzelhandel dadurch kaum abgedeckt werden kann. Zudem werden für jede Anwendung spezielle Marktdaten benötigt, deren Beschaffung mit einem hohen finanziellen Aufwand verbunden ist. Für solche Anwendungen würden zudem sensible betriebsinterne Daten der untersuchten Unternehmen benötigt. Diese wünschen jedoch im allgemeinen keine Veröffentlichung der Ergebnisse.

Um trotz dieser methodischen Einschränkungen zu gesicherten Aussagen über die Einsatzmöglichkeiten des Geomarketing zu kommen, orientieren sich die Untersuchungen zunächst an den in Kapitel 2 vorgestellten und im Geomarketing am häufigsten eingesetzten Daten und Methoden, da die Art der verfügbaren Daten in der Praxis maßgeblich den Umfang der möglichen Auswertungen bestimmt und limitiert. Gleiches gilt für die verwendeten methodischen Instrumente innerhalb der Geographischen Informationssysteme. Deshalb wird diesen beiden Aspekten jeweils ein ausführlicher Abschnitt der Arbeit gewidmet.

Um die praktischen Anwendungen des Geomarketing zu systematisieren, werden diese nach den klassischen „4P" des Marketing-Mix (‚Product', 'Place', 'Price' und ‚Promotion') gegliedert. Diese Vorgehensweise ermöglicht die Gegenüberstellung der betriebswirtschaftlichen Grundlagen und Anforderungen aus der Perspektive der Unternehmen mit den derzeit realisierbaren Lösungen der Praxis (vgl. Abbildung 1.1), da sich die Anwendungen des Geomarketing in exakt diesem Spannungsfeld bewegen. Das Potential der praktischen Umsetzung der betriebswirtschaftlichen Anforderungen kann auf diese Weise ermittelt und bewertet werden. Ausgehend von den vorhandenen Daten und Instrumenten wird anschließend untersucht, inwiefern und in welchem Umfang die Entscheidungsgrundlagen der Einzelhändler durch Geomarketing verbessert werden können. Im Rahmen dieser Fragestellungen fließen sowohl Erfahrungswerte aus der mehrjährigen Berufserfahrung des Autors im Bereich GIS und Geomarketing ein als auch (zum Teil anonymisierte) Anwendungsbeispiele.

Abbildung 1.1: Geomarketing im Spannungsfeld zwischen Limitationen und Anforderungen

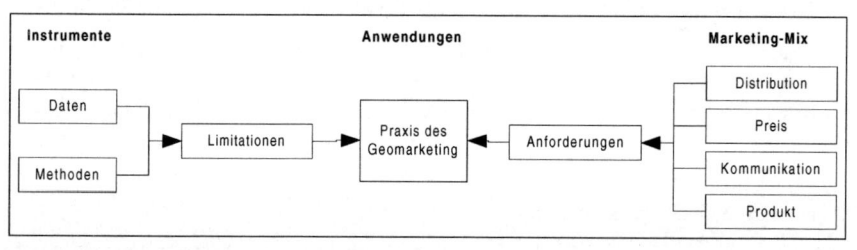

Instrumente	Anwendungen	Marketing-Mix
Daten / Methoden → Limitationen →	Praxis des Geomarketing	← Anforderungen ← Distribution / Preis / Kommunikation / Produkt

Quelle: eigene Darstellung

1.3 Struktur der Arbeit

Kapitel 1 stellt zunächst den ökonomischen und geographischen Kontext der vorliegenden Arbeit dar und nimmt nachfolgend eine Einführung in den Themenkomplex

Geomarketing vor. Anschließend werden die eingesetzte Methodik sowie der strukturelle Aufbau der Arbeit erläutert.

In Kapitel 2 wird zunächst eine interdisziplinär ausgerichtete Definition des Begriffes "Geomarketing" entwickelt, bevor die wesentlichen demographischen, marktwirtschaftlichen, technologischen und akademischen Entwicklungen diskutiert werden, die zur Entstehung der Ansätze des Geomarketing geführt haben. Ferner wird auf die Bedeutung der notwendigen und verfügbaren Daten kritisch eingegangen. Dabei wird zwischen raumbezogenen und attributbezogenen Daten unterschieden. Im Anschluß wird die Frage diskutiert, ob durch Geomarketing neue Geodaten entstehen. Abschließend wird in diesem Kapitel auf Fehlerquellen bei der Verwendung von Daten im Geomarketing hingewiesen.

In Kapitel 3 wird die zentrale Bedeutung des Instrumentes „GIS" für das operative Geomarketing behandelt. Die Ausführungen konzentrieren sich dabei insbesondere auf eine kritische Einschätzung von GIS als analytisches Instrumentarium. Geographische Informationstechnologien stellen eine eigenständige Arbeitsrichtung innerhalb der Geographie dar, die Invention und softwaretechnische Implementierung neuer Methoden soll allerdings nicht im Mittelpunkt dieser Arbeit stehen. Statt dessen soll in Kapitel 3 dargestellt werden, welchen Beitrag die verbreiteten Geographischen Informationssysteme leisten können, um die Entscheidungsfindung in Unternehmen zu unterstützen. Diese Aufgabenstellung spiegelt das generelle Ziel aller Informationssysteme wider: die kompetente, fundierte und methodisch abgesicherte Entscheidungsunterstützung.

Jede GIS-Anwendung setzt eine Phase der individuellen Implementierung voraus. Sowohl die Software als auch die Daten müssen möglichst genau den jeweiligen Branchen, Unternehmensgrößen, Zielsetzungen und sonstigen Rahmenbedingungen angepaßt werden. Aus diesem Grunde können Aussagen über GIS im Geomarketing nicht über alle Branchen generalisiert werden. Deshalb konzentriert sich die Betrachtung im Rahmen dieser Arbeit speziell auf Anwendungen, die im Zusammenhang mit dem gewerblichen Absatz von Waren an die Endverbraucher stehen: auf GIS und Geomarketing im Bereich des Einzelhandels.

In Kapitel 4 werden die wesentlichen Aufgaben des Marketing im Einzelhandel dargestellt. Als Voraussetzung dafür wird zunächst auf die Funktion des Einzelhandels eingegangen, bevor Angebotsformen und Nachfragestrukturen dargestellt werden. Daraus leiten sich Konsequenzen für das Marketing von Einzelhandelsunternehmen ab.

In den Kapiteln 5 bis 8 werden die vier Bestandteile des klassischen Marketing-Mix (Distributions-, Preis-, Werbe- und Servicepolitik) untersucht. Dazu werden zunächst die entsprechenden betriebswirtschaftlichen Grundlagen vorgestellt, anschließend wird jeweils die Bedeutung von Geomarketing und GIS für die sich daraus ergebenden praktischen Aufgaben durchleuchtet. Entsprechend des klassischen Ansatzes zur Unterscheidung der Instrumente des Marketing werden die für den Einzelhandel relevanten Methoden und Anwendungen kompiliert und kritisch hinterfragt. Dabei werden keine fundamental neuen Methoden entwickelt, sondern vornehmlich die Vielzahl der bestehenden Verfahren untersucht und gegebenenfalls Vorschläge für deren Weiterentwicklung eingebracht. Dies geschieht immer im Hinblick auf die Praktikabilität der Ansätze für die Unternehmen des Einzelhandels und unter Berücksichtigung der am Markt befindlichen Softwarelösungen.

So wird in Kapitel 5 die Aufgabe der Standortplanung neuer Outlets bzw. die Anpassung bestehender Outlets an die Charakteristika des umgebenden Einzugsgebietes untersucht. Dabei handelt es sich vornehmlich um die Definition potentieller Einzugsgebiete, die Berücksichtigung der Wettbewerbssituation sowie die Analyse der Struktur und des Marktpotentials.

Im Mittelpunkt von Kapitel 6 steht die Zielgruppen-Analyse mittels geographischer Marktsegmentierung. Dabei führt die Aufbereitung betriebsinterner Daten zur Abgrenzung des aktuellen Einzugsgebietes, das wiederum die Basis zur Analyse der Marktstruktur bildet. Anhand dieser Ergebnisse lassen sich vielfältige Penetrations- und Potentialanalysen durchführen.

In Kapitel 7 wird der Beitrag von GIS und Geomarketing zur regionalen Steuerung der Werbeaktivitäten und zur Optimierung des Database Marketing untersucht. Hierzu wird zunächst die regionale Optimierung der Selektion von Printmedien erläutert, bevor die Anwendung von Database Marketing unter Einbeziehung Geographischer Informationssysteme analysiert wird.

In Kapitel 8 werden zunächst Aspekte der Reorganisation von Außendienstgebieten anhand der GIS-gestützten Planung von Marktverantwortungsregionen behandelt. Anschließend steht die strategische und operative Tourenplanung sowie die In-Car-Navigation im Blickpunkt.

Kapitel 9 faßt die Ergebnisse der Arbeit zusammen und nimmt abschließend einen Ausblick auf zukünftig bedeutsame Entwicklungen im Geomarketing vor.

2 GEOMARKETING

2.1 Definition

Die erste deutschsprachige Definition des Begriffes ‚Geomarketing' findet sich bei KOTHE (1995: 2) und wird von FRÜHLING & STEINGRUBE (1995: 185) aufgegriffen. KOTHE definiert Geomarketing als ein „bewußt auf bestimmte Standorte oder Räume unter Kenntnis der Standort- bzw. raumspezifischen Strukturen fokussiertes Marketing" (KOTHE 1995: 2). Diese Begriffsbestimmung greift zwar die beiden elementaren Kategorien ‚Marketing' und ‚Räume' auf, erläutert jedoch keineswegs die in diesem Zusammenhang stattfindenden Prozesse und vernachlässigt die einzubeziehenden Methoden. Eine informativere Definition bietet die GESELLSCHAFT FÜR KONSUMFORSCHUNG (GFK): „Geomarketing bietet uns Chancen, mit den richtigen Daten, intelligenten und leistungsfähigen Software-Systemen und kompetenter Beratung die Zielgruppe genauer zu lokalisieren und effektiver zu bearbeiten" (GFK 1999: o. S.). Da in der deutschsprachigen Literatur bislang keine weiteren allgemeingültigen Definitionen dieses Begriffes entwickelt wurden, wird in der vorliegenden Arbeit der Ausdruck ‚Geomarketing' gemäß der folgenden Definition verwendet:

‚Geomarketing' bezeichnet die Planung, Koordination und Kontrolle kundenorientierter Marktaktivitäten von Unternehmen mittels Geographischer Informationssysteme. Es werden Methoden angewendet, die den Raumbezug der untersuchten unternehmensinternen und -externen Daten herstellen, analysieren und visualisieren sowie sie zu entscheidungsrelevanten Informationen aufbereiten.

Diese Definition besteht aus zwei Teilen. Der erste Teil lehnt sich an bestehende Definitionen des Begriffes ‚Marketing' an (vgl. z.B. MEFFERT 1991; SCHEUCH 1989) und beschreibt die drei Stadien des Marketing: Planung, Koordination und Kontrolle. Ferner wird in diesem ersten Teil erläutert, daß unter ‚Marketing' der Einsatz von kundenorientierten Marktaktivitäten zu verstehen ist. Der zweite Teil obiger Definition lehnt sich an Definitionen von GIS an (z.B. von BURROUGH 1986; ARONOFF 1989) und stellt die Besonderheit dieses Ansatzes dar: den räumlichen Bezug der untersuchten Daten. Schließlich wird das vorrangige Ziel des Geomarketing integriert, das darin besteht, die Aufbereitung von unstrukturiert oder latent vorliegenden Daten zu Informationen vorzunehmen, um den Entscheidungsprozeß innerhalb der Organisation zu objektivieren.

Im internationalen Sprachgebrauch, v.a. in der englischen Sprache, wird der Begriff ‚Geomarketing' nicht als Oberbegriff für die oben genannten Aktivitäten, Methoden und Ziele verwendet. Vielmehr wird dieser Ansatz zumeist mit ‚Business GIS' umschrieben (LONGLEY & CLARKE 1995: 4 f.). Dessen Bedeutung umschreibt ENGLISH wie folgt: „By understanding relationships between market conditions, market opportunities, customer behaviour, marketing trade areas, competitive pressures and product merchandising, marketers are able to make quick decisions and respond quickly to rapidly changing situations" (ENGLISH 1998: 3).

Der Ansatz von LEIBERICH (1997), der aus seiner ökonomischen Perspektive konsequent den scheinbar selbsterklärenden Oberbegriff ‚Business Mapping im Marketing' verwendet, leitet nach Auffassung des Autors der vorliegenden Arbeit etwas in die falsche Richtung. Zwar ist LEIBERICH (1997: 5) beizupflichten, wenn er darauf verweist, daß der Marketingbegriff häufig mit dem Objekt in Verbindung gebracht werde, auf das sich das Marketing bezieht (z.B. ‚Konsumgütermarketing', ‚Investitionsgütermarketing') und der Begriff ‚Geomarketing' aus diesem Grunde erklärungsbedürftig sei. Entschiedener Widerspruch ist jedoch notwendig, wenn LEIBERICH diesbezügliche Aktivitäten lediglich unter dem Begriff ‚Mapping' subsumiert! An dieser Stelle sei nachdrücklich auf den gravierenden Unterschied zwischen ‚GIS' und ‚Kartographie' (= ‚Mapping') hingewiesen (vgl. Kapitel 3). Demzufolge ist auch seine Bemerkung anzuzweifeln, daß „die Anwendung von Business Mapping-Systemen nicht zu grundlegend neuen Ansätzen im Marketing führt, sondern nur - bedingt durch eine neue Technologie - zu einer effektiveren Umsetzung der vorhandenen Ansätze beiträgt" (LEIBERICH 1997: 5). Gerade die konsequente Berücksichtigung räumlicher Aspekte und die Anwendung geographischer Methoden mittels GIS führt zu einer Weiterentwicklung der traditionellen Ansätze des Marketing!

Gemäß obiger Definition liegt Geomarketing am Überschneidungsbereich zahlreicher Disziplinen, wie Geographie, Informatik, Statistik, Ökonomie, Soziologie und Psychologie. Dabei kann zwischen methodik- und anwendungsbezogenen Beiträgen dieser Wissenschaften unterschieden werden. Während Teilgebiete der Geographie, Informatik und Statistik den methodischen Rahmen des Geomarketing definieren (‚Herstellung, Analyse und Darstellung des Raumbezuges'), liefern Teilgebiete der Ökonomie, Soziologie und Psychologie die wichtigsten Beiträge zu dessen Anwendung (‚Planung, Koordination und Kontrolle kundenorientierter Marktaktivitäten').

2.2 Entstehungsgeschichte

Zwei weitreichende Entwicklungen, die in den letzten dreißig Jahren des 20. Jahrhunderts vor allem die Märkte der Industrieländer prägten, bilden die Ausgangsbasis zur Verbreitung des Begriffes und der Inhalte des Geomarketing.

In rezessiven ökonomischen Phasen, insbesondere auf Märkten mit Sättigungstendenzen, wird der Verdrängungswettbewerb zwischen Unternehmen schärfer. Dies hat zur

Konsequenz, daß sich alle Anbieter verstärkt um ihre Kunden bemühen müssen. Die Aktivitäten der Anbieter sind nicht mehr ausschließlich produktionsorientiert mit der Maxime ‚Soviel wie möglich produzieren!', sondern nach einer verkausfsorientierten Übergangsphase, die durch Sättigungstendenzen und substitutive Konkurrenz gekennzeichnet ist (Leitsatz: ‚Absetzen, was produziert wird!'), erfolgt die Marketingorientierung mit dem Credo ‚Produzieren, was man absetzen kann!'.

Diese Entwicklung samt begleitender Sekundärwirkungen bezeichnet man als den Übergang von ‚Verkäufer'- zu ‚Käufermärkten'. ‚Verkäufermärkte' werden durch ein Angebotsdefizit hervorgerufen, welches entsteht, indem das Angebot langsamer wächst als die Nachfrage. Die Anbieter sitzen also am längeren Hebel und verfügen über die größere Marktmacht, da sie aufgrund des Nachfrageüberschusses höhere Preise verlangen können. Hingegen ist auf ‚Käufermärkten' ein Angebotsüberschuß zu beobachten, welcher durch ein schnell steigendes Angebot bei konstanter oder nur langsam steigender Nachfrage auftritt. Das Nachfragedefizit führt zu einem verstärkten Preis- und Qualitätswettbewerb, der auch eine Tendenz zur stärkeren Ausrichtung des Angebotes auf die Kunden beinhaltet. In dieser Situation müssen die Anbieter ihre Marketing-Aktivitäten intensivieren, um der Gefahr des Verlustes von Marktanteilen zu begegnen.

Ferner ist festzustellen, daß mit der zunehmenden demographischen Alterung der Bevölkerung in den hochentwickelten Industrieländern Westeuropas die Nachfrage nach mehr Service, besseren Dienstleistungen und höherer Individualität ansteigt (BÄHR 1992: 135 f.). Hinzu kommen Änderungen in den Produktions- und Fertigungsverfahren durch die zunehmende Rationalisierung und Automatisierung. die in einer höheren Produktivität münden. Zusammengenommen induzieren diese ‚Pull- und Push-Faktoren' die ‚Tertiärisierung' der Wirtschaft, wie sie in der Sektor-Theorie von CLARK (1940), HOOVER (1948) und FOURASTIÉ (1954) dargestellt wurde. Demnach ist der Anstieg wirtschaftlicher Aktivitäten eines Landes mit einem Strukturwandel verbunden, welcher durch die Verlagerung des Schwerpunktes der Produktivität vom primären über den sekundären zum tertiären Sektor entsteht.

Diese beiden Entwicklungen verstärken einen grundlegenden Charakterzug marktwirtschaftlicher Unternehmungen: Marktnischen und Chancen müssen sowohl von Produktions- als auch Handelsbetrieben entdeckt, besetzt und permanent verteidigt werden (MARTIN & LONGLEY 1995: 15). Dies ist vor allem überall dort in gesteigertem Maße erforderlich, wo infolge des Wettbewerbs die Vermarktung der betrieblichen Leistung besondere Anstrengungen notwendig erscheinen läßt. Die Vermarktung - und somit der Faktor Marketing - gewinnt folglich in all seinen Facetten an Bedeutung. Als wichtiges Wettbewerbsinstrument einer Marktwirtschaft bezeichnet Marketing „eine konsequent auf den Absatzmarkt ausgerichtete Unternehmenspolitik" (BEREKOVEN

1990: 57). Kernprinzip und Philosophie des Marketing ist die Ausrichtung aller marktbezogener Unternehmensentscheidungen auf die Präferenzen und Bedürfnisse der Kunden:

„It is the whole business seen from the point of view of its final results, that is, from the customer's point of view" (DRUCKER 1964: 87).

Innerhalb dieser Vermarktungsaktivitäten verschiebt sich der Fokus vom Massen- zum Nischenmarketing (BEAUMONT 1991: 139). Die Unternehmen des Einzelhandels versuchen zumeist nicht mehr, die Bevölkerung als homogene Gruppe anzusprechen, sondern sie sondieren zunächst die ins Auge gefaßten Zielgruppen und klassifizieren sie anschließend anhand ihrer Merkmale - somit erfolgt auch eine räumliche Identifikation nach ihrem Wohnort. Die bereits latent vorhandene räumliche Dimension des Marketing wird somit erkannt und genutzt.

Diese räumliche Komponente des Marketing hat inzwischen so sehr an Bedeutung gewonnen, daß sie von CRESSWELL (1995: 225) als „eine der bedeutendsten betriebswirtschaftlichen Entwicklungen der neunziger Jahre" beschrieben wurde. Unternehmen verwenden immer mehr Anstrengungen darauf, ihre eigene räumliche Umgebung und die Verteilung ihrer Kundschaft besser kennenzulernen. Sie wenden Techniken des Geomarketing an, um sich ihrer Umgebung mit ihrem Marketing-Mix anzupassen. Dennoch werden immer noch unzählige Zeitungsbeilagen und Prospekte nach dem ‚Gießkannenprinzip' in Gebieten verteilt und Anzeigen dort geschaltet, wo sie weder notwendig noch ökonomisch sinnvoll sind. Zusammenfassend läßt sich festhalten, daß in der Vergangenheit Gebiete mit hohem oder geringem Käuferpotential zu undifferenziert betrachtet wurden und in diesem Zusammenhang erhebliches Sparpotential besteht („Sparsamkeit ist eine große Einnahme", CICERO).

Parallel zu diesen Sättigungserscheinungen auf den Konsummärkten der Industrieländer vollzieht sich die bahnbrechende Entwicklung der Computerindustrie. Seit dem Aufkommen von Personal Computern (PC) in den späten siebziger Jahren ist es für viele Unternehmen finanziell realisierbar geworden, die Fähigkeiten von Computern für ihre Zwecke zu nutzen. Dabei beschleunigt sich die Entwicklung neuer Soft- und Hardware in exponentiellem Maße, während gleichzeitig die Preise rasant sinken.

Fast alle privatwirtschaftlichen Organisationen nutzen die immer günstigeren und leistungsfähigeren Rechner sowie die zunehmend einfacher zu bedienenden Benutzeroberflächen, um ihre betriebswirtschaftlichen Daten in computergestützten Datenbanken zu verwalten. Diese Datenbanken gelten als Standard und werden durch immer neue Erweiterungen und Verbesserungen der Software zu wichtigen Elementen im unternehmerischen Entscheidungsprozeß. Betriebsinformationssysteme sind aus Unternehmungen des produzierenden Gewerbes, des Handels und aus den meisten

Dienstleistungsbetrieben nicht mehr wegzudenken. Dabei können vier verschiedene Teilbereiche der betrieblichen Informationsverarbeitung unterschieden werden (Tabelle 2.1). Neben betriebswirtschaftlichen Anwendungssystemen nimmt der Bereich Bürokommunikation (Internet und Intranet) stark zu, während die technische Datenverarbeitung vor allem von spezialisierten Unternehmen zur Konstruktion und Produktionssteuerung in Fertigungshallen verwendet wird. Der Einsatz von Expertensystemen wird mit zunehmender Verbesserung der Softwareprodukte in naher Zukunft vermutlich ebenfalls einen Aufschwung erfahren (MERTES & WEDEKIND 1982: 524).

Tabelle 2.1: Betriebsinformationssysteme: Einsatzgebiete und Beispiele

Betriebliche Softwareanwendungen	Einsatzgebiete	Softwarebeispiele
Betriebswirtschaftliche Anwendungssysteme	Administration, Disposition, Planung	SAP R3/R4, GS FiBu, ...
Bürokommunikation	Personal Computing, Telekommunikation	MS Office, Netscape Communicator, ...
Technische Datenverarbeitung	CAD, CAM, CAP, Industrieroboter	AutoCAD, MicroStation, ...
Wissensbasierte Systeme	Expertensysteme zur Entscheidungshilfe	ESWA, VPS, XPS, ...

Quelle: eigene Zusammenstellung

Die vorherigen Abschnitte haben die allgemeinen Entwicklungen der Bevölkerungsstruktur und der Absatzmärkte sowie den rapiden Fortschritt in der Computerindustrie aufgezeigt. Somit wurden bereits die demographischen, ökonomischen und technologischen Rahmenbedingungen erörtert, unter denen sich die Entwicklung des Geomarketing vollzogen hat. Nachfolgend soll nun das Aufkommen des Geomarketing aus wissenschaftlicher Perspektive skizziert werden. In diesem Zusammenhang ist die Entstehung der sogenannten ‚Quantitativen Geographie' von Bedeutung. Das Ziel dieser Forschungsrichtung besteht darin, mathematisch-statistische Verfahren gewinnbringend sowohl in der empirischen Forschung der Geographie als auch der Theorie- und Modellbildung einzusetzen (GIESE 1975: 5).

Die ‚Quantitative Geographie' entwickelte sich Ende der 50er bis Anfang der 60er Jahre in den USA, dort vornehmlich in Washington und Chicago. Sie erreichte den deutschsprachigen Raum „mit einem time-lag von nahezu 10 Jahren" (GIESE 1982: 258f.). Die Anfänge der ‚Quantitativen Geographie' sind in den USA mit den Arbeiten von GARRISON und seinem Chicagoer Schülerkreis um BERRY, MARBLE, GATIS und DACY verbunden, in England mit den Schriften von CHOREY, HAGGETT und HARVEY, in Schweden mit den Werken von HÄGERSTRAND und OLSSON sowie im deutschsprachigen Bereich mit den Autoren BARTELS (1968, 1970), HAMBLOCH (1969) und

STEINER (1965). Es folgten Arbeiten von KILCHENMANN (1968), BAHRENBERG (1973), GIESE (1975), DEITERS (1975), GÜßEFELD (1975), NIPPER & STREIT (1977) u.a.. Zusammenfassungen bezüglich der Anfänge und den Inhalte der ‚Quantitativen Geographie' finden sich im deutschsprachigen Raum bei GIESE (1975, 1980) und BAHRENBERG & STREIT (1981).

Parallel zur Entwicklung der Quantitativen Geographie entwickelte sich die Elektronische Datenverarbeitung (EDV). Sie war aufgrund der rechenaufwendigen Verfahren eine unerläßliche Voraussetzung für die ‚Quantitative Geographie'. Im Umfeld dieser Verbindung von ‚Quantitativer Geographie', EDV sowie durch die Fortschritte im Bereich der Computergrafik und Computerkartographie konstituierten sich die ersten Anwendungen Geographischer Informationssysteme, die untrennbar mit Geomarketing verbunden sind.[1]

Im raumbezogenen Marketing wurden mathematisch-statistische Methoden erst verhältnismäßig spät eingesetzt. Im Jahre 1979 wurde von den britischen Geographen MCDONALD, BAKER, BERMINGHAM vom BRITISH MARKET RESEARCH BUREAU (BMRB) auf einer Marktforschungskonferenz ein Arbeitspapier vorgelegt, welches sich mit der Analyse von Kaufverhalten und dessen Zusammenhang mit demographischen Merkmalen auf Ebene der britischen Wards befaßt. BATEY & BROWN (1995: 85) bezeichnen diesen Aufsatz rückblickend als „the marketing community's first exposure to this promising new geodemographics approach".

Zusammenfassend läßt sich festhalten, daß vier Tendenzen die Entstehung des Geomarketing forciert haben (vgl. Abbildung 2.1). Zwei davon sind als Entwicklungen im Bereich Ökonomie und Demographie zu beobachten: die zunehmende Marktsättigung und die demographische Alterung in den Industrieländern. Zwei weitere Einflußfaktoren stammen aus dem Bereich Wissenschaft und Forschung: einerseits die ‚Quantitative Revolution' der geographischen Wissenschaft und andererseits die Entwicklung leistungsfähiger PCs und der diesbezüglichen Software.

---

[1] Die Verbindung von GIS und Geomarketing wird in Abschnitt 2.3 erläutert. Zur geschichtlichen Entwicklung von GIS vgl. Abschnitt 3.2.

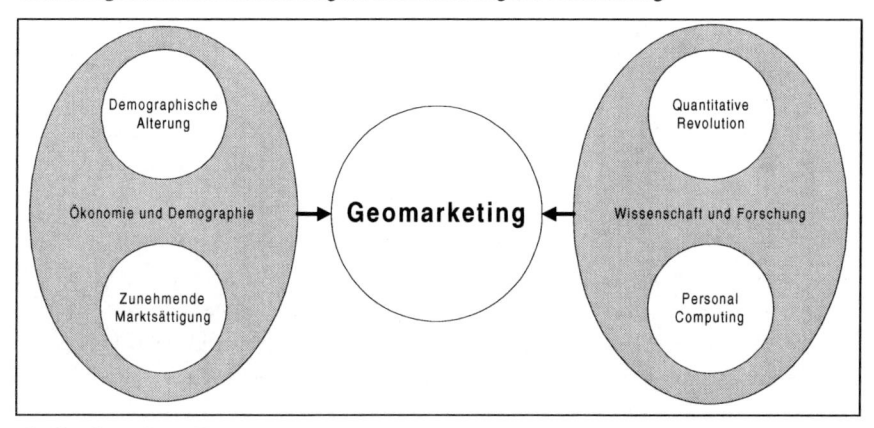

Abbildung 2.1: Einflußfaktoren bezüglich der Entwicklung von Geomarketing

[Diagramm: Geomarketing im Zentrum, umgeben von den Einflussfaktoren: Demographische Alterung, Ökonomie und Demographie, Zunehmende Marktsättigung, Quantitative Revolution, Wissenschaft und Forschung, Personal Computing]

Quelle: eigene Darstellung

2.3 Instrumente

Die enge Bindung zwischen Geomarketing und Geographischen Informationssystemen erscheint zunächst nicht zwingend, da einige der eingesetzten Verfahren schon vor der Einführung von PCs angewendet wurden. Trotzdem ist Geomarketing heute aus vielerlei Gründen mit dem Einsatz von GIS verbunden.

Eine Ursache besteht im rasanten Zuwachs der raumbezogenen Datenbanken (MARTIN 1995: 49). Diese sind entweder bei öffentlichen Institutionen, wie den statistischen Landesämtern oder dem statistischen Bundesamt, öffentlich zugänglich, anderenfalls können sie bei privatwirtschaftlichen Datenanbietern erstanden werden. Somit wird eine Datenquantität erreicht, die nicht mehr manuell, d.h. ohne den Einsatz von digitaler Hard- und Software, verarbeitet werden kann.

GIS-Anwendungen haben sich vor allem auf PC-Basis durchgesetzt. GIS ist seit Anfang der neunziger Jahre nicht mehr mit dem Einsatz von langsamen, teuren und großen Rechenanlagen verbunden, sondern kann auf jedem Standard-PC als sogenannte ‚Desktop-Anwendung' ausgeführt werden. Daher sinken die Hard- und Softwarekosten auf eine Größenordnung, welche die Fähigkeiten von GIS für alle Benutzergruppen zugänglich macht. Ferner erleichtert die unkomplizierte Datenintegration den Aufbau von Informationssystemen. Die Übernahme von Daten aus bestehenden Informationssystemen oder Datenbanken in GIS wird durch Technologien wie z.B. SQL oder ODBC in relationalen Datenbank-Management-Systemen zunehmend vereinfacht.

In frühen Stadien der Analyse ist es oft notwendig, aus verschiedenen Optionen eine geeignete auszuwählen, z.b. ob aggregierte oder nicht-aggregierte Daten benutzt werden sollen oder ob ein einfaches statt eines komplexen Modells erstellt werden soll. Durch die mächtigen und schnellen Datenmanagement-Funktionen eines GIS ist es nun möglich, die geeignete Strategie durch 'trial and error' herauszufinden, indem die Ergebnisse der verschiedenen Aggregations- und Komplexitätsstufen verglichen und bewertet werden (MAGUIRE 1995: 176).

Seit Anfang der neunziger Jahre spezialisieren sich Dienstleister und Anbieter von Softwareprodukten auf die Unterstützung von Geomarketing durch GIS, zunächst vor allem in den USA, Kanada und Großbritannien. Dies erleichtert die Entscheidung vieler Unternehmen, GIS für ihr Marketing einzusetzen und eröffnet den Softwareentwicklern durch die größere Zahl verkaufter Programme finanzielle Spielräume zur Weiterentwicklung ihrer Geographischen Informationssysteme. Hinzu kommt, daß die Entwicklungsumgebungen für Software ebenfalls günstiger und gleichzeitig leistungsfähiger geworden sind.

All dies zeigt, daß Geomarketing untrennbar mit dem Einsatz Geographischer Informationssysteme verbunden ist.

2.4 Datenbasis

„A GIS can have as many 'knobs and whistles' as possible - but if the data are poor the key 'raison d'être' for investing in such a system is undermined" (CRESSWELL 1995: 212).

Alle Aktivitäten innerhalb des Geomarketing sind letztlich auf ein inhaltliches Ziel ausgerichtet: auf die Verbesserung der Qualität der marktrelevanten Maßnahmen von Entscheidungsträgern. Deren Entscheidungen können unter unterschiedlichen Bedingungen entstehen und entsprechend klassifiziert werden (HAMMANN & ERICHSON 1994: 4 ff.). ‚Entscheidungen unter Gewißheit' (deterministischer Fall) können von ‚Entscheidungen unter Ungewißheit' (nicht-deterministischer Fall), ‚Entscheidungen unter Risiko' (stochastischer Fall) und ‚Entscheidungen unter Unsicherheit im engeren Sinne' (verteilungsfreier Fall) unterschieden werden. Informationen können als ‚entscheidungsrelevantes Wissen' definiert werden (MAG 1977: 12) und unterscheiden sich eindeutig vom Begriff ‚Daten', denn im Gegensatz zu Daten sind Informationen bereits strukturiert und für menschliche Sinne aufbereitet. Laut BARTELME (1995: 9) kann man immer dann von Information sprechen, „wenn auf eine spezifische Frage eine Antwort gegeben wird, die das Verständnisniveau des Fragenden erhöht und ihn befähigt, einem bestimmten Ziel näherzukommen". Leider werden häufig in der Praxis die Begriffe ‚Daten' und ‚Informationen' fälschlicherweise synonym verwendet.

Je höher die Versorgung mit qualifizierten und relevanten Informationen ist, desto höher kann die rationale Entscheidungssicherheit der ausführenden Personen bezeichnet werden. Um sich dem theoretischen Idealfall des deterministischen Entscheidungsverhaltens möglichst weitgehend anzunähern, werden im Marketing Informationen benötigt: „since it is information that provides the context for management decisionmaking" (LONGLEY & CLARKE 1995: 4). Alle Handlungen zur Gewinnung von relevanten Informationen sollen die implizite Ungewißheit und das Risiko des Entscheidungsprozesses vermindern.

Aus diesem Grunde können Informationen aus dem Bereich Geomarketing nicht nur als Hilfe zur Entscheidungsfindung auf Märkten charakterisiert werden, sondern auch als „corporate or institutional resource" (LONGLEY & CLARKE 1995: 4). Raumbezogene Informationen sind eine geschäftsmäßige und strategische Handelsleistung, da sie als ein Schlüssel zur weiteren Verbesserung der Managementaktivitäten und somit zur Verbesserung des betrieblichen Ergebnisses dienen.

Sämtliche Geomarketing-Aktivitäten setzen die Existenz und Verfügbarkeit relevanter Daten voraus. Seit Mitte der neunziger Jahre wird die Qualität Geographischer Informationssysteme oft nicht mehr am Funktionsumfang der Softwarepakete gemessen, sondern an der Qualität und Quantität der mitgelieferten Daten. Dies ist insbesondere bei solchen GIS zu beobachten, welche auf die Zielgruppe der Geomarketing-Anwender ausgerichtet sind (in Nordamerika v.a. MAPINFO, MANIFOLD, ARCVIEW, MAPTITUDE und ATLASGIS, in Deutschland z.B. REGIOGRAPH oder MARIS).

Sowohl in der Terminologie der an Geomarketing beteiligten wissenschaftlichen Disziplinen als auch im Sprachgebrauch der privatwirtschaftlichen Geomarketing-Anbieter hat sich der Begriff ‚Geodaten' als Bezeichnung für die Menge aller Daten etabliert, welche - oft in GIS verwaltet - als Ausgangsbasis für Geomarketing-Aktivitäten dient. Dabei sind zwei unterschiedliche Geodaten-Sektoren zu unterscheiden.

Als ‚raumbezogene Geodaten' (engl. 'spatial data') werden alle geometrischen Daten bezeichnet, welche einen expliziten Raumbezug in Form von einem oder mehreren geographischen Koordinatenpaaren aufweisen und welche eindeutig Punkten auf der Erdoberfläche zugeordnet werden können. Raumbezogene Geodaten werden in Kapitel 2.4.1 eingehend behandelt. Dagegen bezeichnet man als ‚attributbezogene Daten', ‚thematische Daten' oder ‚Sachdaten' (engl. 'attribute data') die Menge aller Daten, welche bezüglich der raumbezogenen Daten eine erklärende Funktion innehaben. Attributdaten werden in Abschnitt 2.4.2 weitergehend analysiert.

Abbildung 2.2: Zuordnung von Attributdaten zu Geometriedaten

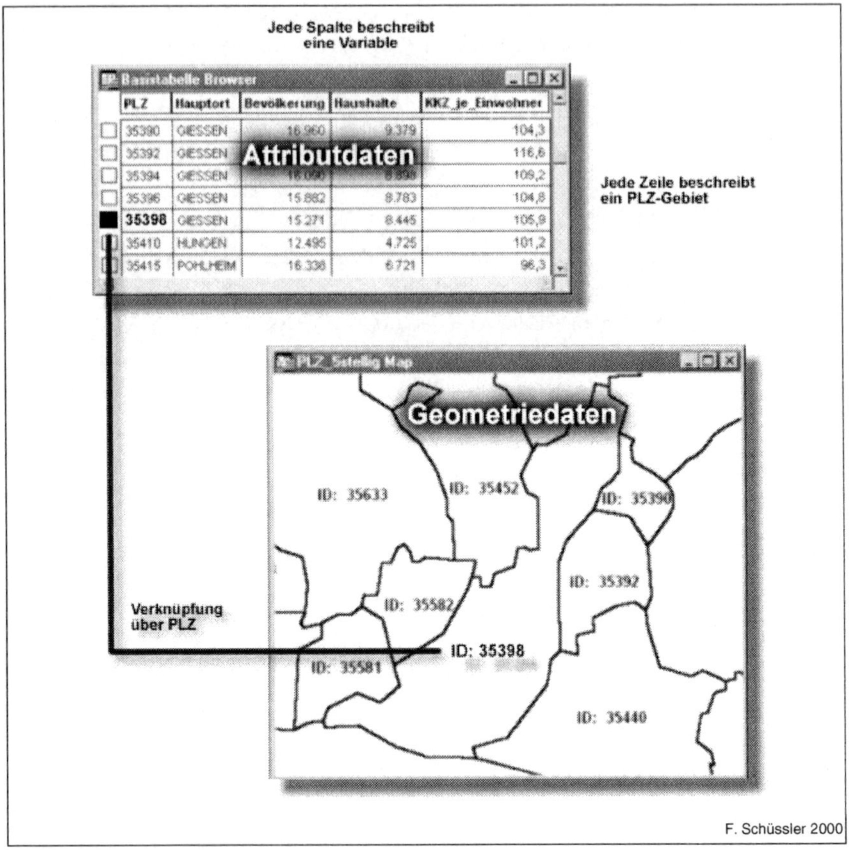

Quelle: eigene Darstellung

Abbildung 2.2 verdeutlicht das Prinzip der Zuordnung von attributbezogenen Daten zu raumbezogenen Daten. Im unteren Teil der Abbildung sind Flächengeometrien zu sehen, welche als räumliche Basis für die Zuordnung dienen. Es sind in diesem Beispiel Postleitzahlgebiete. Jedes dieser Gebiete hat eine sog. ‚ID', einen Identifikationscode, der auch als ‚Schlüssel' bezeichnet wird. Einerseits beschreibt die ID jedes Objekt eindeutig, andererseits dient sie als Zuordnungscode. Im oben dargestellten Falle ist es die Postleitzahl jeder Flächengeometrie. Der obere Teil der Abbildung beschreibt einen Attributdatensatz und besteht aus einer Tabelle, welche Informationen über die einzelnen PLZ-Gebiete enthält. In diesem Falle sind Informationen zur Anzahl der Kunden aus den PLZ-Gebieten gespeichert. Hier taucht die Postleitzahl als Spaltenbezeichnung auf. Der Pfeil symbolisiert die Zuordnung (1:1) der attributbezogenen Daten zu den raumbezogenen Daten der Karte.

Durch diese Form der Zuordnung ergeben sich wichtige Konsequenzen. Die Geometrien werden mit Sachinformationen angereichert, wodurch sich erst die vielfältigen Analysemöglichkeiten ergeben. Vice versa ist die Lokalisierung und Geopositionierung der Attributdaten nur über diese Art der Verknüpfung oder über bereits enthaltene Positionsangaben realisierbar - da die Mehrzahl der Datenbanken keine solchen Positionsangaben in Form von Koordinaten aufweisen und als Schlüssel z.B. die weit verbreiteten Postleitzahlen verwendet werden können, ergibt sich die besondere Bedeutung der Zuordnung von attributbezogenen Daten zu raumbezogenen Daten über die eindeutigen Schlüsselfelder.

2.4.1 Raumbezogene Daten

Eine der Aufgaben Geographischer Informationssysteme im Geomarketing besteht in der Eingabe, Verwaltung und Zuordnung raumbezogener Daten, den sog. Geometrien. Diese können in Geographischen Informationssystemen als Punkte, Linien oder Flächen (z.b. als Wohnadressen, Straßenzüge oder Postleitzahlgebiete) bestehen. Sie dienen als raumbezogenes Bezugssystem für diverse attributbezogene Datenquellen (vgl. Abb. 2.2) und können somit als Träger der attributären Merkmale bezeichnet werden. Die Mehrzahl der gegenwärtigen Softwareapplikationen im Geomarketing verwendet flächenhaften Daten, allerdings werden aufgrund einiger spezifischer Probleme immer öfter auch punkt- und linienförmige Daten eingesetzt.

Tabelle 2.2 listet die wichtigsten Geometriedaten hinsichtlich der Zwecke des Geomarketing in der Bundesrepublik auf und gibt eine kurze Übersicht über deren räumliche und demographische Dimensionen.

Tabelle 2.2: Kennzeichen geometrischer Daten in Deutschland

Datenbasis	Anzahl	Durchschnittliche Flächengröße in qkm	Durchschnittliche Bevölkerungszahl
Einstellige PLZ	10	35.690	8.100.000
Bundesländer	16	22.306	5.062.500
Regierungsbezirke	40	8.923	2.025.000
Zweistellige PLZ	95	3.757	852.632
Stadt- und Landkreise	440	657	ca. 149.000
Fünfstellige PLZ	8.276	43	ca. 9.800
Kommunen	14.363	23	ca. 5.700
Stimmbezirke	80.000	4	ca. 1.000
Mikrozellen	ca. 5 Mio.	0 (Punktdaten)	ca. 16

Quelle: eigene Zusammenstellung

Flächenhafte Daten sind gegenwärtig die am häufigsten eingesetzten Daten im Geomarketing. Da die föderale Struktur der Bundesrepublik Deutschland durch eine räumliche Hierarchie der Gebietskörperschaften geprägt ist, stellen diese administrativen Einheiten oft auch den Ausgangspunkt für Geomarketing-Analysen dar. Dabei werden seltener die Länder oder Stadt- und Landkreise als Bezugsbasis gewählt als vielmehr wegen der höheren räumlichen Auflösung die Gemeinden.

In den Vereinigten Staaten und in Großbritannien entwickelte sich ein weiterer Standard: um Adressen von Kunden gezielt geocodieren, d.h. räumlich verorten zu können, werden die räumlichen Einheiten der postalischen ZIP-Codes bzw. Postcodes als Bezugsbasis verwendet. In Großbritannien spricht man bereits seit mehreren Jahren von einer ‚Geographie der Postcodes' (RAPER, RHIND & SHEPERD 1992). Auch in Deutschland werden zumeist Postleitzahlgebiete als räumliche Bezugsbasis verwendet.

Hinsichtlich der Verwendung flächenhafter Daten als räumliche Bezugsbasis existieren jedoch fundamentale Probleme. Die geometrische Form und Ausdehnung von flächenhaften Einheiten kann das Ergebnis - die Repräsentation der geographischen Phänomene - stark beeinflussen, denn der kontinuierliche Raum wird durch die Verwendung administrativer Regionen künstlich in diskrete Blöcke unterteilt. Diese Blöcke stellen gleichsam räumliche Aggregate dar, deren Aggregationsniveau maßgeblich die Analysen und Darstellungen beeinflußt (OPENSHAW 1984). Dieses Problem wird auch als ‚ökologische Verfälschung' bezeichnet.

Ein verwandtes Problem besteht darin, daß Flächeneinheiten in verschiedenen Maßstäben unterschiedliche Charakteristika vermitteln, wenn die Daten auf einer Ebene niedrigeren Aggregationsniveaus (z.B. auf Individualebene) gesammelt werden. Beide

Problemfälle zusammengenommen bilden das sogenannte 'modifiable area unit problem' (MARTIN & LONGLEY 1995: 17). OPENSHAW (1984, 1995) demonstrierte, wie annähernde jede bivariate Korrelation zwischen Raumeinheiten konstruiert werden kann, wenn die zugrunde liegenden Flächen auf verschiedene Weise gebildet werden (vgl. auch MONMONIER 1991: 29).

Oft trennen administrative Grenzen signifikant sozioökonomische Einheiten und durchteilen homogene Bevölkerungsgruppen (MARTIN 1995: 70). Die Verwendung von homogenen Regionen ist oft nicht möglich; zumeist werden administrative Regionen als Datenbasis verwendet. Sind diese administrativen Regionen allerdings durch eine hohe räumliche Auflösung gekennzeichnet (z.B. Baublöcke oder Mikrozellen), so können durch Aggregation aus dem entstehenden Muster homogene Regionen abgeleitet oder simuliert werden. Mittels Geographischer Informationssysteme können diese ‚modifiable area unit problems' nicht auflösen, jedoch kann iterativ das geeignete regionale Bezugssystem ermittelt werden, indem Daten schnell reorganisiert werden (MAGUIRE 1995: 173 f.).

In der Bundesrepublik werden zumeist zwei flächenhafte Datensätze als räumliche Bezugsbasis für Geomarketing-Analysen verwendet: Gemeindegrenzen und Postleitzahlgebiete. Beide ermöglichen eine Detailgenauigkeit, welche den Anforderungen der Mehrzahl der Geomarketing-Anwendungen entspricht. Die Grenzen können entweder selbst digitalisiert oder bei diversen Anbietern von Geodaten erworben werden. Dabei kommt es den Nachfragern oft nicht auf den geometrisch korrekten Grenzverlauf der Gebiete an, sondern auf die Möglichkeit, die zugeordneten Attributdaten gemäß ihrer relativen Lage erkennen und analysieren zu können. Leicht- bis mittelstark abstrahierte Flächen werden von den Nachfragern in der Regel akzeptiert.

In Deutschland existieren über 14.000 politisch selbständige Gemeinden, deren Grenzen den gängigen amtlichen Kartenwerken (v.a. topographische Übersichtskarten) entnommen werden können. Ferner bieten Geodaten-Anbieter die Grenzen der bundesdeutschen Gemeinden in digitaler, computerlesbarer und speziell in GIS-lesbarer Form an. Darüber hinaus können selbst die Gebiete der ca. 84.000 Orte und Stadtteile Deutschlands bezogen werden. Die Attraktivität der Gemeinde- und Ortsteilgrenzen als räumliche Bezugsbasis leitet sich aus der großen Verfügbarkeit der zugehörigen Attributdaten ab (vgl. Kapitel 2.2). Die Geometriedaten der Gemeindegrenzen als digitale Karten kosten je nach Detailgenauigkeit gegenwärtig zwischen 750 und 5.000 DM, die Ortsteilgrenzen ca. zwischen 1.500 und 12.000 DM.[2]

---

[2] Stand Ende 1999

Wie bereits angedeutet, gewinnen die Postleitzahlgebiete analog zur Entwicklung in Großbritannien und den USA vor annähernd zehn Jahren auf in Deutschland immer mehr an Popularität.[3] Ursprünglich für die Beschleunigung der Sortierung und Zustellung von Postsachen entwickelt, wurde die Gebietseinteilung der Postleitzahlgebiete immer weiter verfeinert und den postalischen Notwendigkeiten angepaßt. Mittlerweile sind diese Postleitzahlgebiete zu einem unverzichtbaren räumlichen Bezugssystem geworden. Die 5-stelligen Postleitzahlen wurden 1993 in Deutschland eingeführt und sind im Gegensatz zu den o. g. anderen Ländern relativ grob, da für über 80 Millionen Menschen und Tausende von Firmen lediglich etwa 28.000 Postleitzahlen existieren.

Folgende Formen der Postleitzahlen sind zu unterscheiden:

- Zustellpostleitzahlen (Zustelladressen)
- Postfachpostleitzahlen (Postfachadressen)
- Großempfängerpostleitzahlen (i.d.R. mittlere und große Unternehmen, Behörden)

Von den 28.000 Postleitzahlen sind weniger als 30 Prozent räumlich verortete Zustellpostleitzahlen (insgesamt 8.000), hingegen sind Postfächer- und Großempfängerpostleitzahlen für eine Geocodierung ungeeignet, da sie keinem eindeutigen Straßenabschnitt zugeordnet werden können. Aus diesem Grunde wird nachfolgend lediglich auf Zustellpostleitzahlen eingegangen, wenn von PLZ die Rede ist. Hinsichtlich dieser Zustellpostleitzahlen sind nur die etwa 200 größten Kommunen in Deutschland nochmals unterteilt, alle anderen Gemeinden besitzen jeweils nur eine Zustellpostleitzahl. Als zusätzliches Problem gibt es in Deutschland die sogenannten Postorte, deren Bezeichnungen nicht mit den Gemeindenamen übereinstimmen. So gibt es Postleitzahlen, zu denen bis zu neunzig verschiedene Ortsnamen, d.h. gültige PLZ-Ort Kombinationen existieren. Zusätzlich zu diesen ‚aktiven' Orten gibt es eine Vielzahl sogenannter Archivorte, d.h. Ortsnamen, die früher einmal gültig waren, heute aber keine Gültigkeit mehr besitzen, weil beispielsweise diese Orte in andere Gemeinden eingemeindet wurden (MICROM 1998: o. S.).

In Deutschland gibt es 10 einstellige, 95 dreistellige und ca. 8.300 fünfstellige PLZ-Gebiete, deren Grenzen in analoger Form als Vorlage für Digitalisierarbeiten den Karten der DEUTSCHEN POST AG entnommen werden können. Allerdings offerieren sowohl die DEUTSCHE POST AG als auch die oben genannten Geodaten-Anbieter GIS-lesbare Geometriedaten der einstelligen PLZ-Gebiete für ca. 100 DM, Geometriedaten

---

[3] Die Bedeutung der PLZ-Gebiete liegt auch darin begründet, daß es in Deutschland - im Gegensatz zu Großbritannien oder der USA - verwertbare Straßendaten, denen Kunden- oder Verkaufsdaten zugeordnet werden können, aufgrund einer oligopolistischen Angebotsstruktur noch sehr teuer sind.

der zweistelligen PLZ für ca. 500 bis 1.000 DM und für die fünfstelligen PLZ-Gebiete für ca. 2.000 bis 4.000 DM. Für Nicht-GIS-Anwendungen, wie etwa das Kartenmodul von MS EXCEL 95 (Tabellenkalkulation von MICROSOFT) werden die fünfstelligen PLZ-Gebiete schon für ca. 80 DM angeboten. Für grobe Analysen und Übersichten werden auch Bundesländer, Nielsen-Gebiete, Regierungsbezirke sowie Stadt- und Landkreise verwendet.

Daneben existieren vielfältige mikrogeographische Spezialdaten (vgl. die nachfolgenden Kapitel). Einige Anbieter beziehen eigene Erhebungen und öffentliche Statistiken auf die ‚Statistischen Bezirke' der Volkszählung bzw. des Mikrozensus (z.B. INFAS GEODATEN, GFK). Für die größeren Städte Deutschlands sind außerdem die räumlichen Daten der Baublöcke und Mikrozellen erhältlich.

Wie bereits im vorigen Abschnitt erwähnt, ist das ‚modifiable area unit problem' theoretisch nicht lösbar, daher ist in der Praxis bei kleinräumigen, bzw. großmaßstäblichen Untersuchungen mit hoher Detailrelevanz eine Alternative zu wählen. Punktdaten als raumbezogene Träger von Attributinformationen dienen deshalb gerade dann der Analyse von Kundendaten, wenn es auf die exakte geometrische Positionierung dieser Attribute ankommt. Mittels punktorientierter Methoden in Geographischen Informationssystemen können solche Daten ebenfalls dargestellt, analysiert und präsentiert werden.

Die Analyse von Punktdaten wird in Deutschland wesentlich seltener angewendet als in den führenden GIS-Nationen Großbritannien und USA. Dennoch werden auch hier punktförmige Daten angeboten, z.B. von GFK, INFAS GEODATEN, MICROM und ESRI. Da in allen Fällen bereits Attribute mit den eigentlichen Geometrien verbunden sind (oftmals keine ‚funktionale Doppelbelegung', vgl. oben), werden sie in Abschnitt 2.3 zusammen mit den attributbezogenen Geomarketing-Daten eingehend behandelt. Oft werden mit speziellen Programmen (‚Geocoder') vorhandene Adressen mit geographischen Positionsangaben (Länge und Breite) angereichert, anschließend können sie in GIS dargestellt und verarbeitet werden.

Linienförmige Daten haben - ähnlich wie flächenhafte Daten - eine Doppelfunktion zu erfüllen: einerseits dienen sie selbst als Träger von Informationen (z.B. von Verkehrsdaten für Straßen), andererseits werden Linien auch als Zuordnungselement für punktförmige Daten verwendet (beispielsweise werden Straßen einzelne Kundenadressen mittels ‚Geocoding' zugeordnet). Linienförmige Geodaten werden nicht nur als wichtige inhaltliche Komponente eines Geographischen Informationssystemes bezüglich der Verkehrssituation von Räumen verwendet, sondern auch als Träger demographischer und ökonomischer Daten, die auf Straßenebene vorhanden sind. Besonders seit Mitte der neunziger Jahre ist die Verfügbarkeit linienförmiger Daten in der Bundesrepublik Deutschland enorm angestiegen. Dafür ist vor allem das Aufkommen von In-Car-Navigationssystemen zur Routenplanung in Fahrzeugen verantwortlich, wofür detaillierte Straßenkarten notwendig sind. Auch die Anzahl der Routenplanungs-Anwendungen hat deutlich zugenommen. Viele kleine, mittlere und große Anbieter offerieren Straßendaten für die gesamte Bundesrepublik oder für detaillierte Teilbereiche, z.B. für Städte ab 10.000 Einwohnern.

2.4.2 Attributbezogene Daten

In den vergangenen 10 bis 15 Jahren wurden ökonomische und sozio-demographische Informationen in einem zunehmend größerem Maße und in einer wesentlich höheren Detailgenauigkeit verfügbar (MARTIN & LONGLEY 1995: 15). Dazu hat primär die Möglichkeit zur Bereitstellung großer Datenmengen in digitalen Datenbanken beigetragen. Statt unzählige Karteikarten oder Lochstreifen zu horten, wie es teilweise noch bis in die späten achtziger Jahre üblich war, ist es nun Standard, auf benutzerfreundlichen graphischen Bildschirmoberflächen interaktiv die Dateneingabe, -verwaltung und -ausgabe durchzuführen.

Grundsätzlich sind zunächst unternehmensinterne und -externe Daten zu differenzieren. Während für Geomarketing relevante unternehmensinterne Daten beispielsweise aus Aufzeichnungen von Kundenumsätzen nach Postleitzahl-Gebieten oder raumbezogenen Expeditionsdaten gewonnen werden können, werden unternehmensexterne Daten - wie etwa demographische, ökonomische oder soziale Strukturmerkmale - hinzugekauft oder in seltenen Fällen selbst ermittelt.

Heute ist es unbestritten, daß gerade die Kombination interner und externer Daten benötigt wird, um Marktanalysefunktionen zu erfüllen (MARTIN & LONGLEY 1995: 16). Beispielsweise sollte es möglich sein, mittels Korrelationsanalysen von internen und externen Daten Klassifikationen der Kunden vornehmen zu können (CRESSWELL 1995: 194, 204). Dabei werden höchst informative Daten unter Verwendung neuer Technologien produziert. Beispielsweise ermöglichen es digitale Kassensysteme, bei jeder geschäftlichen Transaktion zusätzlich die Postleitzahl des Kunden einzugeben. Am Monats- oder Quartalsende kann somit ‚auf Knopfdruck' über regionalisierte Umsatz- und Kundendaten verfügt werden, die in GIS übernommen und ausgewertet werden können (vgl. auch Kapitel 6.2).

Demographische Daten

Die Vielfalt der in GIS verwendeten Daten ist sehr groß, dabei bilden die demographische Daten der öffentlichen Statistik einen großen Teil der Attributdaten - obwohl die Zahl der auf dem Markt befindlichen Datenpakete stetig wächst. Vor allem im englischsprachigen Raum verfeinern professionelle Datenanbieter die öffentlichen Daten und werden zu 'value-added-resellers' (VAR). Zur Verdeutlichung wird nachfolgend ein Beispiel aus Hessen dargestellt. Seit 1980 erscheint jährlich die HESSISCHE GEMEINDESTATISTIK. Sie wird in der zweiten Jahreshälfte herausgegeben und enthält für alle hessischen Gemeinden ausgewählte Daten des Vorjahres bzw. des letzten verfügbaren Zeitraums, unter anderem aus den Bereichen ‚Gebiet und Bevölkerung', ‚Erwerbstätigkeit', ‚Verarbeitendes Gewerbe', ‚Bauwirtschaft', ‚Verkehr', ‚Finanzen' und ‚Steuern'. Seit der Ausgabe 1992 werden die Angaben auch gesondert für den Ballungsraum Rhein-Main, den Umlandverband Frankfurt und den Zweckverband Kassel nachgewiesen.

‚HESSEN REGIONAL' ist eine Recherchedatenbank mit Daten bis auf Gemeindeebene, die mit dem mitgelieferten Programm erschlossen wird. Die Ergebnisse der Abfragen und Auswertungen können zur weiteren Verarbeitung mit einem Geomarketing-GIS exportiert werden. Jede Ausgabe von ‚HESSEN REGIONAL' enthält in digitaler Form alle Daten der ‚HESSISCHEN GEMEINDESTATISTIK'. Ferner können die Ausgaben mehrerer Jahre installiert werden, wodurch die Datenbank eine Zeitreihenkomponente erhält.

Nach dem gleichen Prinzip funktioniert ‚STATISTIK REGIONAL', eine Recherchedatenbank, die gemeinsam von den Statistischen Ämtern der Länder und des Bundes herausgegeben wird. Sie wird seit 1992 jährlich herausgegeben und enthält ab Kreisebene für alle Bundesländer die jeweils neuesten verfügbaren Daten - unter anderem aus den Bereichen ‚Gebiet und Bevölkerung', ‚Erwerbstätigkeit', ‚Industrie und Handwerk', ‚Bautätigkeit und Wohnungswesen', ‚Verkehr und Tourismus', ‚Finanzen und Steuern', ‚Volkswirtschaftliche Gesamtrechnungen', und ‚Wahlen'.

Hinsichtlich der attributbezogenen Daten besteht neben der öffentlichen Statistik ein breites Spektrum kommerzieller Anbieter. Deren Strategie besteht zumeist darin, eine Vielzahl an attributären Daten unterschiedlicher Herkunft zu sammeln, aufzubereiten und auf ein einheitliches räumliches Bezugssystem anzuwenden.[4] Nachfolgend werden sechs Ansätze dieser geodemographischen Spezialdaten vorgestellt.

Unter **'Geodemographics'** wird die Anwendung von Gebietstypologien und -klassifikationen ('area typologies') verstanden, welche als Diskriminatoren des Konsumentenverhaltens dienen und die Marktforschung sowie Marketingaktivitäten unterstützen (vgl. BROWN 1991). Geodemographische Systeme verwenden eine Vielzahl

---

[4] Da die Verarbeitungsmethoden von den vom Autor befragten Unternehmen trotz intensiver Bemühungen aus firmeninternen Gründen nicht preisgegeben wurden, können keine gesicherten Aussagen über die Verarbeitung der Rohdaten getroffen werden. Insbesondere können die 'fertigen' Spezialdaten nicht oder nur sehr mühsam auf ihre Konsistenz, Plausibilität und methodische Korrektheit überprüft werden. Aus diesem Grunde muß die Integrität der Daten angezweifelt werden.

unterschiedlicher Variablen, um Gebietsklassifikationen zu erstellen. Dabei werden - in Großbritannien und den USA - überwiegend Zensusdaten verwendet, zunehmend fließen aber auch Daten privatwirtschaftlicher Anbieter in die Analyse ein. Anhand der aufgenommenen Daten werden diverse Clusteranalysen vorgenommen, die schließlich in einer Gebietstypologisierung münden. Unter Verwendung eines Beispieles soll die Entwicklung und das Potential dieser Systeme kurz dargelegt werden. Ein großer Anbieter klassifizierte zunächst insgesamt 13 Millionen westdeutscher Wohnhäuser, untersuchte zusätzlich 180 Variablen (laut eigenen Angaben Gebäudedaten, Kaufdaten, Volkszählungsdaten und sonstige Daten) und reduzierte diese Daten auf elf deutsche Lifestyletypen und 37 Feingruppen. Diese sind in Tabelle 2.3 dargestellt. Etwa 65 Millionen westdeutscher Verbraucher können somit hausgenau segmentiert werden. Für jede dieser Klassen liegt eine exakte Beschreibung vor, wie sie in Abbildung 2.3 dargestellt ist. Eine Anwendung dieser Daten findet sich in Kapitel 7.3.3.

Tabelle 2.3: Die deutsche MOSAIC-Klassifikation

#	Gruppe	Beschreibung	%
1.	Luxuswohnungen	Gutsituierte, ältere Städter	2,9
2.		Junge erfolgreiche Städter	1,5
3.	Hochhäuser	Bewohner gepflegter Hochhäuser	1,6
4.		Bewohner weniger gepflegter Hochhäuser	1,3
5.	Städtische Gebiete mit	Der großstädtische Normalbürger	4,0
6.	niedrigem Einkommen	Jüngere Großstädter in einfachen Wohnungen	4,4
7.		Ältere Arbeiter in verkehrsreichen Gegenden	2,6
8.		Junge Städter in Vororten	2,7
9.	Städtische Gebiete mit	Einfache Nachkriegsbauten mit jungen Leuten	2,2
10.	niedrigem/mittleren	Einfache Vorkriegsbauten mit jungen Leuten	1,8
11.	Einkommen	Städtische Normalbürger in individuellen Altbauten	3,9
12.		Ältere Städter in einfachen Wohnungen	3,5
13.		Einfache Wohnungen in ruhiger Lage	3,4
14.		Junge Städter in schlichten Wohnungen, zentral und verkehrsreich	2,8
15.	Bequeme Konservative	Senioren in älteren Standardhäusern am Ortsrand	2,5
16.		Solide städtische Familien der Mittelschicht	2,5
17.		(Klein-) Städter mittleren Alters in Standardhäusern an Ausfallstraßen	2,0
18.		Solide, ältere Städter der Mittelschicht	1,8
19.	Durchschnittsgebiete	Junge Städter in individuellen Altbauten	1,5
20.		Städtische Normalbürger an lebhaften Straßen	1,9
21.	Vielversprechende	Junge gutbürgerliche Städter	1,8
22.	Vorstädte	Junge aktive Städter	2,4
23.	Reiche Gemeinden	Familien in attraktiven gewachsenen Vororten	1,7
24.		Familien in kleinstädtischen gehobenen Vororten	2,8
25.		Junge und wohlhabende städtische Familien	1,9
26.		Wohlhabende Kleinstädter in individuellen Häusern	2,3
27.		Kleinstädtische, bürgerliche Vororte	4,0
28.	Bequeme	Ältere Dorfbewohner in älteren Häusern	3,2
29.	Kleinstadtbewohner	Klassisch-ländliche Familien	5,0
30.		Dörfliches Bürgertum in exklusiven Wohnlagen	0,6
31.	Ländliche Gemeinden	Junge Leute in ruhigen, dörflich-kleinstädtischen Vororten	3,4
32.		Junge Kleinstädter in durchschnittlichen Wohnungen	2,5
33.		Familien in älteren, ländlich-kleinstädtischen Häusern	4,1
34.		Dorfbewohner/Kleinstädter in ruhiger Wohnlage	3,9
35.	Klassische Dörfer	Senioren in alten kleinstädtischen Siedlungen	4,4
36.		Dorfbewohner/Kleinstädter an Ausfallstraßen	2,8
37.		Altbauten im verkehrsreichen Dorf-/Stadtkern	2,4

Quelle: CCN (1995)

Abbildung 2.3: Typbeschreibung einer MOSAIC-Klasse

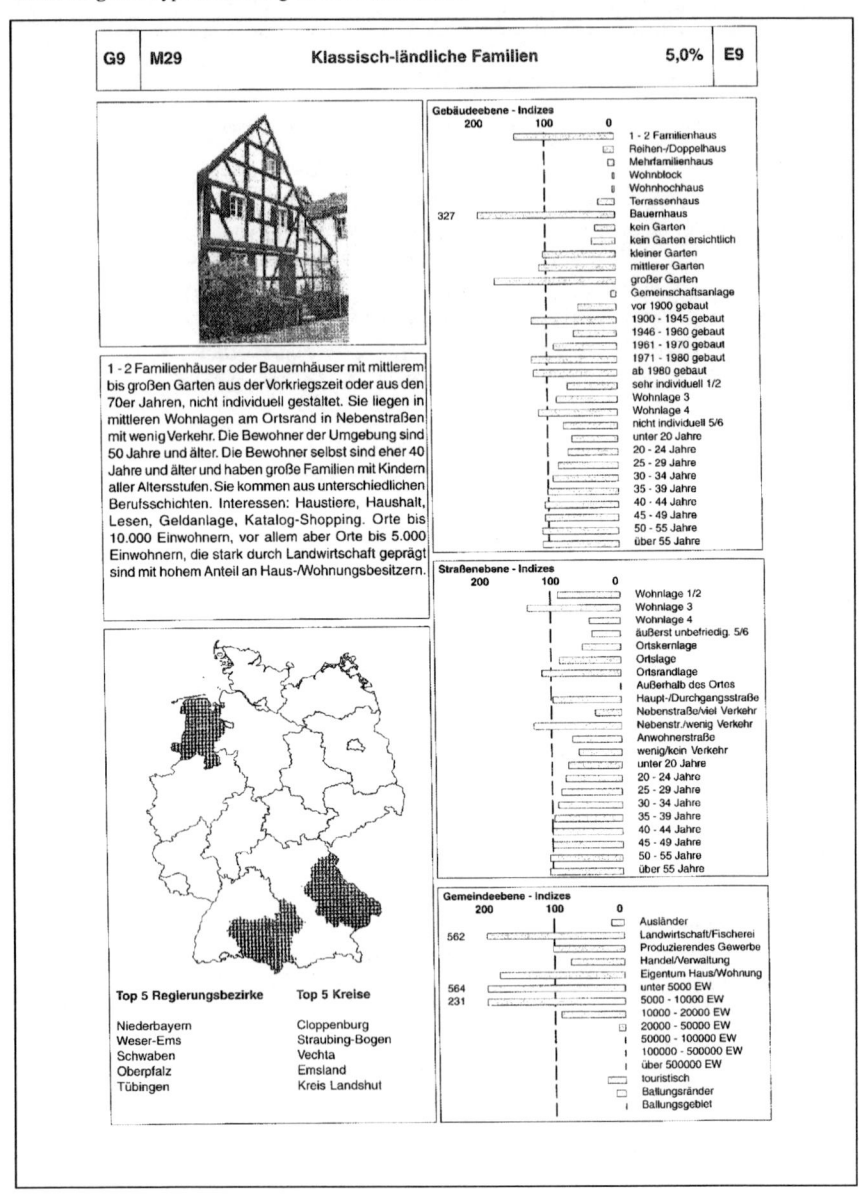

| G9 | M29 | Klassisch-ländliche Familien | 5,0% | E9 |

Gebäudeebene - Indizes

Index	Merkmal
327	1 - 2 Familienhaus
	Reihen-/Doppelhaus
	Mehrfamilienhaus
	Wohnblock
	Wohnhochhaus
	Terrassenhaus
	Bauernhaus
	kein Garten
	kein Garten ersichtlich
	kleiner Garten
	mittlerer Garten
	großer Garten
	Gemeinschaftsanlage
	vor 1900 gebaut
	1900 - 1945 gebaut
	1946 - 1960 gebaut
	1961 - 1970 gebaut
	1971 - 1980 gebaut
	ab 1980 gebaut
	sehr individuell 1/2
	Wohnlage 3
	Wohnlage 4
	nicht individuell 5/6
	unter 20 Jahre
	20 - 24 Jahre
	25 - 29 Jahre
	30 - 34 Jahre
	35 - 39 Jahre
	40 - 44 Jahre
	45 - 49 Jahre
	50 - 55 Jahre
	über 55 Jahre

1 - 2 Familienhäuser oder Bauernhäuser mit mittlerem bis großen Garten aus der Vorkriegszeit oder aus den 70er Jahren, nicht individuell gestaltet. Sie liegen in mittleren Wohnlagen am Ortsrand in Nebenstraßen mit wenig Verkehr. Die Bewohner der Umgebung sind 50 Jahre und älter. Die Bewohner selbst sind eher 40 Jahre und älter und haben große Familien mit Kindern aller Altersstufen. Sie kommen aus unterschiedlichen Berufsschichten. Interessen: Haustiere, Haushalt, Lesen, Geldanlage, Katalog-Shopping. Orte bis 10.000 Einwohnern, vor allem aber Orte bis 5.000 Einwohnern, die stark durch Landwirtschaft geprägt sind mit hohem Anteil an Haus-/Wohnungsbesitzern.

Straßenebene - Indizes

Merkmal
Wohnlage 1/2
Wohnlage 3
Wohnlage 4
äußerst unbefried. 5/6
Ortskernlage
Ortslage
Ortsrandlage
Außerhalb des Ortes
Haupt-/Durchgangsstraße
Nebenstraße/viel Verkehr
Nebenstr./wenig Verkehr
Anwohnerstraße
wenig/kein Verkehr
unter 20 Jahre
20 - 24 Jahre
25 - 29 Jahre
30 - 34 Jahre
35 - 39 Jahre
40 - 44 Jahre
45 - 49 Jahre
50 - 55 Jahre
über 55 Jahre

Gemeindeebene - Indizes

Index	Merkmal
562	Ausländer
	Landwirtschaft/Fischerei
	Produzierendes Gewerbe
	Handel/Verwaltung
	Eigentum Haus/Wohnung
564	unter 5000 EW
231	5000 - 10000 EW
	10000 - 20000 EW
	20000 - 50000 EW
	50000 - 100000 EW
	100000 - 500000 EW
	über 500000 EW
	touristisch
	Ballungsränder
	Ballungsgebiet

Top 5 Regierungsbezirke
- Niederbayern
- Weser-Ems
- Schwaben
- Oberpfalz
- Tübingen

Top 5 Kreise
- Cloppenburg
- Straubing-Bogen
- Vechta
- Emsland
- Kreis Landshut

Quelle: CCN (1995)

Geolifestile-Datenbanken wurden Anfang der neunziger Jahre in Großbritannien entwickelt. Die Ausgangsbasis dieser Datenbanken bilden detaillierte Fragebögen, die an Konsumenten verteilt werden. Mit der Abgabe oder Rücksendung des Fragebogens ist für die Konsumenten ein kleiner Anreiz verbunden, wie etwa die Verlängerung der Garantiezeit technischer Geräte, ein Warengutschein oder die Teilnahme an einer Verlosung. Abbildung 2.4 zeigt den Ausschnitt eines solchen Fragebogens. Diese attraktiven 'incentives' bewirken eine hohe Rücklaufquote: in Großbritannien hat die Firma NDL die Antworten von 10 Millionen Personen zusammengetragen und strukturiert - jedes Jahr kommen etwa 3 Millionen neuer Antworten hinzu (BIRKIN 1995: 130).

Lifestyle-Klassifikationen ermitteln diverse individuelle Charakteristika der einzelnen Einsender, somit sind sie im Gegensatz zu öffentlichen Daten nicht aggregiert, das ‚ewige Problem' der räumlichen Aggregation und der ökologischen Verfälschung wird zunächst umgangen. Da Postleitzahl, Straße und Hausnummer der Einsender erfragt werden, lassen sich die Einzeldaten nicht nur in relationalen oder objektorientierten Datenbanken analysieren, sondern durch Geocodierung auch räumlichen Bezugseinheiten relativ präzise zuordnen - so z.B. den Postleitzahl-Gebieten oder Straßenabschnitten.

Auch in der Bundesrepublik gibt es Anbieter dieser privaten Adressendatenbanken, die eine Fülle von Daten enthalten: Kreditkartenpräferenzen samt Zahlungsgewohnheiten, abonnierte Zeitschriften, Präferenzen innerhalb des Versandhandels etc.. Allerdings verhindert der in Deutschland im Vergleich zu den USA strengere Datenschutz die Zusammenführung von diversen Einzeldaten mit der Absicht der späteren kommerziellen Anwendung.[5]

Der Nachteil der Lifestyle-Daten besteht vor allem darin, daß sie trotz der hohen Zahl der Rücksendungen nach wie vor nicht die Grundgesamtheit der Bevölkerung abbilden, sondern lediglich eine Stichprobe darstellen, deren Umfang allerdings in Großbritannien bereits die Hälfte der Gesamtbevölkerung beinhaltet. Aufgrund der Befragungsmethodik sind die Datenbanken jedoch auf eine bestimmten Bevölkerungsgruppe (auf die Einsender) fokussiert. Zur Verteidigung ihrer Methodik dient NDL die Behauptung, daß diese Verschiebung unwichtig sei, da sie sich tendenziell auf die gewünschte Zielgruppe zu bewegt. Außerdem könnten die Daten unter Kenntnis der

---

[5] Aspekte des Datenschutzes werden in der vorliegenden Arbeit nicht eingehender behandelt. Die komplizierten und detaillierten juristischen Tatbestände wurden teilweise noch nicht gesetzlich verankert und die ausführliche Darlegung der Gesamtproblematik würde den Rahmen dieser Arbeit sprengen.

Abweichungen von der Gesamtbevölkerung gewichtet werden, um sie als repräsentative Größen gelten zu lassen (BIRKIN 1995: 130).

Abbildung 2.4: Fragebogen zur Ermittlung von ‚Geolifestyles'

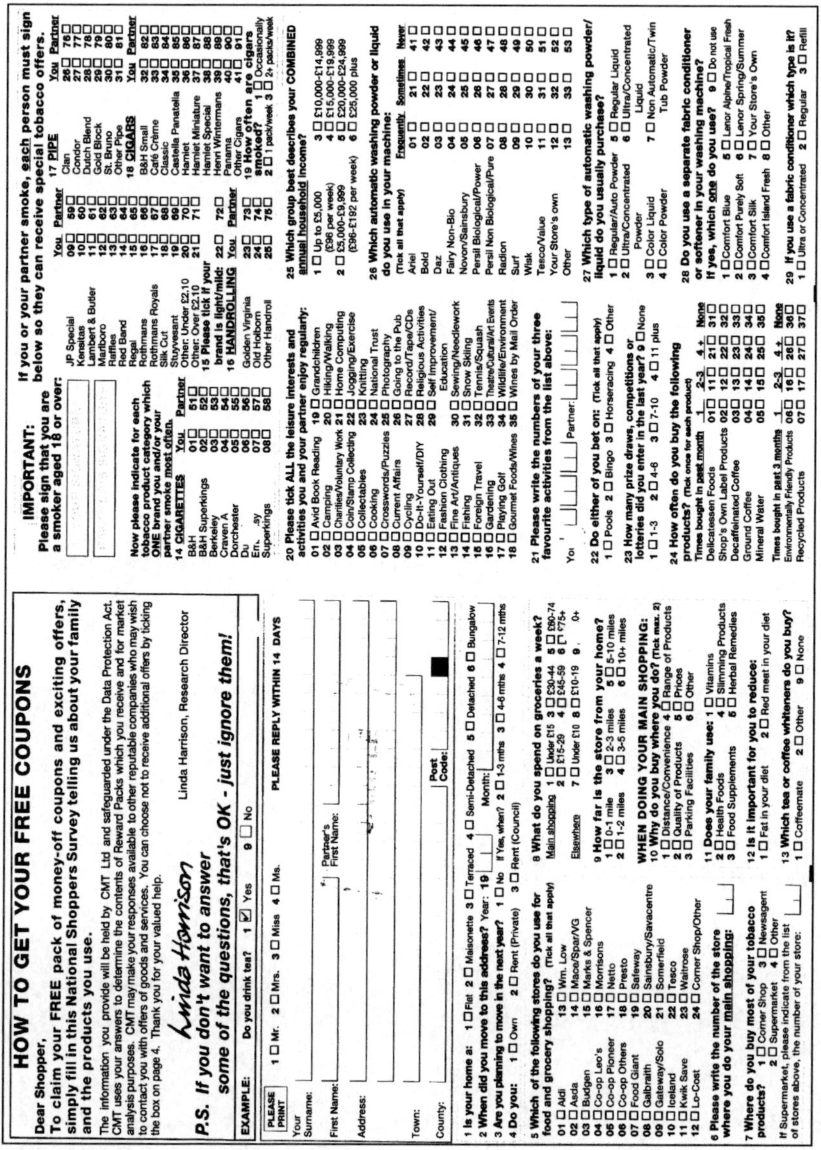

HOW TO GET YOUR FREE COUPONS

Dear Shopper,

To claim your FREE pack of money-off coupons and exciting offers, simply fill in this National Shoppers Survey telling us about your family and the products you use.

The information you provide will be held by CMT Ltd and safeguarded under the Data Protection Act. CMT uses your answers to determine the contents of Reward Packs which you receive and for market analysis purposes. CMT may make your responses available to other reputable companies who may wish to contact you with offers of goods and services. You can choose not to receive additional offers by ticking the box on page 4. Thank you for your valued help.

Linda Harrison

Linda Harrison, Research Director

P.S. If you don't want to answer some of the questions, that's OK - just ignore them!

EXAMPLE: Do you drink tea? 1 ☑ Yes 9 ☐ No

PLEASE PRINT 1 ☐ Mr. 2 ☐ Mrs. 3 ☐ Miss 4 ☐ Ms. PLEASE REPLY WITHIN 14 DAYS

Your Surname:

First Name: Partner's First Name:

Address:

Town:

County: Post Code:

1 Is your home a: 1 ☐ Flat 2 ☐ Maisonette 3 ☐ Terraced 4 ☐ Semi-Detached 5 ☐ Detached 6 ☐ Bungalow

2 When did you move to this address? Year: 19 Month:

3 Are you planning to move in the next year? 1 ☐ No If Yes, when? 2 ☐ 1-3 mths 3 ☐ 4-6 mths 4 ☐ 7-12 mths

4 Do you: 1 ☐ Own 2 ☐ Rent (Private) 3 ☐ Rent (Council)

5 Which of the following stores do you use for food and grocery shopping? (Tick all that apply)

01 ☐ Aldi, 02 ☐ Asda, 03 ☐ Budgen, 04 ☐ Co-op Leo's, 05 ☐ Co-op Pioneer, 06 ☐ Co-op Others, 07 ☐ Food Giant, 08 ☐ Galbraith, 09 ☐ Gateway/Solo, 10 ☐ Iceland, 11 ☐ Kwik Save, 12 ☐ Lo-Cost, 13 ☐ Wm. Low, 14 ☐ Mace/Spar/VG, 15 ☐ Marks & Spencer, 16 ☐ Morrisons, 17 ☐ Netto, 18 ☐ Presto, 19 ☐ Safeway, 20 ☐ Sainsbury/Savacentre, 21 ☐ Somerfield, 22 ☐ Tesco, 23 ☐ Waitrose, 24 ☐ Corner Shop/Other

6 Please write the number of the store where you do your main shopping:

7 Where do you buy most of your tobacco products? 1 ☐ Corner Shop 2 ☐ Supermarket 3 ☐ Newsagent 4 ☐ Other

If Supermarket, please indicate from the list of stores above, the number of your store:

8 What do you spend on groceries a week?

Main shopping 1 ☐ Under £15 2 ☐ £15-29 3 ☐ £30-44 4 ☐ £45-59 5 ☐ £60-74 6 ☐ £75+

Elsewhere 7 ☐ Under £10 8 ☐ £10-19 9 ☐ 20+

9 How far is the store from your home? 1 ☐ 0-1 mile 2 ☐ 1-2 miles 3 ☐ 2-3 miles 4 ☐ 3-5 miles 5 ☐ 5-10 miles 6 ☐ 10+ miles

WHEN DOING YOUR MAIN SHOPPING:

10 Why do you buy where you do? (Tick max. 2) 1 ☐ Distance/Convenience 2 ☐ Quality of Products 3 ☐ Parking Facilities 4 ☐ Range of Products 5 ☐ Prices 6 ☐ Other

11 Does your family use: 1 ☐ Vitamins 2 ☐ Health Foods 3 ☐ Food Supplements 4 ☐ Slimming Products 5 ☐ Herbal Remedies

12 Is it important for you to reduce: 1 ☐ Fat in your diet 2 ☐ Red meat in your diet

13 Which tea or coffee whiteners do you buy? 1 ☐ Coffeemate 2 ☐ Other 9 ☐ None

IMPORTANT: Please sign that you are a smoker aged 18 or over:

If you or your partner smoke, each person must sign below so they can receive special tobacco offers.

Now please indicate for each tobacco product category which ONE brand you and/or your partner smoke most often.

14 CIGARETTES	You	Partner
B&H	01	51
B&H Superkings	02	52
Berkeley	03	53
Craven A	04	54
Dorchester	05	55
Du	06	56
Em. .sy	07	57
Superkings	08	58
JP Special	09	59
Kensitas	10	60
Lambert & Butler	11	61
Marlboro	12	62
Raffles	13	63
Red Band	14	64
Regal	15	65
Rothmans	16	66
Rothmans Royals	17	67
Silk Cut	18	68
Stuyvesant	19	69
Other: Under £2.10	20	70
Other: Over £2.10	21	71

15 Please tick if your brand is light/mild: 22 ☐ 72 ☐

16 HANDROLLING	You	Partner
Golden Virginia	23	73
Old Holborn	24	74
Other Handroll	25	75

17 PIPE	You	Partner
Clan	26	76
Condor	27	77
Dutch Blend	28	78
Gold Block	29	79
St. Bruno	30	80
Other Pipe	31	81

18 CIGARS	You	Partner
B&H Small	32	82
Café Crème	33	83
Classic	34	84
Castella Panatella	35	85
Hamlet	36	86
Hamlet Miniature	37	87
Hamlet Special	38	88
Henri Wintermans	39	89
Panama	40	90
Other Cigars	41	91

19 How often are cigars smoked? 1 ☐ Occasionally 2 ☐ 1 pack/week 3 ☐ 2+ packs/week

20 Please tick ALL the leisure interests and activities you and your partner enjoy regularly:

01 ☐ Avid Book Reading, 02 ☐ Camping, 03 ☐ Charities/Voluntary Work, 04 ☐ Coin/Stamp Collecting, 05 ☐ Collectables, 06 ☐ Cooking, 07 ☐ Crosswords/Puzzles, 08 ☐ Current Affairs, 09 ☐ Cycling, 10 ☐ Do-It-Yourself/DIY, 11 ☐ Eating Out, 12 ☐ Fashion Clothing, 13 ☐ Fine Art/Antiques, 14 ☐ Fishing, 15 ☐ Foreign Travel, 16 ☐ Gardening, 17 ☐ Playing Golf, 18 ☐ Gourmet Foods/Wines, 19 ☐ Grandchildren, 20 ☐ Hiking/Walking, 21 ☐ Home Computing, 22 ☐ Jogging/Exercise, 23 ☐ Knitting, 24 ☐ National Trust, 25 ☐ Photography, 26 ☐ Going to the Pub, 27 ☐ Record/Tape/CDs, 28 ☐ Religious Activities, 29 ☐ Self Improvement/Education, 30 ☐ Sewing/Needlework, 31 ☐ Snow Skiing, 32 ☐ Tennis/Squash, 33 ☐ Theatre/Cultural/Art Events, 34 ☐ Wildlife/Environment, 35 ☐ Wines by Mail Order

21 Please write the numbers of your three favourite activities from the list above: You Partner:

22 Do either of you bet on: (Tick all that apply) 1 ☐ Pools 2 ☐ Bingo 3 ☐ Horseracing 4 ☐ Other

23 How many prize draws, competitions or lotteries did you enter in the last year? 9 ☐ None 1 ☐ 1-3 2 ☐ 4-6 3 ☐ 7-10 4 ☐ 11 plus

24 How often do you buy the following products? (Tick once for each product)

Times bought in past month	1	2-3	4+	None
Delicatessen Foods	01	11	21	31
Shop's Own Label Products	02	12	22	32
Decaffeinated Coffee	03	13	23	33
Ground Coffee	04	14	24	34
Mineral Water	05	15	25	35
Times bought in past 3 months	**1**	**2-3**	**4+**	**None**
Environmentally Friendly Products	06	16	26	36
Recycled Products	07	17	27	37

25 Which group best describes your COMBINED annual household income?

1 ☐ Up to £5,000 (£96 per week) 2 ☐ £5,000-£9,999 (£96-£192 per week) 3 ☐ £10,000-£14,999 4 ☐ £15,000-£19,999 5 ☐ £20,000-£24,999 6 ☐ £25,000 plus

26 Which automatic washing powder or liquid do you use in your machine:

(Tick all that apply)	Frequently	Sometimes	Never
Ariel	01	21	41
Bold	02	22	42
Daz	03	23	43
Fairy Non-Bio	04	24	44
Novon/Sainsbury	05	25	45
Persil Biological/Power	06	26	46
Persil Non Biological/Pure	07	27	47
Radion	08	28	48
Surf	09	29	49
Wisk	10	30	50
Tesco/Value	11	31	51
Your Store's own	12	32	52
Other	13	33	53

27 Which type of automatic washing powder/liquid do you usually purchase?

1 ☐ Regular/Auto Powder 2 ☐ Ultra/Concentrated Powder 3 ☐ Color Liquid 4 ☐ Color Powder 5 ☐ Regular Liquid 6 ☐ Ultra/Concentrated Liquid 7 ☐ Non Automatic/Twin Tub Powder

28 Do you use a separate fabric conditioner or softener in your washing machine? If yes, which one do you use? 9 ☐ Do not use

1 ☐ Comfort Blue 2 ☐ Comfort Purely Soft 3 ☐ Comfort Silk 4 ☐ Comfort Island Fresh 5 ☐ Lenor Alpine/Tropical Fresh 6 ☐ Lenor Spring/Summer 7 ☐ Your Store's Own 8 ☐ Other

29 If you use a fabric conditioner which type is it? 1 ☐ Ultra or Concentrated 2 ☐ Regular 3 ☐ Refill

Quelle: National Shoppers Survey (1994)

Der Ausdruck **Psychographics** bezeichnet die Maßgabe, individuelle oder haushaltsbezogene Charakteristika zu vergleichen, wodurch Gruppen von Individuen oder Haushalten identifiziert werden (BIRKIN 1995: 138). Bezüglich dieser Gruppen geht man von der Annahme aus, daß die Gruppenmitglieder die gleichen Interessen, Einstellungen und Konsummuster teilen. Es erfolgt somit eine multiattributive Klassifikation.

In den USA wurde eine Klassifikation vorgenommen, die 26 verschiedene ‚Nischen' identifiziert. Tabelle 2.4 stellt drei dieser Klassen vor. Diese Nischentypen liegen für die USA landesweit vor und können auf kleinräumlicher Basis verortet werden.

Tabelle 2.4: Nischen-Profile in den USA

Niche	Average household incomes	Average of head	Approximate % of niches households	Demographic profile	Product interests
ALREADY AFFLUENT	over $ 75.000	30	0,8	White collar, few kids, high home value	Stocks, home improvements, import cars, extensive travel, multiple credit cards
JUST SAILING ALONG	$ 30.000 - 49.999	33	4,6	Low presence of kids, high mobility, renters college education	Camping equipment, domestic Business travel, beer
WORKING HARD	under $ 20.000	49	2,4	Blue collar, low education, mostly female heads	Kids' clothing, cigarettes/cigars, domestic car loyalty

Quelle: POLK DIRECT (1996)

Sozio-Stile (engl. 'socio styles') wurden von französischen Soziologen in den siebziger Jahren entwickelt. Das Ziel besteht in diesem Falle ebenfalls darin, durch die Kombination diverser Datenquellen eine Klassifikation zu erstellen. Zusätzlich zu demographischen und ‚psychographischen' Informationen sollen hier auch direkte Hinweise auf die Verhaltensweisen, die Einstellungen, Gefühle und die kulturellen Wertvorstellungen der Untersuchungsobjekte gegeben werden (BIRKIN 1995: 145).

Dazu wird in der Regel eine Erhebung durchgeführt, deren Fragen auf eine limitierte Zahl an Daten ausgerichtet sind, deren Antworten aber trotzdem Aufschlüsse über die Vielfalt der oben genannten Eigenschaften der Befragten zulassen.[6] Diese Daten werden zu zwei Faktoren verdichtet: 'values' (Werte) und 'mobility' (Mobilität). Abbildung 2.5 zeigt die daraus für Europa abgeleiteten Sozio-Stile. Die horizontal verlaufen-

---

[6] Leider stand dem Autor trotz intensiver Nachfrage kein solcher Bogen zur Verfügung, daher kann auf die Erhebungsmethodik nicht weiter eingegangen werden.

de Achse stellt den Grad der Mobilität jeder Gruppe dar: von ‚nicht mobil' (Settlement) bis ‚sehr mobil' (Movement), mit dem Durchschnittswert in der Mitte zwischen den beiden Extremen. Dementsprechend stellt die vertikale Achse die moralische Einstellung zwischen den Extremen ‚materielle Werte' (Valuables) und ‚ideeller Werte' (Values) dar. In der aus diesen Achsen aufgespannten Matrix werden Gruppen zugeordnet, die sich aus den Erhebungen ableiten lassen. Die Anwendung von Daten der Sozio-Stile liegt weniger in der Kundensegmentierung und in Direktmarketing-Aktivitäten, sondern in der Produktpositionierung und -werbung. Zunächst können Produkte in diesem System eingeordnet werden, bevor die betreffenden Gruppen lokalisiert und beworben werden.

Abbildung 2.5: Sozio-Stile

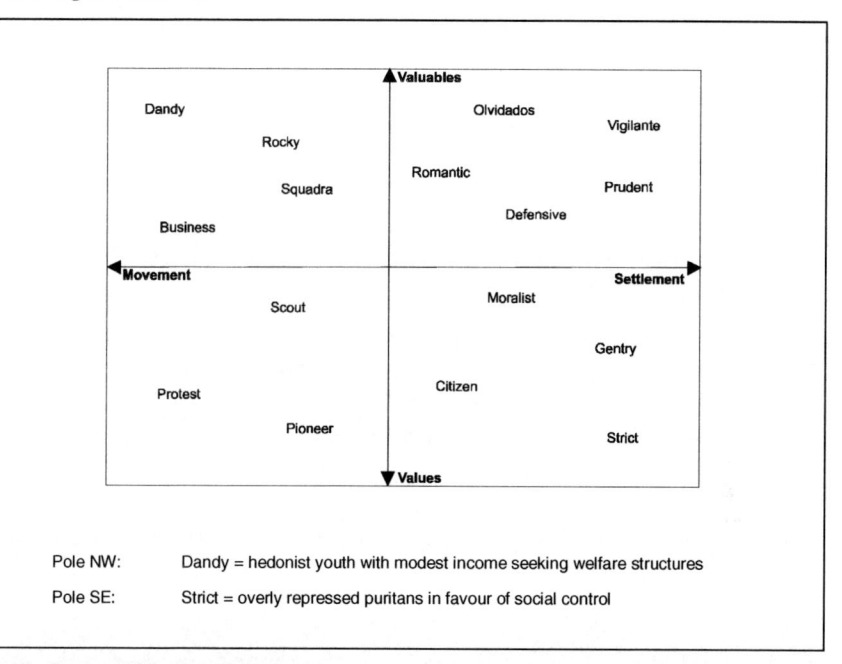

```
                    ▲ Valuables
    Dandy                        Olvidados
              Rocky                              Vigilante
                             Romantic
              Squadra                        Prudent
    Business                     Defensive
◄ Movement ─────────────────────────────────── Settlement ►
              Scout          Moralist
                                         Gentry
    Protest                Citizen
              Pioneer
                                         Strict
                    ▼ Values
```

Pole NW: Dandy = hedonist youth with modest income seeking welfare structures
Pole SE: Strict = overly repressed puritans in favour of social control

Quelle: BIRKIN 1995, eigene Darstellung

Die Grundthese aller **mikrogeographischen Marktsegmentierungsverfahren** lautet, daß sich Personen mit ähnlichen Lebens- und Konsumgewohnheiten nicht gleichmäßig über eine betrachtete Region verteilen, sondern sich in Clustern räumlich aggregieren (PETERSEN & MAUS 1996: 3). Diese Tendenz wird häufig auch als ‚Nachbarschaftseffekt' bezeichnet. Gegenwärtig bestehen in Deutschland diverse Systeme zur mikrogeographischen Marktsegmentation. Um exemplarisch Entstehung und Inhalte solcher

Systeme aufzeigen zu können, wird im folgenden Abschnitt die ‚MIKROTYP-Datenbank' vorgestellt und analysiert.

Seit 1992 besteht in der Bundesrepublik Deutschland eine Kooperation mehrerer Partner, die ihre Geomarketing-relevanten Daten in eine gemeinsame Datenbank eingebracht haben. Beteiligt sind u.a. GFK MARKTFORSCHUNG, VERBAND DER VEREINE CREDITREFORM, das KRAFTFAHRTBUNDESAMT, große Direktversender samt verbundener Unternehmen und PAN-ADRESS-DIREKTMARKETING. Aus Datenschutzgründen werden die Adressen in anonymisierter Form eingebracht.

Bei der Erstellung der Datenbank wird in drei Schritten vorgegangen (vgl. Abbildung 2.6). Zunächst werden die anonymisierten, individuellen Datensätze der Partner samt verbundener Attribute in einer Rohdatenbank hinsichtlich ihrer Adressenangaben nach den ca. 15 Mio. Häusern aufbereitet. In einem zweiten Schritt werden die Daten inhaltlich und räumlich strukturiert sowie - entsprechend den Bestimmungen des Datenschutzes - jeweils mindestens fünf Haushalte zu sog. ‚Zellen' zusammengefaßt. Bei dieser Zusammenlegung wird darauf geachtet, daß jeweils ähnlich strukturierte Haushalte kombiniert werden. Große Häuser mit über 5-7 Wohneinheiten bilden daher eigene Zellen. Der dritte Schritt beinhaltet die Verdichtung der verfügbaren Einzeldaten zu neuen Strukturindikatoren auf der Basis der Zellen. Somit entsteht für jede Zelle ein Datensatz mit etwa 200 Attributen. Tabelle 2.5 gibt eine Übersicht über die Merkmale der Mikrotyp-Datenbank.

Insgesamt existieren gegenwärtig etwa fünf Millionen Zellen für alle Bundesländer mit im Schnitt 7,2 Haushalten und 200 Merkmalen, welche jährlich aktualisiert werden. Diese Aktualisierung geschieht, indem über spezielle Software beliebige externe Adressen und deren Attribute mit den Zellen verknüpft und analysiert werden. Die so entstandene Datenbank kann somit fast jedes Haus im Bundesgebiet lokalisieren und dazu entsprechende Geomarketing-relevante Daten liefern. Diese individuellen Daten können auf beliebige raumbezogene Basiseinheiten (Geometrien) aggregiert werden, wie z.B. auf Straßenebene, postalische oder administrative Regionen.

Abbildung 2.6: Struktur der MIKROTYP-Datenbank

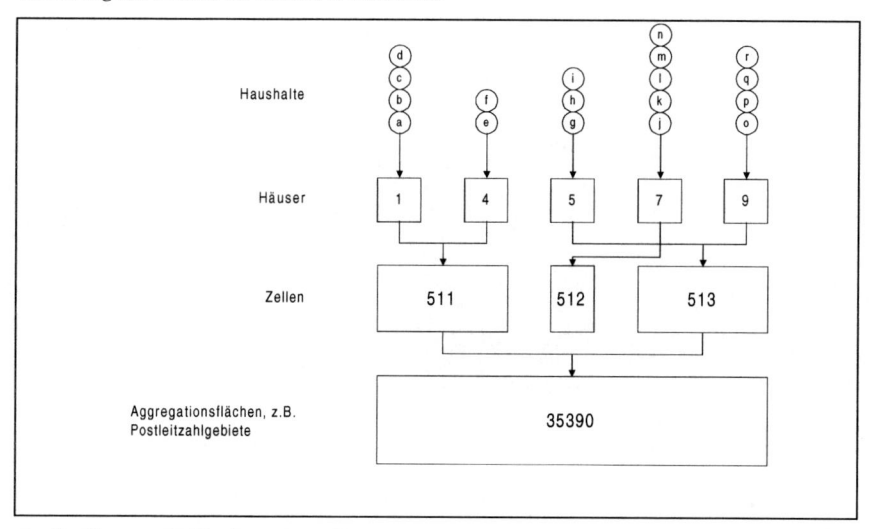

Haushalte: a, b, c, d | e, f | g, h, i | j, k, l, m, n | o, p, q, r

Häuser: 1 | 4 | 5 | 7 | 9

Zellen: 511 | 512 | 513

Aggregationsflächen, z.B. Postleitzahlgebiete: 35390

Quelle: MICROM (1997), eigene Darstellung

Tabelle 2.5: Merkmale der MIKROTYP-Datenbank (Auszug)

Identifikationsmerkmale	Zellenschlüssel
	- postalische Angaben - Gemeindekennziffer - Wahlbezirksnummer - Straßenname - Straßenschlüssel - Hausnummern
Adressenzahlen	- Zahl der Privatadressen (Haushalte) - Zahl der gewerblichen Adressen
Straßentyp	- Wohnstraße - Ladenstraße - Mischtyp - Gewerbestraße
Haustyp	- Haustypen (20 verschiedene) - Zahl der Adressen pro Haus - Gewerbeindex
Soziotyp	- Proportion Deutsche/Ausländer - Haushalte mit Kindern - alleinstehende Frauen - Altersgruppen - Statustyp (5 Typen gem. Bildung und Einkommen) - Fluktuation - Anonymitätsbedürfnis - Zahlungsverhalten (Bonität) - Konsumtyp (modern bis konservativ) - Reiseaktivitäten
Gewerbe	- freie Berufe - Ärzte - Firmen - Beschäftigte - Umsätze - Art der Betriebe
Öffentliche Einrichtungen	- nach Art der Einrichtung
Regionalmerkmale	- Zentralität - Kaufkraft

Quelle: MICROM (1997)

Der jüngste Ansatz zur regionalen Bildung und Charakterisierung von Zielgruppen ist auch gleichzeitig der weitaus umstrittenste: seit Herbst 1998 fahren sechs mit speziellen Kameras ausgestattete Fahrzeuge durch Deutschland und sammeln täglich unzählige Fotos von Gebäuden aller Art (BUSINESS GEOMATICS 1999: 9). Die Aufnahmen werden digital in einer Datenbank gespeichert und dabei synchron geocodiert. Bis Ende 1999 sollen alle deutschen Städte mit über 20.000 Einwohnern mit dieser Methode erfaßt sein. Somit stehen den Anwendern dieser Daten qualitativ hochwertige Bilder aller deutschen Häuser zur Verfügung, doch eine Quantifizierung der riesigen Bildermenge ist nicht ohne weiteres möglich. Die einzelnen Fotos können zwar über die räumlichen Koordinaten einzelnen Straßen und sogar Häusern zugeordnet werden, die Auswertung der Bilder muß jedoch individuell pro Aufnahme vorgenommen werden. Potentielle Anwendungen liegen deshalb weniger GIS-gestützten Rechenoperationen, sondern vielmehr im Bereich Leitsysteme für das Rettungs-, Feuerwehr- und Polizeiwesen. Darüber hinaus ist es denkbar, die Daten in Fahrzeugnavigationssystemen für Taxen und Logistikunternehmen zu integrieren. Bei der datenschutzrechtlichen Beurteilung der Bilddatenbanken steht die Frage im Vordergrund, ob es sich dabei um personenbezogene Daten handelt, oder ob sie erst durch die Verknüpfung mit Adressensammlungen der Anwender dazu aufbereitet werden können.

Die generelle Kritik an den geodemographischen Spezialdaten richtet sich zunächst darauf, daß die Methodik zur Erzeugung der Daten in der Regel nur unzureichend dokumentiert ist und deshalb nicht im Detail nachvollzogen werden kann. Die in diesem Abschnitt genannten Ansätze erscheinen zwar sehr plausibel, doch die nicht vorhandene Möglichkeit zur Überprüfung der Daten läßt den kritischen Anwender häufig im Zweifel, ob die relativ teuren Spezialdaten für das eigene Geomarketing-System angemessen erscheinen.

Kaufkraftziffern und potentielle Umsatzzahlen

Neben den im vorhergehenden Abschnitt beschriebenen sozio-demographischen Daten fließen auch ökonomische Daten in das Geomarketing ein. In der Regel werden Daten integriert, welche die Konsumgewohnheiten der Nachfrager und den Warenumschlag der Unternehmen repräsentieren können. Mittels dieser Daten sollen regionale Marktpotentiale erfaßt und so die firmenbezogenen Umsatzchancen abgeleitet werden. Es handelt sich bei den ökonomischen Geomarketing-Daten vor allem um Kaufkraft- und Umsatzkennziffern.

Unter der Bezeichnung ‚Kaufkraft' versteht man die Summe aller Nettoeinkommen der betrachteten privaten Haushalte. Von deren absoluten Bruttoeinnahmen werden Steuern und sonstige Abgaben subtrahiert und Transferleistungen (Arbeitslosengeld, Kindergeld, Renten usw.) addiert. Da die Kaufkraft konsumbezogen ist, werden die alle Einkünfte über 1 Mio. DM bei dieser Grenze gekappt (GFK 1996: o. S.). Die Kaufkraft entspricht dem in der amtlichen Wirtschaftsstatistik gebräuchlichen Begriff des ‚verfügbaren Einkommens' (INFAS 1997: o. S.). Kaufkraftdaten werden hauptsächlich aus der amtlichen Lohn- und Einkommensstatistik sowie demographischen Größen ermittelt, die von Institutionen wie dem STATISTISCHEN BUNDESAMT, den Statistischen Landesämtern und der BUNDESANSTALT FÜR ARBEIT veröffentlicht werden. Sie enthalten die folgenden Größen als Einkommensanteile laut Lohn- und Einkommensstatistik (INFAS 1996: o. S.):

- Nettoeinkommen aus unselbständiger und selbständiger Arbeit, aus Land- und Forstwirtschaft, aus Gewerbebetrieben, aus Kapitalvermögen und aus Vermietung und Verpachtung
- Gemeindeanteile aus der Lohn- und Einkommensteuer
- Zahlungen der Bundesanstalt für Arbeit
- Sozialhilfe
- Wohngeld

- Kindergeld
- Renten und Pensionen

Kaufkraftkennziffern dienen in erster Linie als Indikatoren zur Bestimmung regionaler und lokaler Differenzierung des Absatzes (INFAS 1996: o. S.). Die gesamtwirtschaftliche Kaufkraft läßt sich zur einzelhandelsrelevanten Kaufkraft umrechnen, indem aus allgemeinen Größen abgeleitete Werte, wie z.B. die mittels der Sparquote berechneten Spareinlagen, abgezogen werden. Der Kaufkraftindex einer Region r wird zur Verdeutlichung regionaler Disparitäten gebildet und läßt sich wie folgt berechnen:

$$k_r = \frac{\text{verfügbares Pro-Kopf-Einkommen in Region r}}{\text{verfügbares Pro-Kopf-Einkommen im Bundesgebiet}}$$

Ist der Kaufkraftindex gleich 1, entspricht das mittlere verfügbare Pro-Kopf-Einkommen der betrachteten Teilregion exakt dem Bundesdurchschnitt. Bei Werten von größer (kleiner) 1, liegt das verfügbare Pro-Kopf-Einkommen über (unter) dem Bundesdurchschnitt.

Aus der Methodik der Ermittlung der Kaufkraftziffern ergeben sich jedoch einige schwerwiegende Probleme hinsichtlich deren Reliabilität und Validität. Die Lohn- und Einkommensstatistik wurde bislang nur alle drei Jahre veröffentlicht. Deshalb handelt es sich bei den aktuell ausgewiesenen Kennziffern immer nur um Schätzungen, welche „unter Hinzuziehung soziodemographischer Eckdaten sowie gesamtwirtschaftlicher Prognosen für die konjunkturelle Entwicklung getroffen werden" (INFAS 1997: o. S.). Ferner besagt die lokale Kaufkraft noch nicht, daß die im Ort zur Verfügung stehende Kaufkraft auch tatsächlich dort umgesetzt wird. Dieses Problem wird in der Praxis durch die Gewichtung der absoluten Kaufkraftbeträge durch Zentralitätskennziffern umgangen.[7] Bei einem Kaufkraftindex von 1,2 und einer überdurchschnittlichen Zentralität von 1,05 ergibt sich ein nach oben korrigierter Kaufkraftindex von 1,2 * 1,05 = 1,26.

Ein weiteres Problemfeld ergibt sich aus der Tatsache, daß die Berechnung und Ausweisung der Kaufkraftkennziffern zunächst auf der Basis der Gemeinden erfolgt. Zwar sind diese Werte leicht - z.B. über die amtlichen Gemeindeschlüsselnummern - auf Kreis- oder Regierungsbezirksebene zu aggregieren, jedoch ist die oft nachgefragte und häufig erwünschte Umrechnung auf kleinräumigere raumbezogene Basiseinheiten - wie z.B. Postleitzahlgebiete, Ortsteile, Statistische Bezirke oder Mikrozellen (vgl. Tabelle 2.3) - wesentlich schwieriger methodisch korrekt durchzuführen. Die herausragende Bedeutung der einzelhandelsrelevanten Kaufkraft liegt wohl darin, daß ge-

---

[7] Auf die Problematik der Zentralitätsmessung wird im Rahmen dieser Arbeit nicht eingegangen. Vgl. hierzu u.a. GIESE (1996).

genwärtig keine Alternative zur regional differenzierten Bestimmung des wirtschaftlichen Potentials der Bevölkerung besteht.

Sind die Dimensionen der einzelhandelsrelevanten Kaufkraft der betrachteten Regionen bekannt, so können anhand empirisch und statistisch ermittelter Kennwerte aus der produktbezogenen Markt- oder Panelforschung (vgl. nächster Abschnitt) die potentiellen Umsatzgrößen bestimmter Branchen oder Produkte berechnet werden. Ein Beispiel: Gießen hatte 1993 insgesamt 74.029 Einwohner. Jeder Bewohner gab in diesem Jahr pro Kopf im Bundesdurchschnitt 230,- DM für Schuhe aus. Bei einer Kaufkraftkennziffer von 1,047 (GFK) und einem Zentralitätsfaktor von 2,1 (GFK) ergab sich für Gießen eine gesamte Umsatzchance für Schuhe in Höhe von 37,4 Mio. DM. Diese läßt sich entsprechend der Prozentanteile der Warengruppen weiter differenzieren: das Potential für Herrenschuhe betrug 8,99 Mio. DM, für Damenschuhe 17,66 Mio. DM, Sportschuhe 3,92 Mio. DM usw.

Paneldaten

Paneldaten stammen aus speziellen, in der Regel sehr arbeitsaufwendigen Erhebungen, die von Marktforschungsinstituten wie etwa von der GFK oder von NIELSEN bei einem gleichbleibenden Teilnehmerkreis wiederholt in gleichmäßigen Abständen mit der gleichen Teilauswahl zum gleichen Untersuchungsgegenstand vorgenommen werden (HAMMANN & ERICHSON 1994: 137). Zunächst wird zwischen drei Hauptformen der Panel-Erhebungen unterschieden (vgl. Abbildung 2.7). Handelspanel im Einzel- oder Großhandel liefern repräsentative Daten über den Verkauf von Waren verschiedener Produktgruppen. Im Gegensatz dazu stellen die Verbraucherpanel wichtige Daten zum Einkaufsverhalten von Haushalten oder Individuen zur Verfügung, schließlich sind spezielle Panel zur Analyse neuer Produkte oder zur Beurteilung bestimmter Maßnahmen durchführbar. Für das Geomarketing im Einzelhandel sind Verbraucher- und Einzelhandelspanels von besonderer Bedeutung, da ihre Ergebnisse oft mit demographischen oder ökonomischen Daten kombiniert und z.B. zur Potentialanalyse genutzt werde: ein Beispiel wurde im vorigen Abschnitt bereits erwähnt.

Abbildung 2.7: Formen von Panel-Erhebungen

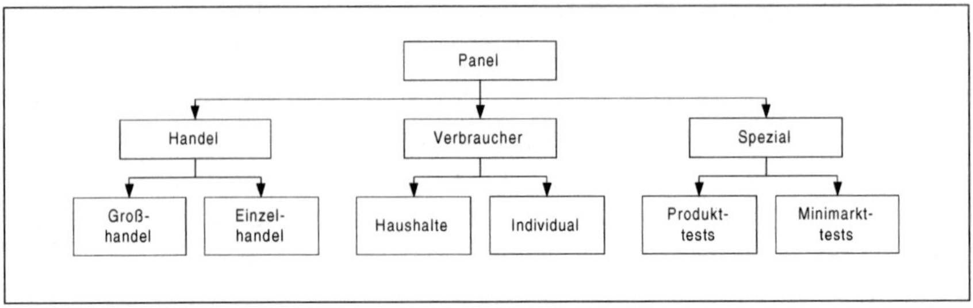

```
                            Panel
           ┌──────────────────┼──────────────────┐
         Handel           Verbraucher          Spezial
       ┌────┴────┐       ┌────┴────┐        ┌────┴────┐
     Groß-    Einzel-  Haushalte Individual Produkt-  Minimarkt-
     handel   handel                         tests     tests
```

Quelle: DILLER 1994: 845

2.4.3 Neue Geodaten durch Geomarketing?

Nun soll die eingangs dieses Abschnitts gestellte Frage beantwortet werden, ob im Zuge der Entwicklung des Geomarketing neue Geodaten entstanden sind. Folglich stellt sich die Frage, ob sich die Inhalte der durch Geomarketing geprägten Geodaten signifikant von ‚traditionellen', nicht mit GIS verarbeiteten raumbezogenen oder attributbezogenen Daten unterscheiden.

Zumindest für den Bereich der Geometriedaten im engen Sinne muß diese These bezweifelt werden. Unter raumbezogenen, flächenhaften Geomarketing-Daten sind alle Daten zu verstehen, wie sie direkt von öffentlichen oder privaten Institutionen erhältlich sind und wie sie in den vorigen Abschnitten vorgestellt wurden. Diese beziehen sich, wie bereits erwähnt, zumeist auf vorhandene administrative, amtlich-statistische oder postalische Basiseinheiten (vgl. Abschnitt 2.4.1).

Aufgrund der hohen Individualität der punktbezogenen und linienförmigen Geometriedaten kann auch in diesem Zusammenhang nicht vom Entstehen neuer, vorher nicht dagewesener Geomarketing-Daten gesprochen werden. All diese Daten könnten im Prinzip auch manuell verarbeitet und ausgewertet werden. Allerdings erlauben es die meisten Geomarketing-GIS, auf der Grundlage der enthaltenen raumbezogenen Daten, flexibel und schnell neue Geometrien zu erzeugen. Die dazu verwendeten Methoden werden in Kapitel 3 vorgestellt, so daß an dieser Stelle lediglich darauf hingewiesen werden sollte, daß zwar im engeren Sinne keine neuen geometrischen Daten zur Verfügung gestellt werden, daß solche Daten aber mittels der in Geographischen Informationssystemen enthaltenen Methoden erzeugt und verarbeitet werden können. Ferner stellen die flexiblen Möglichkeiten der Datenverwaltung und -kombination zur Entscheidungsfindung in Geographischen Informationssystemen eine echte Innovation dar (CZERANKA & EHLERS 1997: 16).

Betrachtet man die Fülle und Vielfalt des Angebotes attributbezogener Daten ('mountains of data' BATEY & BROWN 1995: 103), muß auf eine in Abschnitt 2.2 erwähnte Ursache für die Entstehung von Geomarketing zurückgegriffen werden. Erst die rasante Entwicklung leistungsfähiger Datenbanksysteme ermöglichte die zielgerichtete Verwaltung riesiger Attributdatenmengen. Diese können mittlerweile nicht mehr in einem vertretbaren Zeitaufwand manuell erstellt, bearbeitet und abgerufen werden. Da Geomarketing eng mit dem Einsatz digitaler Systeme - v.a. von GIS und Datenbanken - verbunden ist, läßt sich die These aufstellen, daß zumindest im Bereich der Attributdaten durch Geomarketing neue Geodaten entstanden sind.

2.4.4 Fehlerquellen

Aufgrund des großen Datenangebotes für Geomarketing-Anwendungen wird es für Datenanwender und -nachfrager zunehmend wichtiger, die Qualität der angebotenen Daten einschätzen und beurteilen zu können. Gerade im Bereich Geomarketing hängen Erfolg oder Mißerfolg der Analysen in hohem Maße von der Qualität der Attributdaten ab. Aus diesem Grunde wird nun nochmals auf die denkbaren und in der Praxis immer wieder aufkommenden Fehlerquellen eingegangen. Tabelle 2.6 faßt die möglichen Fehlerquellen zusammen.

Bezüglich des Alters der Datenbestände gilt es eine gleich doppelte Bedingung zu erfüllen. Zum einen sollten die im System enthaltenen attributären Variablen gleichen Alters sein. Zwar können aufgrund mangelnder Verfügbarkeit unterschiedliche Variablen (z.B. Kaufkraft und Rentnerquote) verschiedenen Datums sein, jedoch strikt ist darauf zu achten, daß innerhalb einer Variable nur Werte aus einem Zeitraum oder -punkt verwendet werden, um mögliche Differenzen aufgrund unterschiedlicher Entwicklungen und Prozesse ausschließen zu können. Zum zweiten sollten die im GIS enthaltenen Daten aktuell sein, wobei die Aktualität von der verwendeten Variable abhängen kann. So verändert sich die Rentnerquote eines Ortes durchaus langsamer als dessen einzelhandelsrelevante Kaufkraftquote.

Ferner sollten die untersuchten Raumeinheiten flächendeckend mit den notwendigen Informationen versorgt sein. ‚Wciße Flecken' bezüglich einiger Variablenwerte sind nicht nur unansehnlich auf den ausgegebenen Karten, sondern sie können auch in erheblichem Maße statistische Analysen beeinflussen. Ein Beispiel: werden für nicht vorhandene Werte im Programm keine 'null values' (= Wert nicht vorhanden) vergeben, sondern die Integer-Zahl ‚Null' (= 0), wie es in Datenbankprogrammen (z.B. dBASE oder MS Access) als Standardwert durchaus vorkommen kann, so kann das Ergebnis einer bivariaten oder multivariaten Korrelation oder einer Regression stark verfälscht werden.

Bei Befragungen, Zählungen oder Messungen ist u.a. darauf zu achten, daß die Observationspunkte regelmäßig über die untersuchte Region verteilt sind und somit die Reliabilität der Datenaufnahme gewährleistet wird.

Um eine unnötige Fülle von Daten und die damit zusammenhängenden verwaltungstechnischen und performancebedingten Probleme zu vermeiden, sollte auch auf die Relevanz der implementierten Daten geachtet werden. Überflüssige geometrische und attributäre Daten beeinflussen ferner die Übersicht und Verarbeitungsgeschwindigkeit des Geographischen Informationssystemes.

Des weiteren besteht hinsichtlich der Datenqualität die Forderung nach räumlicher und inhaltlicher Genauigkeit der Daten. Zwar stellt jede Karte als generalisiertes Abbild der Realität lediglich ein Modell dar, die für die Anwendungszwecke angemessen exakte räumliche Positionierung ist aber Voraussetzung für die Operationalität jedes GIS. Auch die inhaltliche Richtigkeit der Attributdaten ist als Basis für sämtliche Anwendungen unabdingbar.

Oft werden Aspekte der attributbezogenen, aber noch häufiger die der geometriebezogenen Referentiellen Integrität der Daten mißachtet. Unter ‚Referentieller Integrität' versteht die Kybernetik ein System von Regeln, welches dazu dient, Redundanzen im Datenbestand zu vermeiden. Ein triviales Beispiel: in einem GIS sind die Gemeinden und die Landkreise Deutschlands enthalten. Wird nun eine Gebietsreform durchgeführt, bei der z.T. kreisübergreifend Gemeinden zusammengelegt werden (wie in den neuen Bundesländern), stimmen z.B. die Bevölkerungsdaten der Landkreise nicht mehr, wenn sie nicht durch Aggregation der Einzeldaten der Gemeinden entstanden sind, sondern einer anderen Quelle entstammen. Das Problem kann in einem Geographischen Informationssystem samt dazugehörigem relationalen Datenbanksystem umgangen werden, indem die Daten der Kreise immer nur dynamisch durch Aggregation der Gemeinden - in sog. Abfragen (Queries) - gebildet werden.

Tabelle 2.6: Datenbezogene Fehlerquellen

Aspekt	Forderung
Alter des Datenbestandes	Aktualität und Gleichaltrigkeit der erhobenen Daten
Flächendeckung	Deckung des betrachteten Untersuchungsgebietes
Observationsdichte	Regelmäßige Verteilung der Observationspunkte
Relevanz	Sachbezogene Bedeutung der Daten
Räumliche Genauigkeit	Generalisierte, aber angemessen exakte räumliche Positionierung
Inhaltliche Genauigkeit	Richtigkeit der Attributdaten
Referentielle Integrität	Wahrung der geometriebezogenen und attributbezogenen referentiellen Integrität, u.a. durch Beachtung der Normalformen, Vermeidung von Redundanzen

Quelle: eigene Zusammenstellung

3 GEOGRAPHISCHE INFORMATIONSSYSTEME

3.1 Vorbemerkungen

Ein Informationssystem ist ein computergestütztes System, das aus Hardware, Software, Methoden und Daten besteht. Es ist dazu geeignet, die Sammlung, Verwaltung, Verarbeitung, Modellierung, Analyse und Darstellung von Daten zu ermöglichen. In dieser Hinsicht unterscheidet sich ein Geographisches Informationssystem (GIS) nicht von anderen digitalen Informationssystemen. Hinzu kommt jedoch die spezielle Fähigkeit von GIS, daß die verarbeiteten Daten auf bestimmte Positionen der Erdoberfläche bezogen werden. Dieser räumliche Aspekt eröffnet zusätzliche Visualisierungs- und Analysemöglichkeiten und bildet somit den entscheidenden Unterschied zu anderen Informationssystemen.

GIS werden in vielen Bereichen, in unterschiedlichsten Disziplinen und von sehr heterogenen Benutzergruppen angewendet. Die nachfolgend aufgeführten Definitionen stellen einen repräsentativen Querschnitt von Begriffsbestimmungen dar.

„A GIS is designed for the collection, storage, and analysis of objects and phenomena where geographic location is an important characteristic or critical to the analysis" ARONOFF *(1989: 17).*

„Das Instrumentarium der Geographischen Informationssysteme ist wesentliches Handwerkszeug einer modernen Geographie für die systematische Erfassung, Verknüpfung, Bewertung und Darstellung räumlich differenzierter Information" GOSSMANN *(1989: 2).*

„Ein GIS dient der Erfassung, Speicherung, Analyse und Darstellung aller Daten, die einen Teil der Erdoberfläche und die darauf befindlichen technischen und administrativen Einrichtungen sowie geowissenschaftliche, ökonomische und ökologische Gegebenheiten beschreiben" BARTELME *(1995: 12).*

Die vielfach zitierte Definition von ARONOFF sowie die leicht abweichenden Übersetzungen von GOSSMANN und BARTELME berücksichtigen allein die technologische Seite Geographischer Informationssysteme. BURROUGH fügt einen weiteren wichtigen Aspekt hinzu: der Einsatz von GIS sollte immer auf ein bestimmtes Ziel ausgerichtet sein.

„A GIS is constituted by a powerful set of tools for collecting, storing, retrieving at will, transforming and displaying spatial data from the real world for a particular set of purposes" BURROUGH *(1986: 6).*

COWEN geht noch einen Schritt weiter und benennt die Entscheidungsunterstützung als wichtigstes Ziel der Implementation eines GIS:

„*A GIS is a decision support system involving the integration of spatially referenced data in a problem-solving environment*" COWEN (1988: 1554).

CHRISTIANSENS Definition, die auf Begriffsbestimmungen verschiedener Autoren aufbaut, fokussiert COWENS Begriff der Entscheidungsunterstützung auf den Planungs- und Managementbereich.

„*A GIS is a system, consisting of hardware, software, data, procedures and a proper organisational context which compiles, stores, manipulates, analyses, models and visualises spatial data, to solve planning and management problems*" CHRISTIANSEN (1998: 1).

Gemäß dieser Definitionen stellen Geographische Informationssysteme Instrumente dar, die der inhaltlichen Entscheidungsfindung bei speziellen Problemstellungen unterschiedlicher Thematik dienen.

Wie insbesondere die technischen Definitionen von ARONOFF, GOSSMANN und BARTELME aufzeigen, kann ein GIS in vier Systemkomponenten unterteilt werden (vgl. Tabelle 3.1), auf die nachfolgend kurz eingegangen wird. Alle GIS weisen eine gemeinsame Struktur auf und bestehen aus mindestens vier Subsystemen, die miteinander in Wechselbeziehungen stehen. Die Dateneingabe führt über die vorhandenen Inputmedien (z.B. Tastatur, Maus, Scanner oder verschiedene Wechseldatenträger) zur Datenbank, dort werden die aufgenommenen Daten abgelegt und verwaltet. Die Datenbank, bestehend aus dem Datenbank-Management-System (DBMS) und den Daten selbst, kann die Daten an das Datenverarbeitungs- und Analysesystem weitergeben und nach erfolgter Operation die Ergebnisse wieder zurückspeichern. Hier existiert die einzige wechselseitige Beziehung innerhalb eines GIS. Ferner kann die Datenbank dem Datenausgabesystem zuarbeiten, das Informationen z.B. in Form von Karten, Tabellen oder Charts ausgibt.

Tabelle 3.1: Systemkomponenten eines GIS

Dateneingabesystem	Das Dateneingabesystem dient der Einbindung vorliegender analoger oder digitaler Daten in das entsprechende Informationssystem. Als analoge Eingabemedien werden Karten, Tabellen, Luft- und Satellitenbilder, Geländebeobachtungen und Meßwerte verwendet, während digitale Daten über CDs, Disketten, ZIP-Medien, Magnetbänder oder sonstige Wechseldatenträger eingelesen werden. Seit wenigen Jahren gewinnt die Datenübertragung via Internet oder ein unternehmensinternes Intranet zunehmend an Bedeutung. Viele Daten - v.a. öffentliche Kennzahlen - sind online und kostenlos erhältlich, andere werden kostenpflichtig via Internet vertrieben.
Datenverwaltungssystem (DBMS)	Das Datenverwaltungssystem (DBMS = Datenbank-Management-System) wird zur Speicherung und Verwaltung der Daten in einer Datenbank verwendet. Es ermöglicht einen schnellen und flexiblen Zugriff auf die Daten.
Datenverarbeitungs- und Analysesystem	Datenverarbeitungs- und Analysesysteme ermöglichen die Bereinigung, Aktualisierung und Analyse der Daten. Ferner können durch die Anwendung von fachbezogenen Analysemethoden neue Daten erzeugt werden.
Datenausgabesystem	Das Datenausgabesystem dient der Ausgabe der gewünschten Daten in Form von Karten, Tabellen, Diagrammen oder Mischformen dieser Kategorien. Oft sollen die Daten auch in andere Systeme übernommen werden, somit sollten Schnittstellen (interfaces) zu anderen GIS und zu anderen Softwaregattungen vorhanden sein, z.b. zu Bildverarbeitungs-, Tabellenkalkulations- und Textverarbeitungssoftware oder dem Internet.

Quelle: eigene Zusammenstellung

Die spezifische Betonung jeweils eines der oben genannten Elemente führt zu drei Blickwinkeln, aus denen GIS betrachtet werden können (MAGUIRE 1991: 13 f.). Richtet sich das Hauptaugenmerk der Anwender auf die Möglichkeit der Datenverwaltung, ergibt sich der ‚Database View'. Wird dagegen der Datenverarbeitungs- und Analyseteil besonders betont, spricht man von dem ‚Analysis View'. Schließlich entsteht der ‚Map View' durch die Fokussierung auf die kartographischen Darstellungsoptionen. Ein großer Vorteil Geographischer Informationssysteme besteht darin, daß diese Sichtweisen keinen Konflikt hervorrufen: einerseits können alle Anwender mit jeweils einer dieser Optionen zufriedengestellt werden, andererseits können alle drei Aspekte in einer Anwendung simultan realisiert werden.

Berücksichtigt man diese drei Blickwinkel, so fällt es nicht schwer, die für die vorliegende Arbeit relevanten Softwarebezeichnungen voneinander abzugrenzen. ‚Computerkartographie' und ‚GIS' sind die in Theorie und Praxis verwendeten Begriffe, deren Unterscheidung an dieser Stelle eindeutig getroffen werden sollte. Während in einem GIS alle drei Aspekte berücksichtigt werden können, richtet die Computerkartographie-Software ihren Fokus ausschließlich auf die graphische Umsetzung von Daten, die zumeist in Datenbanken vorgehalten werden. Insofern werden lediglich ‚Database View' und ‚Map View' kombiniert, der ‚Analysis View' bleibt unberücksichtigt. Die Komplexität der kartographischen Anwendungen beschränkt sich daher auf die thematische Kartographie bestehender Daten. Anwendungsbereiche liegen zum Beispiel in der Erstellung von Karten, die Kundendichten, Vertriebsgebiete oder Kaufkraftschwankungen aufzeigen.

3.2 Entstehungsgeschichte

In diesem Abschnitt soll kurz die Geschichte von GIS skizziert werden. COPPOCK & RHIND (1991: 39 ff.) unterscheiden in ihrem Rückblick vier sich überlappende Phasen hinsichtlich der Entwicklung von GIS. Die ‚Forschungsfront'-Periode (‚research frontier period') fand zwischen den späten 50er Jahren und etwa 1975 bis auf wenige Ausnahmen ausschließlich in den Vereinigten Staaten und Kanada statt. Sie kann durch individuelle Entwicklungen, begrenzte internationale Kontakte und die Verwendung von Software charakterisiert werden, die oft an die Grenzen der Hardware-Ressoucen stieß. Abgesehen von den nur fragmentarisch existierenden Kenntnissen über die Entwicklung der ersten GIS erscheint es gesichert, daß einzelne Personen und Organisationen Schlüsselrollen hinsichtlich deren Entwicklung innehatten. Hier sind HOWARD FISHER und CARL STEINITZ vom HARVARD LABORATORY FOR COMPUTER GRAPHICS zu nennen. In diesem Hochschulinstitut wurde von STEINITZ im Jahre 1966 die erste universitäre GIS-Studie über die Möglichkeit der Landschaftsplanung mit einem GIS in Delaware, Maryland und Virginia durchgeführt, das sog. DELMARVA-Projekt. Man kann in diesem Zusammenhang von einem kreativen Milieu sprechen, denn viele der heute wichtigsten Persönlichkeiten im GIS-Bereich entstammen dieser kleinen, innovativen Gruppe in Harvard. Unter ihnen befinden sich ROGER TOMLINSON vom Canada Geographic Information System (CGIS) sowie JACK DANGERMOND vom ENVIRONMENTAL SYSTEMS RESEARCH INSTITUTE (ESRI), der ‚Vater' von ARCINFO, und DAVID SINTON, der Gründer von INTERGRAPH. Auch LAWRIE JORDAN und BRUCE RADO, die Initiatoren von ERDAS, gehörten zu diesem Team. Man sieht, daß vier der in der Vergangenheit kommerziell erfolgreichsten GIS alle den gleichen institutionell-persönlichen Ursprung haben.

Nach 1973 ging der Einfluß dominierender Persönlichkeiten etwas zurück. An ihre Stelle traten staatlich geförderte Großforschungsprogramme auf universitärer Basis. Auch nach dem Tode von HOWARD FISHER anno 1974 sorgten viele seiner oben genannten Graduierten aus Harvard für eine rasche Ausbreitung der neuen Ideen und Techniken und förderten somit auch eine zunehmende Akzeptanz in der wissenschaftlichen Auseinandersetzung sowie in den staatlichen und privaten Fördergremien. Die Hauptentwicklungsregion war noch immer Nordamerika, jedoch wiesen in Europa auch Großbritannien und die Niederlande erste Fortschritte auf.

Im Jahre 1981 wurde das HARVARD LABORATORY FOR COMPUTER GRAPHICS aufgelöst. Nun verlagerte sich die Innovationstätigkeit zugunsten der privaten und semiprivaten Anbieter und zu Ungunsten der Hochschulen. Mit dem rasanten Fortschritt in der Informationstechnologie begann etwa 1982 die Zeit der rivalisierenden Großanbieter von GIS-Technologie. Begünstigt wurde diese Entwicklung durch das Aufkommen dezentraler PCs, welche die Knappheit des Zugangs zu Rechenzeiten für Großrechner vergessen ließen und entscheidend zur Kostensenkung beitrugen. Ende der 80er Jahre traten immer mehr kleine, aber rasch wachsende privatwirtschaftliche Anbieter auf, die sich die differenzierten Anforderungen der stark zunehmenden Zahl der Benutzer zunutze machten und immer komplexere, vielfach maßgeschneiderte Anwendungen entwickelten. Der Umfang der Kenntnisse von informationstheoretischen Grundlagen, die bei den Anwendern zur Nutzung eines GIS vorhanden sein müssen, nahm durch benutzerfreundliche Schnittstellen ('User Interfaces') immer weiter ab. Dies hat sicher sehr positive, aber auch einige negative Konsequenzen. Mit sehr einfach zu bedienenden GIS-Programmen kann trotzdem die Qualität der Analyse stagnieren oder sogar abnehmen, obwohl man annehmen dürfte, daß nun mehr Gewicht auf die Qualität und Kreativität der Anwendung gerichtet werden könnte.

Den letzten Aspekt verdeutlicht STEINITZ (1993B) in seinem persönlichen Rückblick über den Fortschritt der Technologie. Seine überraschende Schlußfolgerung ist, daß sich inhaltlich weniger geändert habe, als man gemeinhin annimmt (STEINITZ 1993B: 38):

"I began my GIS work using Holerith cards and a line printer to make paper maps in black and white. My first large-area GIS map cost US$35 (in 1965 dollars) for computing time on a $2 million machine. How happy was I to produce it in 30 days of effort. But it was geographically primitive. Today, the same data might be mapped in less than a minute by pointing to English-language or graphic commands on a computer notebook, in a perspective view, with textured colour and shaded relief. It would certainly look better, but it would have absolutely no more information."

Gemäß der Erfahrungen von STEINITZ (1993A: 21 f.) hat die technologische Entwicklung von GIS folgende fünf Phasen durchlaufen (Tabelle 3.2).

Tabelle 3.2: Die technologische Entwicklung von GIS

1. Phase	Seit Anfang der 60er Jahre wurden Computer dazu genutzt, Aufgaben zu lösen, die vorher bereits manuell bearbeitet wurden. Die analytischen Fähigkeiten dieser Periode waren primitiv und hätten überwiegend auch mittels handgezeichneter Karten durchgeführt werden können: „Spatial and statistical analyses were difficult; Professional acceptance was low and public cynicism was high" (STEINITZ 1993A: 19).
2. Phase	Seit Ende der 60er Jahre konnten anspruchsvollere GIS-Analysen durchgeführt werden; komplexere statistische Techniken zur räumlichen Analyse ließen auch die öffentliche Anerkennung von GIS steigen.
3. Phase	Ab Mitte der 70er Jahre wurde die interdisziplinäre Zusammenarbeit intensiviert. Ferner zentrierten sich die Bemühungen und Forschungsziele auf die Entscheidungsunterstützung für öffentliche und private Belange.
4. Phase	Die Phase ab Ende der 70er Jahre ist durch die Einführung kleinerer, dezentraler und wesentlich günstigerer Rechner gekennzeichnet. Die Software wurde immer benutzerfreundlicher und wies komplexe analytische Fähigkeiten auf.
5. Phase	Die letzte Phase seit Mitte der 80er Jahre ist durch zwei Entwicklungen charakterisiert. Zum einen ist eine Wiederauferstehung der Grundlagenforschung im GIS-Bereich festzustellen, die in Bemühungen um ‚schlankere', lernfähige und wissenvermittelnde Software mündet. Andererseits trägt die beeindruckende Verbesserung der Hardware dazu bei, daß GIS-Anwendungen von vielen, bisher nicht mit Computern arbeitenden Organisationen durchgeführt werden. Im Bewußtsein der Öffentlichkeit ist die Arbeit mit Computern zu einer wichtigen Voraussetzung für erfolgreiches Arbeiten geworden: „Increasingly, we think of computers as our partners" (STEINITZ 1993A: 19).

Quelle: STEINITZ 1993A: 21 f.

Heute ist der Einsatz Geographischer Informationssysteme vor allem im Bereich der physischen und angewandten Geographie zum Alltag geworden; in andere Sparten und Disziplinen dringen GIS gerade vor und werden als wichtige Kartographie-, Planungs- und Analysesysteme angesehen. Als bedeutendste Tendenz der neunziger Jahre können die verstärkten Bemühungen der GIS-Anbieter zur Integration von GIS in internetbasierte Anwendungen angesehen werden. Viele Unternehmen stellen ihr Operationsgebiet sowie die räumliche Verteilung ihrer Outlets im Internet kartographisch dar und ermöglichen einfache Suchfunktionen, z.B. nach der dem Kunden nächstgelegenen Filiale.

3.3 Methodik

„Die einzelnen Methoden sind zwar schon älter und teilweise wurden sie außerhalb des Marketingbereichs entwickelt, aber die Idee der räumlichen Marktbearbeitung mit einem GIS - das Karten, Daten und Methoden zusammenführt - stellt eine echte Innovation dar" (FRÜHLING & STEINGRUBE 1996: 197).

Hinsichtlich der einzelnen in GIS eingesetzten Methoden gilt es zu beachten, daß diese lediglich die kleinsten, elementaren Bausteine einer komplexen Geomarketing-Analyse darstellen, denn jede Untersuchung besteht in der Regel aus einer sequentiellen Kombination dieser methodischen Bausteine. Aufgrund der Vielzahl möglicher und sinnvoller Kombinationen können diese nicht erschöpfend herausgearbeitet werden. Jedoch wird durch die Vorstellung der Einsatzmöglichkeiten in den Kapitel 5 bis 8 der vorliegenden Arbeit deren sequentieller Charakter nochmals verdeutlicht.

GIS-Methoden werden benötigt, um die integrierten Geodaten so zu nutzen, daß Geographische Informationssysteme und Geomarketing zu anwendungsorientierten Instrumenten der unternehmerischen Entscheidungsunterstützung werden (OPENSHAW 1995: 159). Deshalb stellt Geomarketing einen der vielversprechendsten Anwendungsbereiche für raumbezogene Analysemethoden dar: die gezielte Anwendung von GIS-Methoden auf den vorhandenen Daten eröffnet oftmals eine neue Perspektive für die entsprechenden Unternehmen oder Organisationen.

Geographische Informationssysteme sind im Geomarketing unentbehrlich, da speziell auf diesem Gebiet die weitaus meisten Fragestellungen die Verarbeitung extrem große Datenmengen voraussetzen (MAGUIRE 1995: 173). Viele dieser Daten müssen transformiert werden, um sie anderen Daten anzupassen (Integration) und werden anschließend nach räumlichen Mustern analysiert. Dieser Prozeß stellt z.T. hohe Anforderungen an die verwendete Hard- und Software. Dabei ist der Einsatz von fortgeschrittenen Methoden oft nicht erforderlich, denn mit den einfachsten Mitteln lassen sich häufig die wichtigsten Erkenntnisse gewinnen, wie es OPENSHAW formuliert:

„Seemingly, few organisations have as yet made much money out of applying sophisticated rather than simple spatial analysis technology in a marketing context" (OPENSHAW 1995: 150)

OPENSHAW (1995: 151) vertritt in diesem Zusammenhang die Ansicht, daß raumbezogene Analysen auf solche Methoden ausgerichtet werden sollten, die zur Darstellung und Identifizierung geographischer Muster auf verschiedenen räumlichen Maßstabsebenen geeignet sind. In dieser Hinsicht ist wiederum die Stärke Geographischer Informationssysteme von großem Nutzen, Datenmodelle konstruieren zu können, die einen schnellen Wechsel zwischen verschiedenen Aggregationsebenen ermöglichen. Gleichwohl gilt es zu beachten, daß sich kein solches Modell neutral bezüglich der erzielten Erkenntnisse verhält: jedes Modell stellt eine Abstraktion der Realität dar und beeinflußt die Ergebnisse der Analyse (MARTIN 1995: 62).

In den folgenden Abschnitten dieses Kapitels werden die für Geomarketing relevanten Methoden dargestellt und kurz erläutert.

3.3.1 Generalisierung

Die Generalisierung der Geometrie- und Attributdaten stellt einen wichtigen Schritt auf dem Wege zur Abbildung von Daten innerhalb eines GIS dar. Das Ziel jeder Generalisierung ist es, „jene Inhalte, die für die Vermittlung eines bestimmten Themas selektiert wurden, so zu akzentuieren, daß diese Vermittlung möglichst wirkungsvoll und störungsfrei wird" (BARTELME 1995: 383). Letztlich geht es um die Interpretierbarkeit der Daten durch deren Aufbereitung zu Informationen, was einer Klassifikation entspricht (ERB 1990: 69 f.). Dies geschieht häufig durch das bewußte Herabsetzen des Informationsgehaltes. BARTELME (1995: 384) nennt vier verschiedene Generalisierungsverfahren:

- Vereinfachung (Generalisierung im engeren Sinne)
- Zusammenfassung (Aggregation)
- Auswahl (Selektion)
- Zusätzliche Betonung und Verdrängung

Die Vereinfachung entspricht der Generalisierung im engeren Sinne. Die Aufgaben der Zusammenfassung können in den meisten GIS realisiert werden. Das Prinzip der Auswahl ist ein triviales Entscheidungsproblem, während die zusätzliche Betonung und Verdrängung eine gestalterische, oft kartographische Aufgabe ist.

Unter der geometrischen Generalisierung wird hier die Aufbereitung geometrischer Daten hinsichtlich des gewünschten Maßstabes und ihrer Zweckbestimmung verstanden (HAKE 1982: 224). Meist wird der größte Teil der geometrischen Daten, die in ein Geographisches Informationssystem integriert werden sollen, auf der Grundlagen von Karten digitalisiert. Somit werden generalisierte Sekundärdaten erhoben, die schon einen zweckgebundenen Abstraktionsprozeß durchlaufen haben (BARTELME 1995: 314). Liegen die einzubeziehenden geometrischen Daten bereits vor, so stammen sie häufig aus verschiedenen Quellen, z.B. von Karten unterschiedlicher Maßstäbe und unterschiedlicher Genauigkeit. Dieses kann schwerwiegende Probleme aufwerfen, die mittels der Wahl eines geeigneten Modells gelöst werden müssen. Wie das nachfolgende kleine Beispiel zeigt, sind Geographische Informationssysteme hierzu besonders zweckmäßig.

Ein Beispiel: Zur Erstellung einer Karte mit diversen Ebenen administrativer Regionen liegen zwei analoge Kartensätze in Papierform vor. Einer davon enthält die Regionen der Kreisebene im Maßstab 1:200.000, der andere die der Gemeindeebene im Maßstab 1:100.000. Die Genauigkeit des Digitalisierens ist jedoch bei beiden Maßstäben gleich hoch, so daß bei der Zusammenführung beider Ebenen im GIS folglich Differenzen auftreten. Da die im Original kleinmaßstäblicheren Geometriedaten der Kreise nicht ohne weiteres verbessert werden können, wird man sich - unter Berücksichtigung der Zweckbestimmung der Analyse und Präsentation - für die Generalisierung der geometrischen Gemeindedaten entscheiden. Durch die geschickte Wahl des Grades der Generalisierung wird der Verlauf der Gemeindegrenze dem der Kreisgrenze automatisch in hinreichendem Maße angenähert (vgl. Abbildung 3.1). Bei einer Deutschlandkarte mit über 15.700 Gemeinden und ca. 543 Kreisen kann damit ein erheblicher Aufwand an manueller Arbeit eingespart werden.

Geographische Informationssysteme 51

Abbildung 3.1: Vor (a) und nach (b) der geometrischen Generalisierung

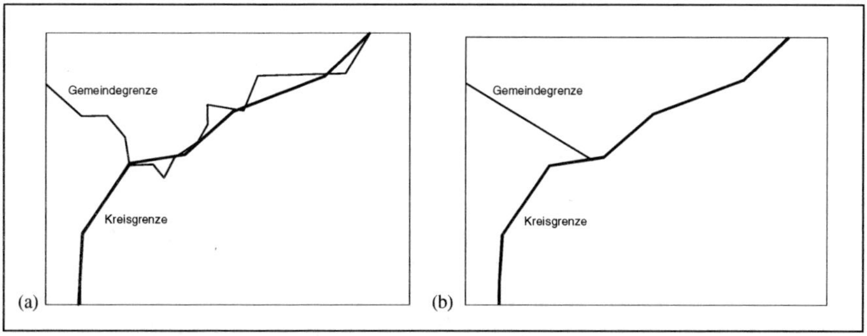

Quelle: eigene Darstellung

Eine weitere Möglichkeit der Generalisierung besteht bezüglich des obigen Szenarios in der Anwendung von Aggregationstechniken. Dazu werden jeweils alle Gemeinden eines Kreises selektiert und durch eine Operation zu einer neuen Fläche kombiniert, bzw. ‚verschmolzen'. Aus einer Vielzahl von Flächen werden somit neue Geometrien erzeugt. Dadurch können z.b. einheitliche Verkaufsbezirke anhand vorhandener administrativer Einheiten gebildet werden.

Im Zuge der Modellbildung erfahren auch die im GIS enthaltenen Attributdaten eine Generalisierung. So werden z.b. die Attribute (‚Sachdaten') von Geometrien durch den Benutzer diskreten Klassen zugeordnet. Der oftmals stetige Charakter der Daten geht dabei allerdings verloren. In Geographischen Informationssystemen, ausgenommen sind die wenigen objektorientierten Systeme, entsprechen diese Klassen oft den Ebenen (‚Layern', ‚Shapes', ‚Relationen'), in welchen geometrische Objekte gleichen Typs zusammengefaßt werden. BARTELME (1995: 169) schlägt infolgedessen vor, den Begriff ‚Attribut' in diesem Sinne durch den Begriff ‚Attributklasse' zu ersetzen.

Ein Beispiel: Das Verkehrsnetz besteht überwiegend aus linienförmigen Geometriestrukturen, welche durch eine Vielzahl ungleicher Attribute zu unterschiedlichen Typen definiert werden: Pfade, unbefestigte Wege, befestigte Wege, einspurige, zweispurige und mehrspurige Asphaltstraßen, Autobahnen, Ortsstraßen, Landstraßen, Bundesstraßen usw. In Geographischen Informationssystemen kann nun eine Generalisierung erfolgen, z.B. in Straßen erster, zweiter und dritter Ordnung. Somit werden durchaus verschiedene Objekte zu einer Klasse zusammengefaßt, um trotz des verminderten Informationsgehaltes die Interpretierbarkeit des Modells zu erhöhen. Zwar geht die Information verloren, ob es sich um einen unbefestigten Weg oder eine einspurige, befestigte Straße handelt, aber dem Benutzer reicht bei vielen Anwendungen die Information aus, daß es sich um eine Straße niedriger Ordnung handelt.

Weitere Aggregationen ohne geometrische Auswirkungen sind denkbar. So können z.b. die Werte geocodierter, punktförmig vorliegender Kundendaten auf der Basis von Flächen aufsummiert und diesen Flächen zugewiesen werden ('Point-in-polygon Aggregation').

3.3.2 Abfragen

Bei Abfragen werden vom Benutzer festgelegte Kriterien verwendet, um aus den vorhandenen Daten gezielt diejenigen herauszufiltern, welche entweder direkt von inhaltlicher Relevanz sind und/oder anschließend programmintern für weitere Analysen benötigt werden. Dabei kann zwischen raumbezogenen und attributbezogenen Abfragen differenziert werden, wobei auch vielfältige Kombinationen und sequentielle Abfolgen möglich sind.

Raumbezogene Abfragen

Raumbezogene Abfragen beziehen sich ausschließlich auf die geometrischen Objekte eines Geographischen Informationssystems. Diese Funktionen sind allesamt sogenannte Nachbarschaftsoperationen, die sich aus der räumlichen Nähe mindestens zweier Objekte ableiten lassen.

Innerhalb: Alle geometrischen Objekte werden ausgewählt, die sich innerhalb eines anderen Objektes befinden (Abbildung 3.2.a). Das Ausgangsobjekt muß also eine Fläche (=Region, geschlossenes Polygon) sein. Beispielsweise können alle Konkurrenzstandorte selektiert werden, die sich innerhalb des eigenen Einzugsgebietes befinden.

Außerhalb: Diejenigen geometrischen Objekte werden selektiert, welche sich nicht innerhalb, sondern außerhalb eines anderen flächenhaften Objektes befinden (Abbildung 3.2.b). So können z.b. alle Kundenstandorte markiert werden, die sich außerhalb der Reichweite des aktuellen Servicebereiches befinden.

Nahe: Die Auswahl erfolgt nun nicht gemäß der Kondition ‚Enthalten' oder ‚Nicht enthalten', sondern in Abhängigkeit einer vom Benutzer festgelegten Entfernung zwischen mindestens zwei Objekten (Abbildung 3.2.c). So können alle Kundenstandorte markiert werden, welche im Abstand von weniger als 3 km von einem Autobahnanschluß entfernt liegen.

Berührend: Eine weitere Abfrage untersucht, ob sich zwei oder mehrere Objekte berühren, d.h. ob sie im Vektormodell zumindest ein gleiches Koordinatenpaar aufweisen. Dies ist oftmals bei linienförmigen Strukturen von Interesse (Abbildung 3.2.d). Eine Autobahn kann beispielsweise von einer Landstraße über- oder unterquert werden, ohne eine Auffahrt zu besitzen (2). Weisen Autobahn und Landstraße jedoch ein gemeinsames Koordinatenpaar auf, so ist damit modellintern festgelegt, daß ein Autobahnanschluß dieser Landstraße besteht (1).

Abbildung 3.2: Selektionsmöglichkeiten: (a) = innerhalb, (b) = außerhalb, (c) = nahe, (d) = berührend

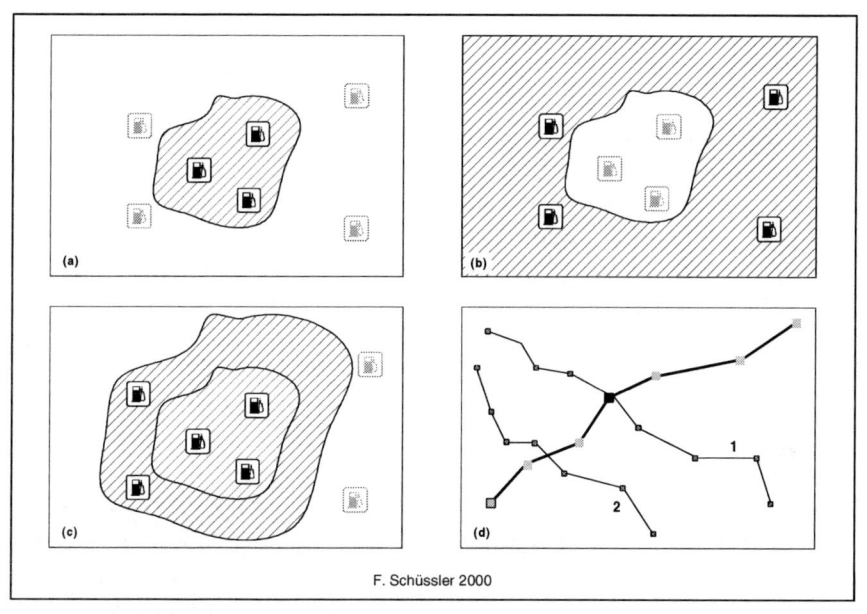

F. Schüssler 2000

Quelle: eigene Darstellung

Attributbezogene Abfragen

Attributbezogene Abfragen bieten die Möglichkeit, durch die Eingabe von Kriterien anhand der Attributwerte gezielt Daten herauszufiltern. Treffen die Werte der Kriterien auf einen Datensatz zu, erhält dieser den Selektionswert ‚Wahr' (‚True') und wird selektiert. Alle nicht den Kriterien entsprechenden Datensätze erhalten den Wert ‚Falsch' (‚False') und bleiben deselektiert. Sollen alle Flächen der fünfstelligen Postleitzahlgebiete markiert werden, deren Bevölkerungsdichte über 300 Einwohner pro Quadratmeter liegt, so lautet der entsprechende Abfragevorgang in MAPINFO PROFESSIONAL :

1. Menübefehl: Abfragen – SQL-Auswahl

2. Auswahl der Ebene: Layer = PLZ5

3. Eingabe des Ausdrucks: (Population / Area) >= 300

Nach der Eingabebestätigung erfolgt die Selektion der Datensätze, die aufgrund des Ausdruckes den Wert ‚Wahr' erhalten haben.

Kombinationen

Die eigentlichen Stärken von Abfragen liegen in ihrer Kombinationsfähigkeit. Dabei sind Zusammenstellungen wie auch Abfolgen von raum- sowie attributbezogenen Abfragen möglich. Abbildung 3.3 verdeutlicht den typischen Ablauf einer solchen Sequenz von Abfragen. Zunächst wird eine eindeutige Fragestellung formuliert. In diesem Szenario geht es darum, aus den ca. 84.000 Ortsteilen Deutschlands diejenigen zu ermitteln, welche sowohl in Verdichtungsräumen als auch im Einzugsgebiet des Filialnetzes der unternehmensintern definierten Verkaufsregion 1 liegen. Dort sollen die Werbemaßnahmen für ein stark auf den urbanen Raum zugeschnittenes Produkt forciert werden. Die erste Abfrage greift auf die raumbezogenen Daten zu, indem sie alle Ortsteile selektiert, welche in einer Entfernung von maximal 5 km zu einer Geschäftsfiliale liegen. Als Zwischenergebnis liegt eine Auswahl von 123 Ortsteilen vor. Nachfolgend werden mittels der zweiten Abfrage aus den vorher selektierten Objekten diejenigen herausgefiltert, welche eine Bevölkerungsdichte von über 500 Einwohnern pro Quadratkilometer ausweisen, wozu auf die Attributdatenbank zugegriffen werden muß. Das daraus resultierende Zwischenergebnis besteht aus einer Selektion von nur noch 58 Ortsteilen. Schließlich wird in einer erneuten Abfrage untersucht, welche dieser 58 Ortsteile innerhalb der Verkaufsregion 1 liegen. Als Endergebnis liegen 9 Ortsteile vor. Diese können nun dargestellt werden und als räumliche Grundlage für die geplanten Maßnahmen der Marktbearbeitung dienen.

Geographische Informationssysteme 55

Abbildung 3.3: Kombinierte Abfrage zur Ermittlung von Zielregionen

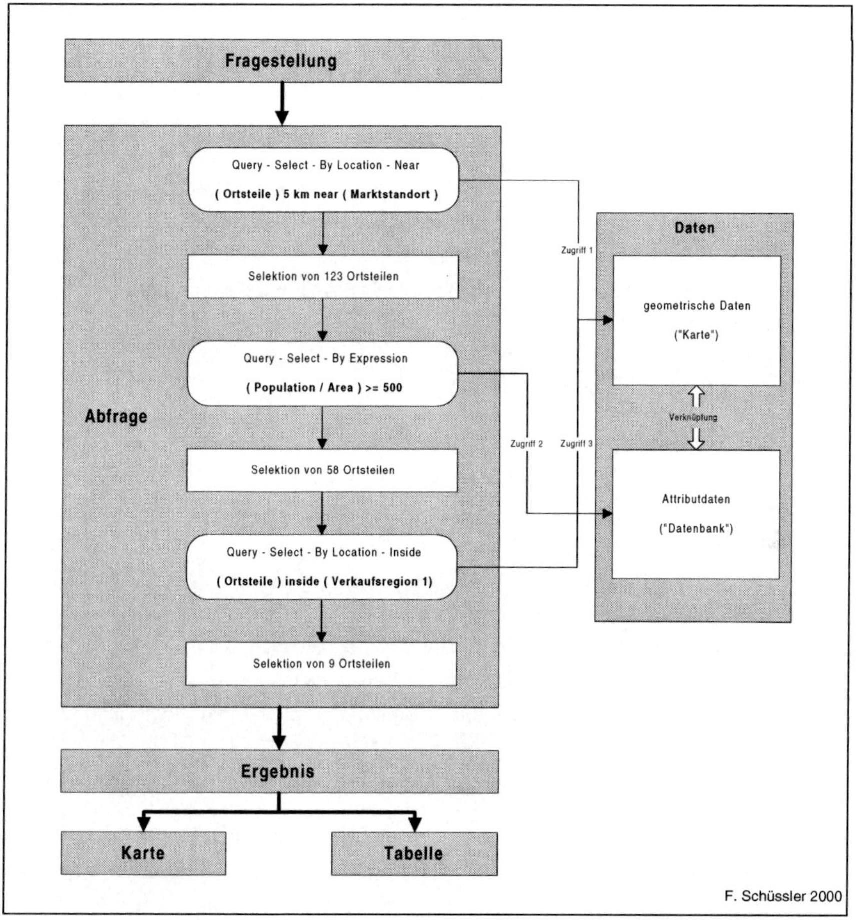

```
┌─────────────────────────────────────────────────────────────────────┐
│                          Fragestellung                              │
│                               │                                     │
│         ┌─────────────────────▼─────────────────────┐               │
│         │   Query - Select - By Location - Near     │               │
│         │  ( Ortsteile ) 5 km near ( Marktstandort )├──┐   Daten    │
│         └─────────────────────┬─────────────────────┘  │            │
│                               │              Zugriff 1 │            │
│         ┌─────────────────────▼─────────────────────┐  │ geometrische│
│         │       Selektion von 123 Ortsteilen        │  ├─► Daten    │
│         └─────────────────────┬─────────────────────┘  │  ("Karte") │
│                               │                        │            │
│         ┌─────────────────────▼─────────────────────┐  │            │
│ Abfrage │     Query - Select - By Expression        │  │ Verknüpfung│
│         │      ( Population / Area ) >= 500         ├──┤            │
│         └─────────────────────┬─────────────────────┘Zugriff 2 Zugriff 3│
│                               │                        │            │
│         ┌─────────────────────▼─────────────────────┐  │ Attributdaten│
│         │       Selektion von 58 Ortsteilen         │  ├─►("Datenbank")│
│         └─────────────────────┬─────────────────────┘  │            │
│                               │                        │            │
│         ┌─────────────────────▼─────────────────────┐  │            │
│         │   Query - Select - By Location - Inside   ├──┘            │
│         │   ( Ortsteile ) inside ( Verkaufsregion 1)│               │
│         └─────────────────────┬─────────────────────┘               │
│                               │                                     │
│         ┌─────────────────────▼─────────────────────┐               │
│         │       Selektion von 9 Ortsteilen          │               │
│         └─────────────────────┬─────────────────────┘               │
│                               │                                     │
│         ┌─────────────────────▼─────────────────────┐               │
│         │                  Ergebnis                 │               │
│         └──────────┬────────────────────┬───────────┘               │
│              ┌─────▼─────┐         ┌────▼──────┐                    │
│              │   Karte   │         │  Tabelle  │                    │
│              └───────────┘         └───────────┘                    │
│                                                   F. Schüssler 2000 │
└─────────────────────────────────────────────────────────────────────┘
```

Quelle: eigene Darstellung

3.3.3 Analyse

Analysen unterscheiden sich von Abfragen durch ein wesentliches Merkmal: letztere werten lediglich vorhandene Daten aus, ohne neue Daten zu generieren. Unter dem Begriff Analyse wird deshalb in diesem Zusammenhang jede Operation verstanden, die aus den vorhandenen Daten Informationen generiert, die zu Beginn der Operationen nicht vorhanden waren. Der englische Begriff ‚spatial analysis' kann diesbezüglich als Synonym gelten. Oft wird die Unterscheidung zwischen einem ‚echten' GIS und einer Kartographiesoftware getroffen, indem die Fähigkeit zur raumbezogenen Analyse als Voraussetzung für Geographische Informationssysteme bezeichnet wird (vgl. ‚Analysis View').

Analyse von Geometriedaten

Geometrische Berechnungen

Eine der einfachsten Analysen von raumbezogenen Daten stellt die Berechnung geometrischer Größen der Daten dar. Die einzige Ausnahme bilden in diesem Zusammenhang Punktdaten, da sie als nulldimensionale Objekte weder eine Fläche noch einen Umfang aufweisen. Bei linienhaften Strukturen sind lediglich einfache Streckenlängen meßbar. So kann die Länge einer Straße zumeist durch eine einfache Operation abgelesen werden. Auch bei Flächen können Streckenlängen gemessen werden, z.B. Flächenumfang oder -durchmesser. Häufiger werden jedoch Berechnungen der Flächengröße benötigt. In der Kombination mit Attributdaten kann somit etwa die Bevölkerungsdichte ermittelt werden.

Räumliche Zuordnung

Oft ist es sinnvoll, geometrische Objekte gemäß ihrer räumlichen Position anderen geometrischen Objekten zuzuordnen. Punkte, Linien oder Flächen können übergeordneten Flächen zugewiesen werden, wobei die Attribute der zugewiesenen Objekte nach verschiedenen Methoden auf das Zielobjekt übertragen werden können (z.B. Aggregation oder Mittelwertbildung). Diese Vorgehensweise wird oft auch als ‚Datenintegration' bezeichnet (MAGUIRE 1995: 190). Ähnlich der reinen Abfragefunktion ‚Innerhalb' wird für eine definierte Menge an Punkten festgelegt, daß sie einer ebenfalls definierten Menge an Flächen zugewiesen werden (Point-in-polygon). So lassen sich punktförmig vorliegende Daten den flächenhaften Daten (wie etwa Zensusbezirken) samt ihrer Attributdaten zuordnen und dort weiterverarbeiten oder mit anderen Daten auf Basis dieser Aggregationsstufe kombinieren. Außerdem lassen sich die Flächenschwerpunkte (Zentroide) von Flächen ermitteln. Dies ist insbesondere von Bedeutung, um den Zentroiden Attributdaten zuweisen zu können, wobei die Verknüpfung über die Koordinaten der Zentroide der Attributdaten vollzogen wird (‚geocoding'). Auch linienförmige Strukturen können durch die oben genannte Methode Flächenobjekten zugewiesen werden (‚line-in-polygon'). So können z.b. für die Ebene der fünfstelligen Postleitzahlgebiete Informationen über Verkehrsanbindungen, Straßendichten oder öffentliche Nahverkehrsanschlüsse ermittelt werden. Die Zuordnung von Flächen zu Flächen wird beispielsweise eingesetzt, um flächenhafte Gemeindedaten auf Kreisebene zu aggregieren (‚polygon-in-polygon).

Nachbarschaftsanalysen

Wie der Name bereits andeutet, werden bei Nachbarschaftsanalysen (engl. 'adjacency analysis', 'neighbourhood analysis') Objekte auf ihre nachbarschaftlichen Beziehungen zu anderen Objekten untersucht. Die Charakteristika der Umgebung einer definierten Position werden analysiert. Dabei werden mindestens drei Parameter benötigt (ARONOFF 1989: 220 ff.): die Bestimmung der Zielobjekte, die Angabe des Nachbarschaftsraumes und schließlich die Spezifikation der Funktion, die auf die Objekte des Nachbarschaftsraumes angewendet wird. Soll beispielsweise das Einzugsgebiet eines Fachmarktes auf fünfstelliger Postleitzahlenbasis untersucht werden, muß zunächst der Standort des Betriebes festgelegt werden. Anschließend wird als Nachbarschaftsraum eine Luftlinienentfernung von 15 km definiert. Alle Postleitzahlgebiete, deren Zentroide innerhalb diese Nachbarschaftsraumes liegen, werden selektiert und somit in die Analyse einbezogen. Schließlich wird angegeben, wie die Attributdaten der Untersuchungselemente behandelt werden sollen, so kann beispielsweise die Berechnung von Gesamtsumme oder Mittelwert erfolgen. Das Ergebnis kann wie in Abbildung 3.4 dargestellt werden. Die Kartenskizze zeigt die selektierten Flächen im 15-km-Umkreis des Marktstandortes. Tabelle 3.3 zeigt die dazugehörige Statistik des oben definierten Einzugsbereiches.

Zu erkennen ist, daß im ersten Quartal 1996 in 49 der 53 Regionen des Untersuchungsgebietes insgesamt 8.810 Kunden ermittelt wurden, was einen Durchschnitt von 179 Kunden pro Postleitzahlgebiet ergibt. Diese Kunden erbrachten in diesem Zeitraum einen Umsatz von insgesamt 177,5 Mio. DM (Schnitt: 36.226 DM pro PLZ-Region). Ferner werden weitere Angaben zur Gesamtbilanz 1995 und zu Flächengrößen und -umfängen dargestellt.

Abbildung 3.4: Nachbarschaftsraum einer Abfrage

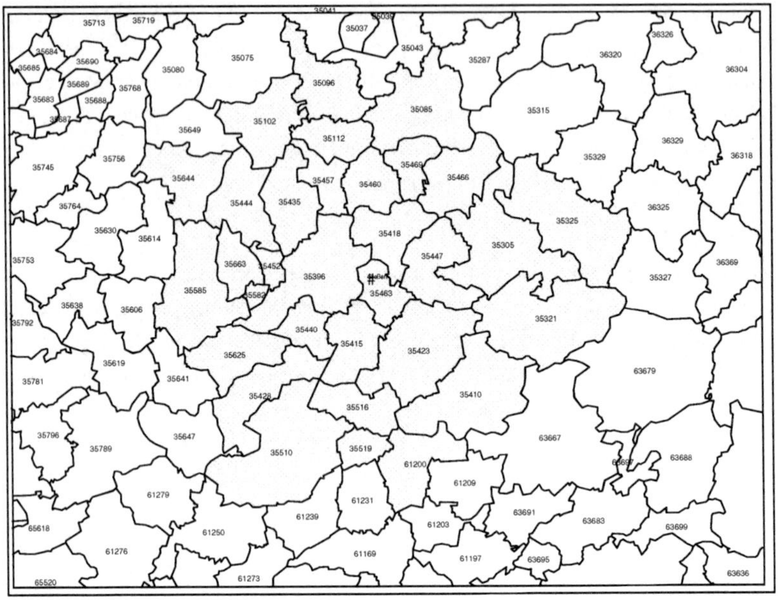

Quelle: eigene Darstellung

Tabelle 3.3: Ergebnisse einer Nachbarschaftsanalyse

Column Name	Count	Sum	Average
Fläche	53	2477	46
Umfang	53	1981	37
Kunden Q I/96	49	8810	179
Umsatz Q I/96	49	177.511.000	36226
Werbung	28	131222	4686
Kunden 95	49	22985	469
Umsatz 95	49	523.498.000	106836

Quelle: eigene Zusammenstellung

Netzwerke

Als ‚Netzwerke' werden alle Systeme verstanden, die durch miteinander verbundene linienförmige Objekte gebildet werden (ARONOFF 1989: 225 f.). Diese werden gemeinhin verwendet, um Personen, Güter oder Dienstleistungen von einem Ort zu einem anderen zu bewegen. Im Bereich Geomarketing sind zumeist die Verkehrswege als Netzwerk dargestellt.

Bei Geographischen Informationssystemen können drei verschiedene Ansätze von Netzwerk-Analysen unterschieden werden: Routenoptimierung, Allokations- und Distributionsanalyse. Für alle Ansätze gilt die gleiche Voraussetzung hinsichtlich der Struktur der verwendeten linienhaften Daten. Diese müssen in Form eines bestimmten Modells realisiert sein (,arc-node-topology'), d.h. das System muß Informationen über den Verkehrsfluß an Kreuzungen oder die möglichen Fahrtrichtungen (Einbahnstraßen) beinhalten (WHITE 1991: 122, BERNHARDSEN 1992: 200). Falls es sich um Verkehrsnetze handelt, sollten nach Möglichkeit folgende Aspekte modellintern berücksichtigt werden: Geschwindigkeits- und Gewichtsbegrenzungen, Baustellen, Verkehrsbelastung, Ampeln, Bushaltestellen, scharfe Kurven etc. All diese Daten werden aufgenommen, indem jedem Streckenabschnitt (der Strecke zwischen zwei Knotenpunkten) ein Attributdatensatz zugewiesen wird, der diese Informationen enthält. Auf diese Weise können verkehrsbeeinträchtigende Elemente in Zeiteinheiten - wie Sekunden oder Minuten - umgerechnet werden. BERNHARDSEN (1992: 201) nennt als Beispiele Ampeln (z.B. 20 Sekunden Verzögerung) und Bushaltestellen (z.B. 1 Minute Wartezeit für Busse). Wiederum ist darauf hinzuweisen, daß hier die Modellbildung die Analyse stark beeinflußt und daher deren Struktur sehr sorgfältig aufgebaut werden muß. Als Beispiel soll der in Tabelle 3.4 definierte Straßenabschnitt eingehender dargestellt werden.

Tabelle 3.4: Beispieldatensatz zur Netzanalyse

ID	L5631
Beschreibung	Ring-W
Länge (m)	587
Richtung	beide
Limit (km/h)	50
Verkehr	mittel
Gewicht (t)	100
Baustellen	0
Ampeln	2

Quelle: eigene Zusammenstellung

Aus den Angaben läßt sich die Fahrtdauer für diesen Abschnitt berechnen. Eine Länge von 587 m ergibt bei einer zulässigen Höchstgeschwindigkeit von 50 km/h eine Nettofahrtdauer von 42 Sekunden. Durch die angegebene mittlere Verkehrsdichte verringert sich die Geschwindigkeit um ca. 10 km/h, was eine Fahrtdauer von 53 Sekunden zur Folge hat. Nimmt man die beiden Ampeln mit einer jeweiligen durchschnittlichen Verzögerung von 20 Sekunden hinzu, ergibt sich eine Bruttofahrtdauer von insgesamt 93 Sekunden. Diese triviale Berechnung nimmt das Geographische Informationssystem bei entsprechender Programmierung für alle erfaßten Streckenabschnitte vor. Somit lassen sich durch Addition der Fahrtzeiten einzelner Abschnitte alle denkbaren

Routen ermitteln. Diese Fahrtzeiten bilden die Datengrundlage für alle weiteren Berechnungen.

Die Routenoptimierung ermittelt nun entweder die einfache, kürzeste Strecke zwischen zwei angegebenen Punkten auf der Basis von Streckenlängen oder deren einfache, schnellste Verbindung auf der Basis der aggregierten Fahrtzeiten der Streckenabschnitte. Allokations- und Distributionsanalysen sind geeignet, für ein komplexeres System von Quell- und Zielobjekten Optimierungsaufgaben zu erfüllen, indem wiederum diverse Szenarien entwickelt und bewertet werden (WHITE 1991: 123). Weitere Ausführungen zur Netzanalyse finden sich in Kapitel 8.3.

Verschneidungen

Verschneidungsoperationen (engl. 'split', 'overlay', 'intersect', 'clip') sind oft als die eigentlichen Erkennungszeichen von Geographischen Informationssystemen bezeichnet worden (BERNHARDSEN 1992: 169). Sie stellen eine Funktion dar, die es ermöglicht, aus mindestens zwei vorhandenen geometrischen Datenebenen durch Überlagerung neue Geometrien zu ermitteln. Verschneidungen werden immer dann eingesetzt, wenn arithmetische, logische oder statistische Operationen auf der Basis verschiedener räumlicher Bezugsebenen stattfinden sollen. Im Falle der Überlagerung von zwei Flächen müssen in den verbreiteten Softwareanwendungen i.d.R. drei Parameter definiert werden: der Name des Layers der Ausgangsdaten ('input layer'), der Name des Layers der Daten, welche die Verschneidungsfunktion innehaben ('overlay layer'), und schließlich der Layer, welcher die Ergebnisse beinhalten soll („output layer').

Die Verschneidungsoperation selbst läßt sich am besten erläutern, indem man sich vergegenwärtigt, daß der Input-Layer von den Grenzen des Overlay-Layers wie durch Rasierklingen durchschnitten wird und die Teilstücke im Output-Layer gespeichert werden (vgl. Abbildung 3.5). Dabei können theoretisch nicht nur Flächen miteinander verschnitten werden, sondern auch Linien mit Linien oder Flächen mit Linien. Ferner ist darauf hinzuweisen, daß die gängigen Geographischen Informationssysteme eine Weitergabe der Attributdaten während der Verschneidungsvorganges erlauben und somit die Analyse der entstandenen Schnittflächen wesentlich vereinfachen. So müssen beispielsweise in Abbildung 3.5 bei der Auswertung des Output-Layers nicht die beiden ursprünglichen Layer hinzugezogen werden, um die neu gewonnenen Polygone zu charakterisieren, sondern durch die flächenbezogene Attributweitergabe enthält jedes Objekt bei dieser Vektor-Operation bereits eine Beschreibung seiner Herkunft.

Pufferzonen und Korridore

Eine Pufferzone (engl. ‚buffer zone') ist eine Region, bei der jeder Punkt der Grenzlinie eine exakt definierte Distanz zu einem geometrischen Ort - dem Ursprungsobjekt -

aufweist (vgl. Abbildung 3.6). Es wird folglich um ein oder mehrere geographische Elemente eine Fläche von einheitlicher Distanz gebildet (ARONOFF 1989: 223). Korridore bestehen aus einer inneren und äußeren Distanz. Der Korridor bildet also eine bandförmige Struktur, deren Innen- und Außengrenzen durch eine einheitlicher Distanz zum Ursprungsobjekt gekennzeichnet sind ('Doughnuts'). Puffer und Korridore stellen sehr ähnliche Funktionen dar, und letztere werden oft als Sonderform der Pufferzonen bezeichnet (CLARKE & CLARKE 1995: 230 f.). ALBRECHT (1996: 62) argumentiert dagegen, indem er die technische Verwandtschaft beider Operationen anerkennt, aber die Bedürfnisse der GIS-Anwender als Maßstab zur Unterscheidung zweier Funktionen ansieht. Aus diesem Grunde sind für ihn Puffer und Korridore getrennt zu beschreiben. Beide Zonen können um Punkte (z.B. Filialstandorte), Linien (z.B. Straßen) oder Flächen (z.B. Verkaufsregionen) gelegt werden. Pufferzonen werden zumeist eingesetzt, um Einzugsgebiete festzulegen oder um die räumliche Nähe zwischen geometrischen Objekten zu analysieren. Somit stellen sie ein einfaches, jedoch oftmals problematisches Mittel zur Distanzmessung dar.

Strittig erscheinen Puffer und Korridore z.B. immer dann, wenn sie für die Darstellung, Ermittlung und Analyse von Zonen der Fahrtzeit (drive time zones) verwendet werden, wenn es also um die Frage der Erreichbarkeit eines Standortes geht. Pufferzonen können keine tatsächlichen Fahrtstrecken repräsentieren, sondern ermitteln in konzentrischen Kreisen nur die Luftlinienentfernung zu einem zentralen Ausgangspunkt. Soll eine sehr großflächige und grobe Strukturierung erfolgen, so kann eine Pufferung im Einzelfalle noch hinreichend genaue Ergebnisse liefern, geht es aber um die exakte Untersuchung von Zonen der Erreichbarkeit innerhalb einer relativ geringen Fehlertoleranz, versagt diese Analysemethode. In diesem Falle sollten Netzwerkoperationen angewendet werden.

Abbildung 3.5: Schema des Verschneidungsvorganges

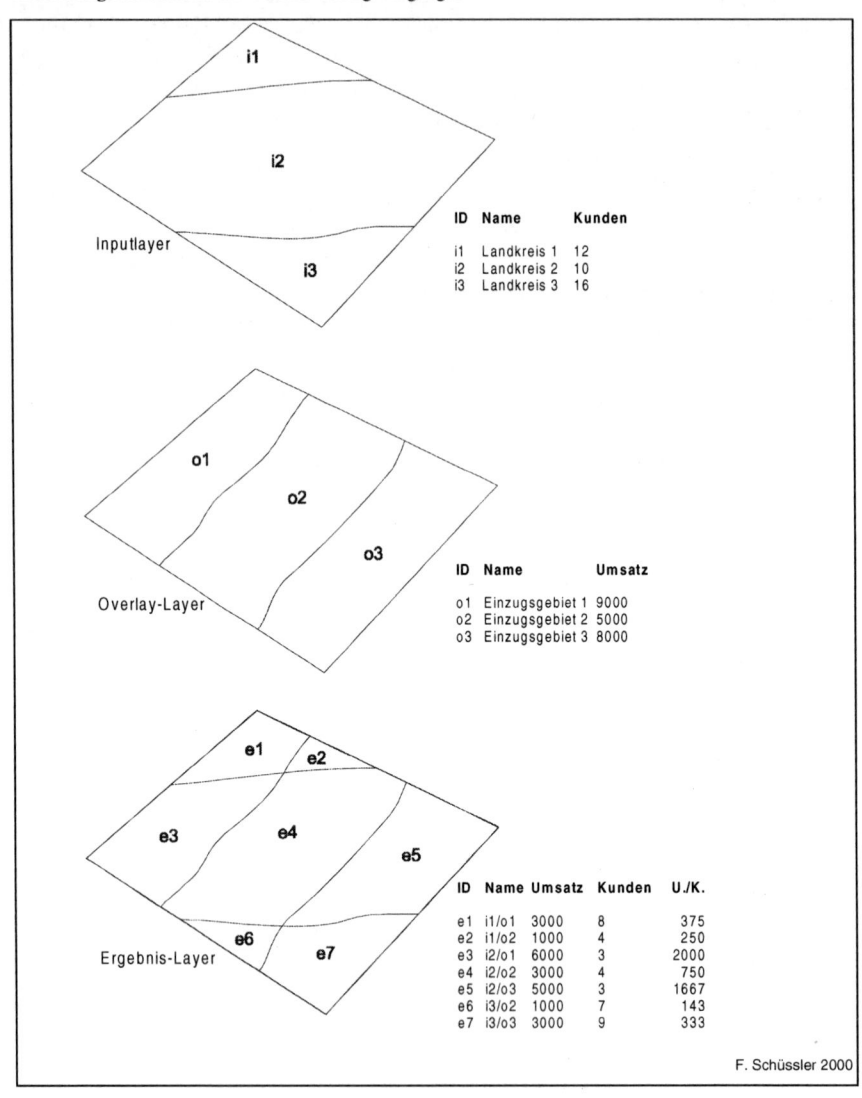

Inputlayer (i1, i2, i3)

ID	Name	Kunden
i1	Landkreis 1	12
i2	Landkreis 2	10
i3	Landkreis 3	16

Overlay-Layer (o1, o2, o3)

ID	Name	Umsatz
o1	Einzugsgebiet 1	9000
o2	Einzugsgebiet 2	5000
o3	Einzugsgebiet 3	8000

Ergebnis-Layer (e1, e2, e3, e4, e5, e6, e7)

ID	Name	Umsatz	Kunden	U./K.
e1	i1/o1	3000	8	375
e2	i1/o2	1000	4	250
e3	i2/o1	6000	3	2000
e4	i2/o2	3000	4	750
e5	i2/o3	5000	3	1667
e6	i3/o2	1000	7	143
e7	i3/o3	3000	9	333

F. Schüssler 2000

Quelle: eigene Zusammenstellung

Abbildung 3.6: Puffer- und Korridorbildung

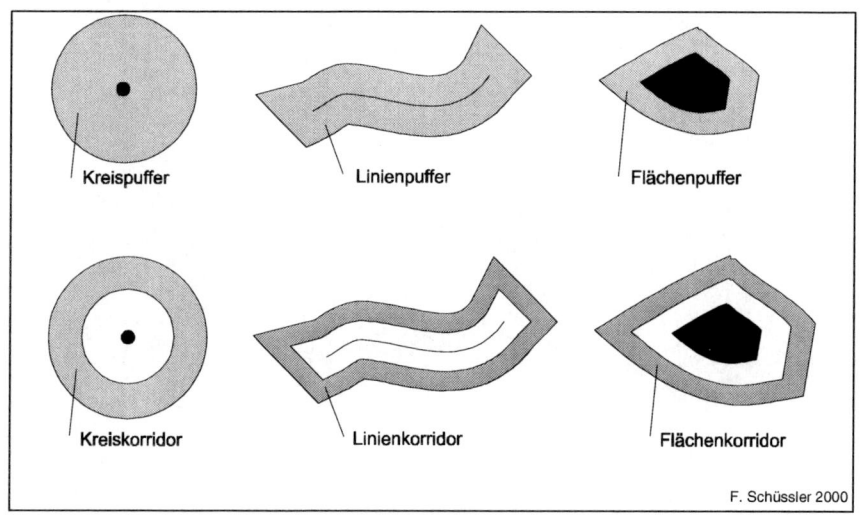

| Kreispuffer | Linienpuffer | Flächenpuffer |
| Kreiskorridor | Linienkorridor | Flächenkorridor |

F. Schüssler 2000

Quelle: eigene Darstellung

Interpolation

Generell bezeichnet der Begriff ‚Interpolation" einen Prozeß, der aus einer vorhandenen Menge von Punktdaten für das gesamte Untersuchungsgebiet ein Wertegitter ableitet. Die Punkte dieses Wertegitters besitzen die gleiche Maßeinheit wie die Ausgangswerte. Die ‚Lücken" zwischen den unregelmäßig verteilten Punktbeobachtungen werden durch die regelmäßige, kontinuierliche Verteilung neuer Werte geschlossen. Dabei gibt es diverse Verfahren zur Ermittlung der fehlenden Werte, so u.a. die ‚IDW-Interpolation" (‚inverse distance weighting'), die ‚Triangulation" und die ‚Rectangular Interpolation". Jedes Verfahren ist für eine bestimmte Anwendung prädestiniert, so etwa die IDW-Interpolation für hochvariable Daten im Umweltmonitoring, die Triangulation für die Berechnung von Höhenmodellen und die ‚Rectangular Interpolation" für gleichmäßig verteilte und dicht beieinander liegende Daten (NORTHWOOD GEOSCIENCE 1996: 5 f.). Im Geomarketing finden Interpolationsmethoden immer dann Anwendung, wenn unregelmäßig über das Untersuchungsgebiet verteilte, exakt geocodierte Punktdaten (z.B. die Wohnorte von Kunden) Aufschluß über Gebiete geben sollen, zu denen keine Daten vorhanden sind. So können für Gebiete von Interesse zumindest Daten geschätzt werden.

Thiessen-Polygone, auch als 'natural neighbourhood regions" bekannt, definieren diskrete Flächen um jedes Element einer Punktmenge (ARONOFF 1989: 218). Die Flächengrenzen werden dabei so konstruiert, daß sie equidistant zu allen benachbarten

Punkten liegen. Aus diesem Grunde ist jede geometrische Position innerhalb eines solchen Thiessen-Polygons näher zu dem Ursprungspunkt seiner Fläche als zu jedem anderen Ursprungspunkt des Systems. Die so entstandenen Flächen werden auch als Voronoi-Regionen bezeichnet (vgl. Abbildung 3.7).

Abbildung 3.7: Voronoi-Polygonisierung

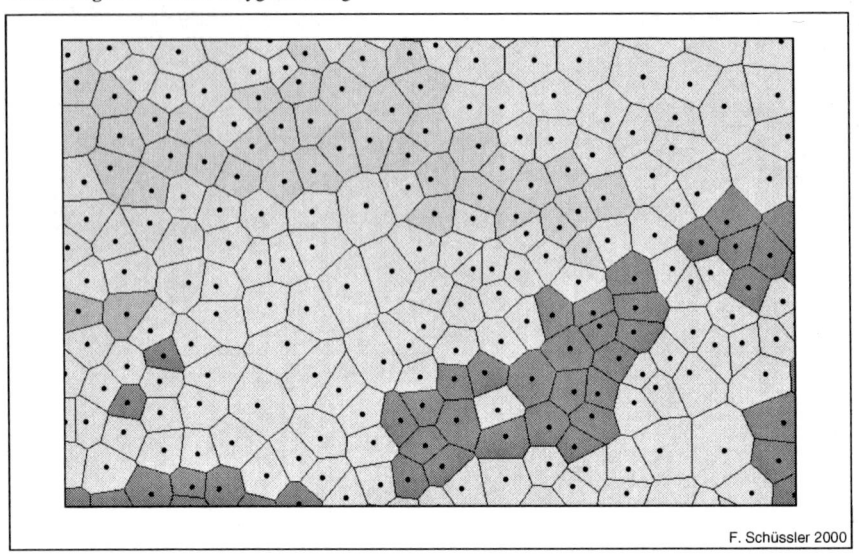

F. Schüssler 2000
Quelle: eigene Darstellung

Dieses Verfahren wurde ursprünglich entwickelt, um in einem Vektorsystem die punktförmigen Daten eines Netzes von Klimastationen in eine flächenförmige Darstellung transformieren zu können. Es hat sich jedoch auch im Bereich des Geomarketing zu einer wichtigen Analysetechnik entwickelt. Aus punktförmigen Daten - wie z.B. aus umsatzrelevanten Informationen zu den einzelnen Verkaufsstellen eines Filialnetzes (Umsatz, Gewinn, cash-flow) - kann anhand vorgegebener Kriterien ein System von Regionen abgeleitet werden. So können z.b. Einzugsgebiete und Werbeverteiler der Filialen definiert werden, um zur Vermeidung von gegenseitigem ‚Kannibalismus', d.h. dem Entzug von Marktanteilen innerhalb mehrerer Filialen einer Ladenkette, beizutragen.

Gegen die Thiessen-Polygonisierung sind einige schwerwiegende methodische Bedenken vorzubringen. Die Unterteilung einer Region in Thiessen-Polygone hängt vollständig von der räumlichen Verteilung der Ausgangspunkte ab (ARONOFF 1989: 218). Zudem wird der Wert, mit dem jede Region versehen wird, aus einem einzigen Wert abgeleitet, so daß keine Fehlereinschätzung möglich ist. Schließlich fließt in die Berechnung der Grenzen der Abstand der Ursprungsdaten nicht ein: es gilt die Annahme, daß zwei dicht beieinander liegende Punkte genau so ähnlich sind, wie zwei weit auseinander liegende Punkte. Eine räumliche Autokorrelation wird also nicht berücksichtigt.

Ein ähnlicher Algorithmus wird als „*Location Profiler*" bezeichnet. Dieses Verfahren ermittelt für jeden Punkt eines kontinuierlichen Rasters (das durch eine Interpolation entstanden sein kann) die durchschnittliche Entfernung zu den Punkten einer anderen, unregelmäßig verteilten Punktmenge. So wird zum Beispiel für jede räumliche Position eines Untersuchungsgebietes dessen durchschnittliche Entfernung zu allen Filialen einer Handelskette ermittelt (vgl. Abbildung 3.8).

Das „*HUFF-Modell*" bezieht sich auf die Gravitationstheorie ISAAC NEWTONS, nach der sich zwei Objekte um so stärker anziehen, je näher sie beisammen liegen und je größer deren Masse ist (vgl. Abbildung 3.9). DAVID HUFF wandte dieses Gesetz auf die Vorhersage von Kundenverhalten im Einzelhandel an. Demzufolge wird die HUFF-Gleichung herangezogen, um die Wahrscheinlichkeit abzuschätzen, nach der ein potentieller Kunde eine oder mehrere Filialen aufsucht (vgl. u.a. NORTHWOOD GEOSCIENCE 1996: 20). Dabei wird zunächst ein regelmäßiges Raster erstellt, wobei jede Rasterzelle einen potentiellen Kunden darstellt (vgl. Abbildung 3.10). Nun wird mittels der HUFF-Gleichung - die eine Variante der NEWTON'schen Gravitationsgleichung ist - für jede Zelle ermittelt, mit welcher Wahrscheinlichkeit ein Kunde an dieser Position eine oder mehrere Filialen aufsucht. Dabei hängt die Wahrscheinlichkeit des Kundenbesuchs auch von der Attraktivität der Filialen ab. Diese Attraktivität wird den Filialen in Form einer Variable zugewiesen, wobei die Variablenwerte etwa aus der Verkaufsfläche, der Beurteilung der Verkehrssituation oder einem Index von Attraktivitätsfaktoren bestehen können. Die auf diese Weise mit Werten „gefüllte" Rasterfläche kann als idealisierte Darstellung der Angebotssituation interpretiert werden (NORTHWOOD GEOSCIENCE 1996: 21). Um nun zusätzlich die Nachfragesituation in das Modell zu integrieren, wird wiederum anhand von punktbezogenen Kundendaten - evtl. in Form einer geocodierten Kundenkartei - eine zweite Rasterebene erstellt. Anschließend können beide Marktseiten zusammen analysiert werden. So kann z.B. für eine Filiale zunächst das Gebiet ermittelt werden, in welchem die Kaufwahrscheinlichkeit bei über 50% liegt. Anschließend kann diese Zone entweder vektorisiert und die darin befindlichen Kundendaten können in einem vektoriellen GIS ausgewertet werden, oder die entstandene Rasterfläche selbst dient als Ausgangspunkt für weitere Untersuchungen.

Abbildung 3.8: ‚Location-Profiler'-Methode

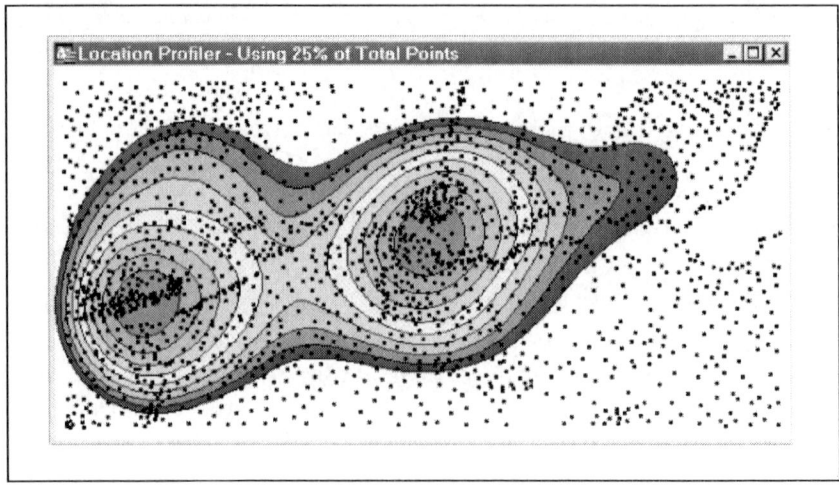

Quelle: NORTHWOOD GEOSCIENCE (1997: 11)

Abbildung 3.9: ‚HUFF'-Modell

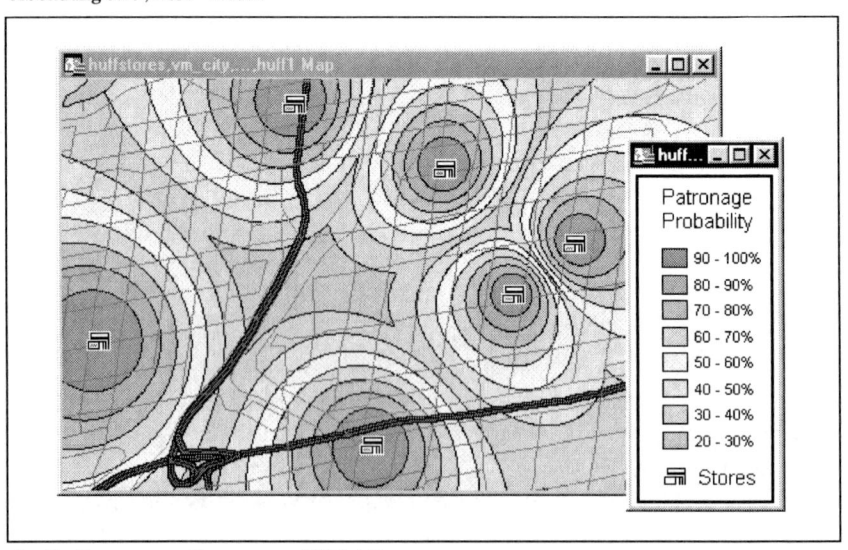

Quelle: NORTHWOOD GEOSCIENCE (1997: 19)

Abbildung 3.10: Wahrscheinlichkeiten des ‚HUFF'-Modells

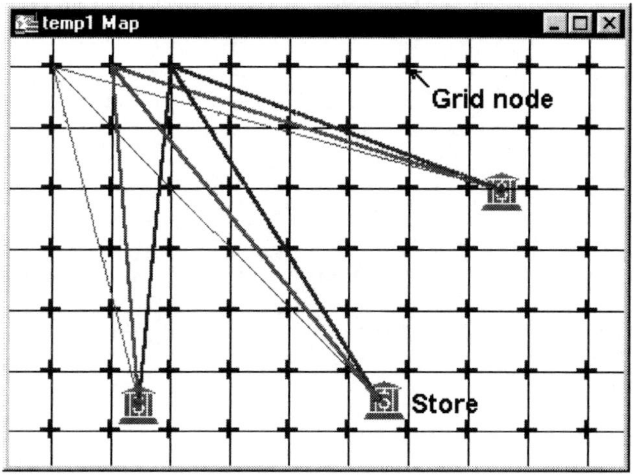

Quelle: NORTHWOOD GEOSCIENCE (1997: 21)

Auch bezüglich des Location-Profiler und des HUFF-Modells sind einige kritische Worte anzumerken: sie setzten beide voraus, daß die durch Rasterflächen symbolisierten Variablen tatsächlich stetig über den Raum verteilt sind und machen deren regionale Ausbreitung zumeist von nur einer Einflußvariablen abhängig. Die Anwendung der o. g. Interpolations- und Modellierungsmethoden ist demzufolge sehr stark von den Qualität (Art) und Quantität (Verteilungsdichte) der dargestellten und untersuchten Variablen abhängig (NORTHWOOD GEOSCIENCE 1996: 24).

Analyse von Attributdaten

Neben der eingehenden Analyse von geometrischen Daten sind die meisten Geomarketing-Applikationen auch auf Möglichkeiten zur Prüfung und Analyse jener Daten angewiesen, die in attributärer Form in die Datenbanken der GIS eingebunden werden. Dabei geht es vorrangig darum, die im Informationssystem integrierten unternehmensinternen und -externen Attributdaten mit einfachen Kennwerten zu charakterisieren und anschließend miteinander in Beziehung zu setzen. So kann ein Handelsunternehmen gegebenenfalls aus seiner internen Datenbank ermitteln, welchen Betrag die Kunden pro Kalenderjahr für eine bestimmte Warengruppe auszugeben bereit sind und wie hoch die mittlere Abweichung von diesem Durchschnittswert ist. Außerdem können die eigenen Umsätze oder Kundenfrequenzen mit betriebsexternen Daten in Zusammenhang gebracht, analysiert und kartographisch dargestellt werden. Neben der

Erstellung von einfachen Basisstatistiken sollten deshalb auch leistungsfähigere statistische Methoden zur Datenanalyse in GIS enthalten sein. Diesbezüglich kommen verschiedene mathematisch-statistische Verfahren zur Anwendung, wie sie seit den sechziger Jahren vermehrt in der ‚Quantitativen Geographie' eingesetzt werden (vgl. BAHRENBERG, GIESE & NIPPER 1992, 1999). Diese Methoden können zunächst anhand der Zahl der betrachteten Variablen klassifiziert werden (vgl. Tabelle 3.5).

Tabelle 3.5: Klassifikation mathematisch-statistischer Methoden im Geomarketing

Univariate Methoden:	- Maße der Zentraltendenz
	- Streuungsmaße
Bivariate Methoden:	- Korrelationsanalyse
	- Regressionsanalyse
Multivariate Methoden:	*bzgl. gemessener Größen:*
	- Multiple Korrelationsanalyse
	- Multiple Regressionsanalyse
	- Varianzanalyse
	bzgl. latenter Strukturen:
	- Hauptkomponentenanalyse
	- Faktorenanalyse
	- Clusteranalyse
	- Diskriminanzanalyse

Quelle: eigene Zusammenstellung

Die **univariaten Methoden** behandeln die Ausprägungen von Werten einer einzigen Variable. Um die Verteilung dieser Variablenwerte durch einen zentralen Wert zu repräsentieren, werden Maße der Zentraltendenz (Mittelwerte) ermittelt. Die wichtigsten Zentralmaße sind Modus, Quantil und arithmetisches Mittel. Die Abweichung der Variablenwerte vom Mittelwert wird durch Streuungsmaße ermittelt, wobei zwischen absoluten und relativen Streuungsmaßen unterschieden werden kann. Absolute Streuungsmaße sind die Spannweite, die mittlere Abweichung, die Varianz und die Standardabweichung. Die absoluten Streuungsmaße sind allerdings für Vergleiche zwischen Variablen unbrauchbar, denn sie werden z.T. in ihren eigenen Maßeinheiten angegeben, zum anderen beziehen sie sich auf unterschiedlich hohe Niveaus der Variablenwerte. Somit müssen die absoluten Streuungsmaße für Vergleichszwecke relativiert werden. Dazu dienen die relativen Streuungsmaße, bei denen die Standardabweichung und die mittlere Abweichung als prozentuale Anteile vom arithmetischen Mittelwert ausgedrückt werden.

Gilt es die Verteilungen zweier zusammenhängender Variablen zu messen (**bivariate Methoden**), werden zumeist einfache Korrelations- und Regressionsanalysen eingesetzt. Dabei mißt die Korrelation die Stärke des Zusammenhanges der betrachteten Größen, während die Regression deren Form ermittelt.

Multivariate Methoden stellen eine Erweiterung der bivariaten Analyse dar. BAHRENBERG, GIESE & NIPPER unterscheiden diesbezüglich zwischen Verfahren, die entweder „Beziehungen zwischen den direkt beobachteten und gemessenen Größen" prüfen, und solchen Verfahren, die der „Aufdeckung latenter, gleichsam hinter den Variablen stehender Strukturen" dienen (BAHRENBERG, GIESE & NIPPER 1992: 14).

Zur multivariaten Analyse direkt gemessener Größen werden je nach vorliegenden Skalenniveaus der Variablen multiple Korrelations- und Regressionsanalysen und Varianzanalysen eingesetzt.

Sollen z.B. Aussagen über den durchschnittlichen ‚sozialen Status' der Einwohner von Gemeinden getroffen werden, so kann diese Größe allerdings nicht direkt ermittelt werden, sondern muß zunächst operationalisiert werden. Man identifiziert verschiedene meßbare Indikatoren, die vermutlich einen Einfluß auf den ‚sozialen Status' haben oder diesen repräsentieren, wie z.b. die einzelhandelsrelevante Kaufkraft der Einwohner, deren Nettoeinkommen oder ähnliches. Hauptkomponenten- und Faktorenanalysen stellen methodische Instrumente dar, um aus den beobachteten Variablen komplexere, nicht direkt ermittelbare Größen abzuleiten.

Für die Zwecke der numerischen Taxonomie bzw. Klassifikation werden Verfahren der Clusteranalyse (Gruppierungsverfahren) eingesetzt. Mit ihrer Hilfe versucht man, Gruppen von ähnlich strukturierten Raumeinheiten zu finden. Raumeinheiten mit ähnlichen Ausprägungen von mehreren Merkmalen werden homogenen Klassen zugeordnet, indem deren Ähnlichkeit durch die Lage der Raumeinheiten in dem von mehreren Variablen aufgespannten Koordinatensystem bestimmt wird (BACKHAUS 1987). Anhand der Clusteranalyse können regelhafte Muster (z.B. Unterschiede im Kaufverhalten von Konsumenten) ermittelt und zur Entscheidungsunterstützung hinsichtlich geplanter unternehmerischer Aktivitäten herangezogen werden (BATEY & BROWN 1995: 95). So können beispielsweise Werbekampagnen optimiert werden, indem eine genauere Kenntnis über die Typisierung der Rezeptionsmuster und der wahrscheinlichen Antwortrate potentieller Kunden erlangt wird (vgl. Kapitel 7.3).

Im Gegensatz zur Clusteranalyse, bei der keine Gruppen vordefiniert werden und die Cluster das Ergebnis der Analyse darstellen, untersucht die Diskriminanzanalyse eine vorgegebene Gruppierung im Hinblick auf deren bestmögliche Trennung (ERB 1990: 5f.). Ferner kann sie zur Klassifizierung neuer Elemente in die vorgegebenen Gruppen und zur Untersuchung von Gruppenunterschieden eingesetzt werden.

Allerdings bleibt festzuhalten, daß die meisten Softwarepakete anspruchsvolle Klassifikations- und Typisierungsmethoden nicht fest implementiert haben und diese auch nur sehr selten verwendet werden. Da jedoch bei vielen GIS der Bestand an Attributdaten in Datenbank-Management-Systemen, wie z.b. ACCESS, ORACLE oder INFORMIX, oder Data-Warehouse-Systemen vorgehalten wird und diese allesamt Exportmöglichkeiten in spezielle Statistikprogramme - wie z.b. SPSS ODER SAS - bieten, können dort ohne großen Konvertierungsbedarf die notwendigen statistischen Analysen erfolgen. Die Berechnung einfacher uni- und bivariater statistische Methoden kann oft auch in den Datenbankmodulen der Geographischen Informationssysteme oder zumindest in den Datenbank-Management-Systemen erfolgen.

3.3.4 Visualisierung

Geographische Aspekte können insbesondere durch die Verwendung von Karten dargestellt werden, denn nur dann sind sie mit einem Blick zu erfassen und gewinnbringend umzusetzen (KREUZWALD 1996: 18). Visualisierung ist ein wichtiger Bestandteil von Geographischen Informationssystemen im allgemeinen und von Geomarketing-Applikationen im besonderen (BUTTENFIELD & MACKANESS 1991: 429). Der Hauptgrund mag im bereits in Kapitel 1 angesprochenen rasanten Wachstum der zur Verfügung stehenden Geodaten liegen, die durch Generalisierung, Auswahl, Analyse und schließlich durch die Visualisierung zu Informationen verdichtet werden müssen. Der Begriff Visualisierung beinhaltet somit alle Verfahren und Maßnahmen, welche die im System vorhandenen digitalen Daten in einer Form darstellen, die dem menschlichen Auge und der menschlichen Denkweise gerecht wird. Da die Hälfte aller Neuronen des menschlichen Gehirns mit dem Sehen assoziiert sind, können Menschen graphische Zusammenhänge weit schneller aufnehmen als z.B. schriftliche oder akustische Informationen (BARTELME 1995: 5).

Die Visualisierung der Geometriedaten ist in Geographischen Informationssystemen weitgehend mit dem Begriff und den Inhalten der digitalen Kartographie gleichzusetzen. Der Unterschied zwischen Geographischen Informationssystemen einerseits und Computerkartographie-Anwendungen andererseits ist bereits eingehend erläutert worden. Daher soll hier nur kurz auf die relevanten kartographischen Gestaltungsmöglichkeiten eingegangen werden, bevor die elementaren Besonderheiten von computergestützten Visualisierungsmethoden aufgeführt und ausgearbeitet werden. Anschließend erfolgt ein Überblick über mögliche Kartentypen.

BERNHARDSEN (1992: 215 ff.) nennt insgesamt fünf kartographische Parameter, welche die kartographische Umsetzung von raumbezogenen Daten zu Informationen beeinflussen. Diese stimmen allesamt mit den kartographischen Gestaltungsmitteln überein, die HAKE (1982: 210 ff.) beschreibt: Punkte, Linien, Flächen, Signaturen, Kartenschrift. Tabelle 3.6 faßt diese Parameter zusammen.

Tabelle 3.6: Kartographische Gestaltungsmittel

Größe:	Die Größe von Punkten, bzw. die Breite von Linien kann ein wichtiges gestalterisches Merkmal zur Unterscheidung von Objekten darstellen.
Dichte:	Graustufen oder wechselnde Sättigungsdichten können ebenfalls zur Illustration verschiedener Elemente bzw. Klassen verwendet werden.
Farbe:	Farben werden von BERNHARDSEN (1992) als effektivste, aber auch am häufigsten falsch eingesetzte gestalterische Mittel bezeichnet. Obwohl Farben oft als Unterscheidungsmerkmal in thematischen Karten dienen, können unterschiedliche Farben keine impliziten Träger einer bestimmten Reihenfolge sein. Blau, rot, grün und gelb können zwar verschiedene Werte darstellen, sie können aber nicht subjektiv dem Betrachter deren Reihenfolge vermitteln. Besser geeignet sind unterschiedliche Töne einer einzigen Farbe, daneben haben sich einige Farbverläufe in der Kartographie eingebürgert (z.B. grün - gelb - orange - braun). Farbassoziationen können die Anschaulichkeit einer Karte wesentlich fördern. Das gilt für natürliche Farben (wie Ackergelb, Gewässerblau), ferner auch für Farbkontraste und -skalen, die Empfindungen (z.B. Temperaturen: blau = kalt, rot = warm) oder Tendenzen (Gewinne = schwarz, Verluste = rot) zum Ausdruck bringen. Auch Erfahrungswerte, wie z.b. die ‚Ampelfarben' sollten berücksichtigt werden (POIKER 1997).
Form:	Unterschiedliche Formen - zumeist von Symbolen - können als Unterscheidungsmerkmal verschiedener Punktdaten dienen.
Muster:	Als Alternative zur farblichen Unterscheidung können bei monochromen Geräten (z.B. Drukker) auch Muster eingesetzt werden. Diese bestehen aus drei Elementen: einem Schraffurtyp (z.B. Punktschraffur, Linienschraffur), einer Schraffurfarbe (oft Schwarz) und einer Hintergrundfarbe (oft Weiß).
Ausrichtung:	Auch die Ausrichtung von Objekten kann dem Betrachter unterschiedliche Informationen vermitteln.

Quelle: HAKE 1982: 210 ff.

Bei der Anwendung dieser gestalterischen Mittel gelten zumindest zwei fundamentale kartographische Grundsätze: Maßstab und Grundrißdarstellung erfordern eine möglichst geometrisch exakte, d.h. ortsgebundene Anordnung der Kartenelemente. Außerdem muß Gleiches gleich - Ungleiches ungleich dargestellt werden, Wichtiges erhalten - Unwichtiges fortgelassen werden, Charakteristisches betont - Zufälliges zurückgedrängt werden (STENGEL 1997: 412).

Hinsichtlich der Betonung und Hervorhebung der darzustellenden Phänomene gibt es in Geographischen Informationssystemen einige Besonderheiten im Vergleich zu traditionellen kartographischen Arbeitsmethoden. Der wohl bedeutendste Vorteil von GIS gegenüber der manuellen Kartographie liegt wohl in ihrer Flexibilität: Kartenlayer können auf Tastendruck ein- oder ausgeblendet werden, Symbol-, Linien- oder Flächendarstellungen können für das gesamte Kartenblatt flink geändert werden. Im Gegensatz dazu muß in der traditionellen Kartographie jeder Entwurfsschritt im Detail festgelegt werden; Entwurfsregeln verlieren daher ihre Wichtigkeit und der Prozeß der Kartenherstellung und -verbesserung tritt in den Vordergrund (POIKER 1997: 99). Des weiteren kann maßstabsunabhängig gearbeitet werden, d.h. Daten können bei sorgfältiger Arbeitsweise aus unterschiedlichen Maßstäben zusammengeführt werden.[8] Andererseits können die am Rechner produzierten Karten auch in verschiedenen Maßstäben ausgegeben werden. Eine zusätzliche kartographische Möglichkeit bieten GIS auch, wenn Serienkarten hergestellt werden sollen. Mittels GIS ist es sehr einfach möglich, verschiedene Inhalte in Karten gleichen Formates darzustellen; z.B. mehrere thematische Karten der gleichen Region auszugeben. Auch die multikriterielle Darstellung mehrerer Variablen wird in digitalen Systemen vereinfacht. So lassen sich Karten mit Torten-, Säulen- oder Balkendiagrammen produzieren und sogar mit Choroplethenkarten kombinieren. Allerdings sollte darauf geachtet werden, Karten nicht zu Lasten der Übersichtlichkeit mit Inhalten zu überladen.

Zur Darstellung der Ergebnisse von Geomarketing-Gutachten werden immer wieder Karten benötigt, die meist zwar nur einen kleinen, aber wichtigen und entscheidungsrelevanten Ausschnitt der im System enthaltenen Informationen veranschaulichen. Diese Karten lassen sich u.a. gemäß ihres Grades an Analyse und ihres Inhaltes wie folgt grob typisieren.[9]

Übersichtskarten dienen der Darstellung einfacher raumbezogener Sachverhalte, oftmals ohne vorhergehende Analyseverfahren. HAKE (1982: 243) bezeichnet sie als ‚chorographisch' (‚raumbeschreibend'). Sie dienen im Geomarketing-Bereich zur geographischen Orientierung im Untersuchungsgebiet und als kartographische Basis zur Produktion von nachfolgenden Karten.

Eine thematische Karte betont mindestens einen Objekttyp im Vergleich zu den anderen und stellt diese Phänomene zur Erkenntnis ihrer selbst dar (INTERNATIONALE KARTOGRAPHISCHE VEREINIGUNG 1973: 22). Dabei werden Orientierungshilfen lediglich als Kartenhintergrund zur Bestimmung der geographischen Lage verwendet. Thematische Karten sind das übliche Darstellungsmittel zur Präsentation der Ergebnisse von Geomarketing-Analysen. Auch hinsichtlich der Darstellungsform lassen sich thematische Karten klassifizieren. Tabelle 3.7 faßt die für Geomarketing-Zwecke wichtigsten Ausgabetypen zusammen und nimmt eine kurze Erläuterung jedes Typs vor.

Diese unterschiedlichen Kartenformen können miteinander kombiniert werden, indem mehrere Themen übereinandergelegt werden. Dabei gilt es zu beachten, daß mit steigendem Informationsgehalt einer Karte ihre Lesbarkeit und Interpretierbarkeit zurückgeht. Ein weiterer wichtiger Aspekt bezüglich thematischer Karten ist die korrekte und

---

[8] Dabei gilt es jedoch zu beachten, daß die Präzision des jeweils kleinsten Maßstabes gilt!

[9] Anzumerken ist, daß diese Typologisierung nicht unumstritten ist, denn fast jede Übersichtskarte enthält auch thematische Darstellungen, wie z.b. politische Grenzen (Hake 1982, S. 39).

angemessene Klasseneinteilung, d.h. die Zuordnung von Objekten gemäß ihres Wertes zu einer Kategorie. Die meisten Geographischen Informationssysteme stellen neben der Möglichkeit, die Klasseneinteilung selbst vorzunehmen, einige standardmäßige Klassifikationsroutinen zur Verfügung.

Tabelle 3.7: Thematische Darstellungen

Kartenform	Beschreibung	Beispiel
Abgestufte Füllung	Unterteilt die Daten jedes betrachteten flächenhaften Objekts in Klassen und verwendet Farben und Muster zur Kennzeichnung jeder Klasse	Die Gemeinden Hessens werden je nach der Höhe ihrer Kaufkraftquote unterschiedlich eingefärbt
Abgestufte Linien	Unterteilt die Daten jedes betrachteten linienförmigen Objekts in Klassen und verwendet Farben, Muster und Linienstärken zur Kennzeichnung jeder Klasse	Je nach Verkehrsaufkommen variiert die Darstellung der bundesdeutschen Autobahnabschnitte: hohes Aufkommen = breite Linien, niedriges Aufkommen = schmale Linien
Abgestufte Symbole	Unterteilt die Daten jedes betrachteten punktförmigen Objekts in Klassen und verwendet Farben, Symboltypen und Größen zur Kennzeichnung jeder Klasse	Die Filialstandorte eines Möbelmarktes werden je nach Beschäftigtenzahl durch unterschiedlich große Symbole repräsentiert
Punktdichten	Die Datenwerte werden durch Punkte veranschaulicht, wobei jeder Punkt eine bestimmte Größe des entsprechenden Wertes darstellt	Für jede hessische Gemeinde repräsentiert ein Punkt 100 Einwohner, eine Gemeinde mit 9100 Einwohnern wird also durch 91 Punkte dargestellt
Balken- und Säulendiagramme	Für jeden angegebenen geographischen Datensatz werden Balken gemäß eines oder mehrerer Variablenwerte gezeichnet	Die Altersstrukur jeder hessischen Gemeinde wird durch horizontale Balken oder vertikale Säulen veranschaulicht
Kreisdiagramme	Für jeden angegebenen geographischen Datensatz werden Kreisdiagramme gemäß der Werte mehrerer Variablen gezeichnet	Der Geschlechterproporz wird durch zweigeteilte Kreisdiagramme vergegenständlicht
3D-Bereiche	Gemäß eines Variablenwertes werden in einer perspektivischen Darstellung Flächen unterschiedlich hoch dargestellt	Die Kundendichte eines Marktes in den hessischen Kommunen wird herausgestellt, indem die Gemeinden je nach Wert unterschiedlich weit nach oben verschoben werden

Quelle: eigene Zusammenstellung

3.3.5 Sonstige Methoden

An dieser Stelle sei nochmals deutlich herausgestellt, daß nicht alle GIS-technischen und statistischen Methoden dargelegt wurden. Im folgenden Abschnitt soll aber ergänzend auf zwei wichtige Bereiche zukunftsweisender Technologien eingegangen werden. Dabei handelt es sich um Expertensysteme sowie um Fuzzy Logic.

Expertensysteme

Erst durch die Entwicklung von Expertensystemen wird nach Auffassung von CLARKE & CLARKE (1995: 229) das eigentlich verfügbare Potential Geographischer Informationssysteme für Aufgaben des Geomarketing vollkommen ausgeschöpft. Sie sind durch die Fähigkeit gekennzeichnet, daß sie in bestimmten Bereichen das menschliche Denken zur zielgerichteten Lösung von Problemen imitieren (CRESSWELL 1995: 222).

Expertensysteme legen hochspezialisiertes Know-how in Wissensbasen ab, die einerseits aus elementaren Fakten (Daten) und andererseits aus Regeln (‚rule tables') bestehen (BARTELME 1995: 176 f.). Die einzelnen Regeln werden zunächst durch sog. ‚Meta-Regeln' im ‚knowledge acquisition module" (KAM) miteinander in Beziehung gesetzt, bevor sie mit den entscheidungsrelevanten Daten in Beziehung gesetzt werden. Das aus Daten und Regeln entstandene Geflecht wird als ‚Ableitungsmechanismus' (oder ‚Inferenzmaschine') bezeichnet. Dabei können verschiedene Ableitungsmechanismen unterschieden werden (z.B. ‚Frames', 'Semantic Networks', 'Trees'). Wird dem System nun eine Aufgabe präsentiert, so versucht es, diese anhand der vorgegebenen Meta-Regeln in kleinere Aufgaben zu zerlegen. Diese Zergliederung wird solange durchgeführt, bis Kleinst-Aufgaben entstanden sind, welche das System als wahr oder falsch erkennen oder mathematisch behandeln kann. Somit ist es möglich, die komplette Aufgabe zu lösen. Diesen Ansatz bezeichnet man als deduktive Strategie (backward chaining approach). Alternativ dazu gibt es den induktiven Ansatz (forward chaining approach), welcher genau umgekehrt verläuft: aus vielen kleinen Wissensbausteinen wird über if-else-Bedingungen eine fehlerlose Struktur aufgebaut (BARTELME 1995: 179).

Expertensysteme wurden zunächst für Anwendungen der medizinischen Diagnostik entwickelt und werden dort auch erfolgreich eingesetzt. Seit dem Ende der achtziger Jahre wird nun der Versuch unternommen, diese Ansätze in Geographische Informationssysteme zu integrieren (vgl. z.B. WATERS 1989, SMITH & YIANG 1995, DENSHAM 1995, OPENSHAW & OPENSHAW 1997).

Fuzzy Logic

Nicht alle Aussagen über in Geographischen Informationssystemen enthaltene Objekte sind eindeutig. Viele Aussagen sind durch ein hohes Maß an Ungewißheit und Unschärfe (engl. 'fuzziness") gekennzeichnet. Die jetzigen GIS basieren zumeist auf ‚Entweder-Oder'-Aussagen (OPENSHAW 1995: 161), somit wird keine Unschärfe zugelassen. Wird eine solche Unschärfe in ein GIS integriert, so fragt das System, z.B. bei der Klasseneinteilung von Objekten, bei Ungewißheit den Benutzer nach der richtigen Zuordnung oder akzeptiert ‚unscharfe' Eingaben. Durch dieses interaktive Vorgehen, bestehend aus Nachfragen und Antworten, kalibriert sich das System durch das iterative Herausfinden des optimalen Unschärfegrades für jede beliebige Geomarketing-Aktion selbst (OPENSHAW 1995: 161). So können die naturgemäß auftretenden

Inkonsequenzen und Widersprüche ('flaws") bestehen bleiben, ohne das Arbeiten mit ihnen unmöglich zu gestalten.

Als kleines Beispiel für die Eingabe solcher ‚unscharfer' Eingaben soll nun auf Ansätze der Fuzzy Logic eingegangen werden, die in einem Informationssystem von MANIFOLD SYSTEM integriert sind. In einer Datenbank werden betriebsexterne soziodemographische Daten auf der räumlichen Basis fünfstelliger Postleitzahlen vorgehalten. Aus dieser Datenmenge sollen innerhalb des Postleitbereiches 35 (zweistellige PLZ) alle Gebiete ermittelt werden, in denen besonders viele Personen leben, die für den Kauf von Luxuslimousinen eines Autohändlers infrage kommen. Die hinsichtlich dieser Fragestellung relevanten Variablen stammen von der GESELLSCHAFT FÜR KONSUMFORSCHUNG (GFK) in Nürnberg: die Werte ‚Kaufkraft je Einwohner' und 'Anteil der Personen mit hohem Status an der Gesamtbevölkerung' (durch die GFK abgeleitet) sind für alle Zielregionen verfügbar. Gemäß der herkömmlichen, ‚scharfen' Abfragefunktionalität, z.b. über SQL-Syntax, würden nun Grenzwerte definiert, welche ‚hohe Kaufkraft je Einwohner' (z.b. über DM 26.000) und ‚hohen Anteil an Personen mit hohem Status' (z.b. über 10 Prozent) charakterisierten. Abbildung 3.11 zeigt die Struktur einer konventionellen Abfrage (a). Nach deren Ausführung werden nur diejenigen Gebiete selektiert, welche beide Kriterien vollständig, d.h. zu 100 Prozent erfüllen. Ein Postleitzahlgebiet, dessen Struktur einen Kaufkraftwert von über 30.000 DM aufweist, aber den geforderten Anteil an Personen mit hohem Status nur minimal verfehlt, würde demnach nicht berücksichtigt. Diese Vorgehensweise ist im Teil (b) von Abbildung 3.11 graphisch dargestellt. Kaufkraftwerte von unter DM 25.000 werden zu 0 Prozent, Werte ab 25.000 zu 100 Prozent berücksichtigt.

Erstellt man statt dessen eine Abfrage, in der die beiden Kriterien nur ‚unscharf' angegeben werden, sieht deren Struktur in MANIFOLD SYSTEM völlig anders aus. Zunächst werden für die beiden Variablen sogenannte ‚Profile' erstellt (vgl. Abbildung 3.12). Im rechten Teil der dargestellten Fenster wird für jede der beiden Variablen anhand einer grob im Hintergrund dargestellten, balkenförmigen Häufigkeitsverteilung die Angabe ‚hoch' graphisch festgelegt, indem die eingezeichnete Kurve gemäß der vorgegebenen Aufgabe editiert wird. Statt einer scharfen Grenze wird hier ein Unschärfebereich vorgegeben, welcher bei der Variable Kaufkraft (a) eng limitiert ist und zwischen DM 25.000 und DM 27.500 liegt. Bei der Variable ‚Statusanteil' im Teil (b) der Abbildung 3.12 ist ein relativ weit gefaßter Unschärfebereich definiert, dieser liegt zwischen 8 und 17,5 Prozent. Alle Werte unter 8 Prozent werden nicht, alle über 17,5 Prozent immer bei der Auswahl berücksichtigt. Die Werte der beiden Unschärfebereiche definieren bei der späteren Darstellung der Ergebnisse den Grad der Zielerfüllung, der als prozentuale Größe angegeben wird.

Der untere Teil der Abbildung 3.13 zeigt die Kombination der Unschärfeprofile, welche hier in Form einer booleschen UND-Bedingung besteht. Wird diese Abfrage ausgeführt, so erhält jeder Datensatz der Datenbank (jedes PLZ-Gebiet) einen weiteren Variablenwert, der in einer neuen Spalte angezeigt wird. Die Variablenwerte reichen von 0 bis 100: Postleitzahlgebiete mit einem Wert von 100 erfüllen beide Bedingungen zu 100 Prozent. Entsprechend erfüllen Gebiete mit dem Wert 0 kein Kriterium. Die dazwischen liegenden Werte kennzeichnen den oben erwähnten Erfüllungsgrad: je höher der Wert, desto höher der Grad der Erfüllung der Bedingung.

Geographische Informationssysteme 77

Abbildung 3.11: Struktur einer konventionellen SQL-Abfrage in MANIFOLD SYSTEM

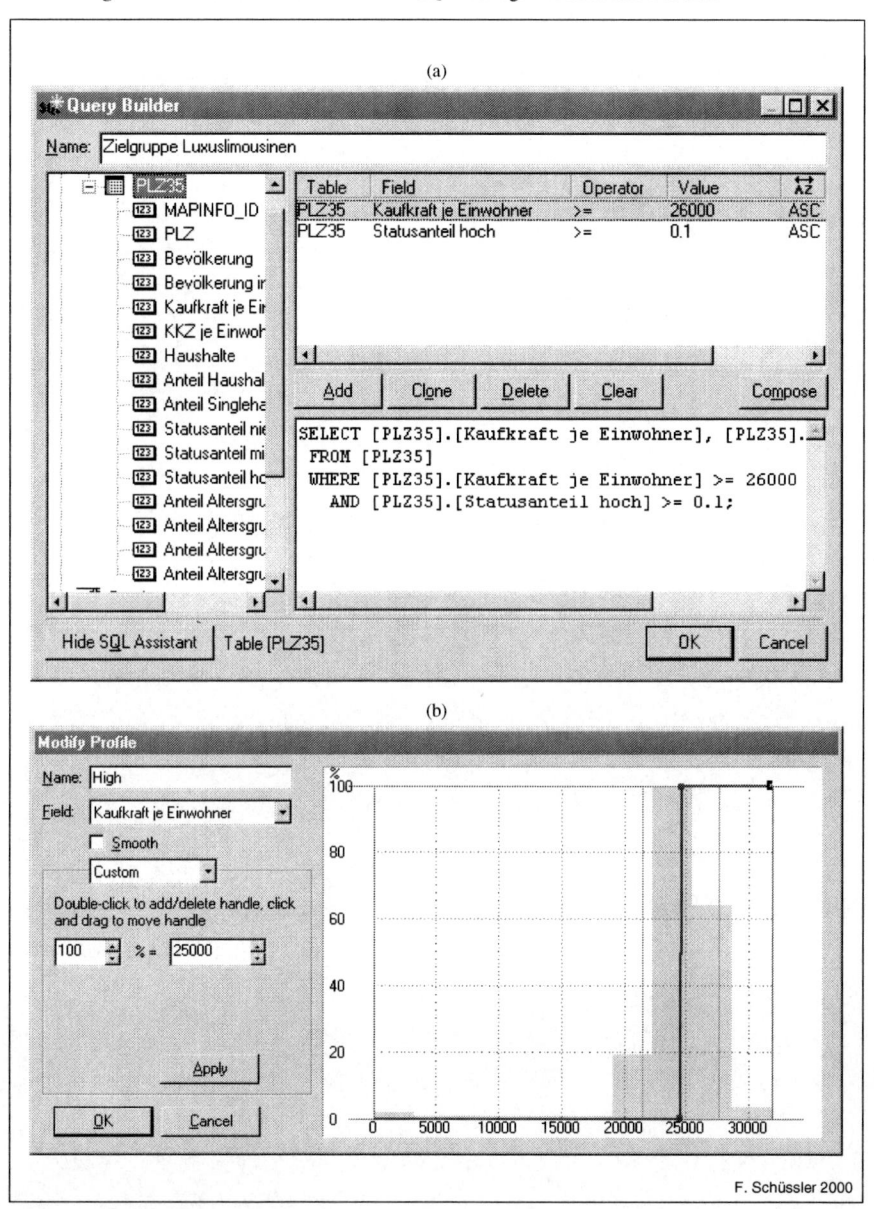

Quelle: eigene Zusammenstellung

Abbildung 3.12: Eingabe ‚unscharfer' Kriterien in MANIFOLD SYSTEM

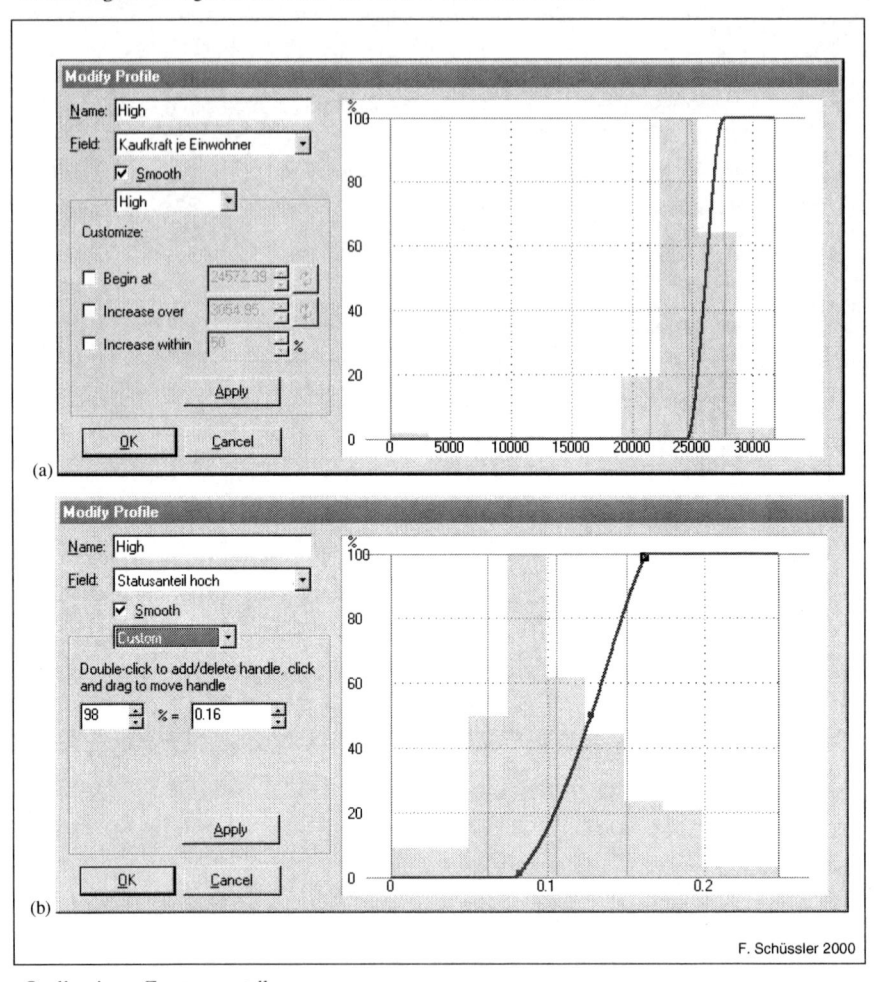

Quelle: eigene Zusammenstellung

Geographische Informationssysteme 79

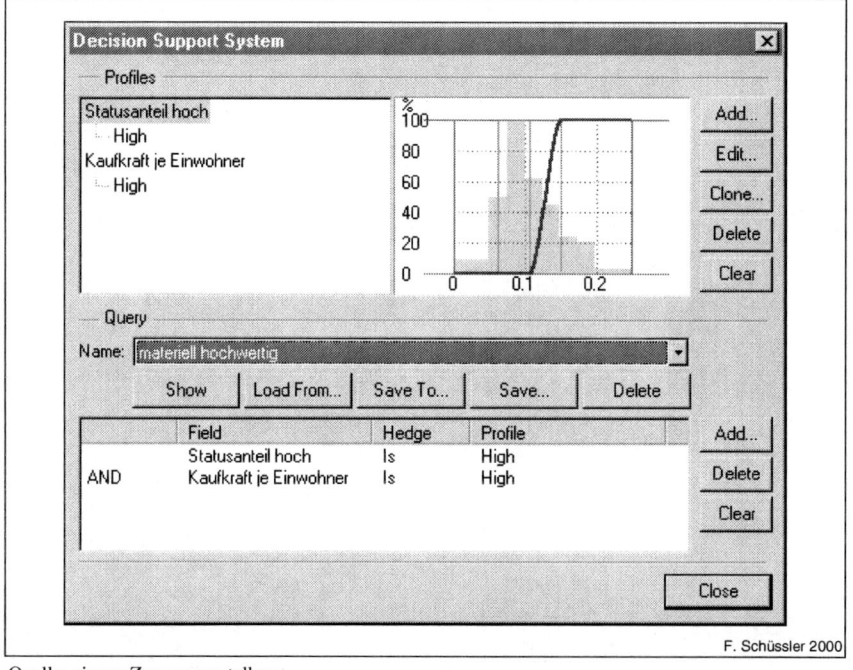

Abbildung 3.13: Kombination von Unschärfeprofilen in MANIFOLD SYSTEM

[Screenshot: Decision Support System dialog showing Profiles (Statusanteil hoch – High, Kaufkraft je Einwohner – High) with a profile curve chart, and a Query section with Name "materiell hochwertig" and an AND combination of fields "Statusanteil hoch" (Is, High) and "Kaufkraft je Einwohner" (Is, High).]

F. Schüssler 2000

Quelle: eigene Zusammenstellung

Abbildung 3.14 zeigt die Ergebnisse der oben vorgestellten Analyse. Die erste Spalte des Ergebnisfensters („materiell hochwertig') enthält die abgeleiteten Erfüllungsgrade für die einzelnen PLZ-Gebiete. Die beiden nächsten Spalten („Kaufkraft je Einwohner' und ‚Statusanteil hoch') enthalten die Werte, auf denen die Erfüllungsgrade basieren. Die ersten beiden Zeilen weisen einen Erfüllungsgrad von 100 Prozent auf: sowohl die Kaufkraft als auch der Anteil der Personen mit hohem Status liegen über den oben angegebenen Grenzwerten (DM 27.500 und 17,5 Prozent). Schon der dritte Wert erreicht nicht mehr einen 100prozentigen Erfüllungsgrad. Zwar liegt der Statusanteil weit über der Grenze und stellt einen der höchsten Werte aller vorkommenden PLZ-Gebiete dar, die Kaufkraft liegt jedoch knapp unter dem Grenzwert. Ebenso verhält es sich mit den weiteren Werten.

Diese Tabelle bildet eine hervorragende Entscheidungsgrundlage für den Anwender: es werden nicht nur Entweder-Oder Aussagen getroffen, welche die PLZ-Gebiete in lediglich zwei Klassen einteilen („trifft zu' und ‚trifft nicht zu'), sondern es kann eine wesentlich differenzierte Betrachtung erfolgen. So können die Gebiete gemäß der ermittelten Intensitäten in mehrere Klassen eingeteilt werden, welche mit abgestuften

Maßnahmen versehen werden. Statt ‚Werbung: ja oder nein' kann es nun zu einer differenzierten Marktbearbeitung kommen.

Abbildung 3.14: Ergebnisse der Fuzzy-Abfrage in MANIFOLD SYSTEM

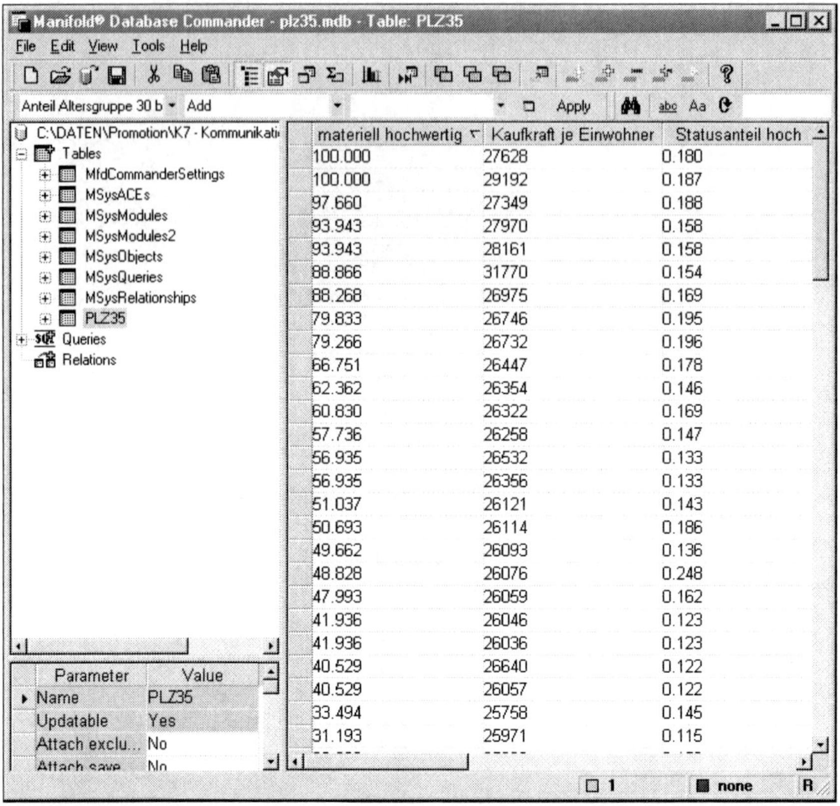
Manifold® Database Commander - plz35.mdb - Table: PLZ35
File Edit View Tools Help
Anteil Altersgruppe 30 b Add Apply
C:\DATEN\Promotion\K7 - Kommunikati
Tables
MfdCommanderSettings
MSysACEs
MSysModules
MSysModules2
MSysObjects
MSysQueries
MSysRelationships
PLZ35
Queries
Relations
Parameter Value
Name PLZ35
Updatable Yes
Attach exclu... No
materiell hochwertig | Kaufkraft je Einwohner | Statusanteil hoch
100.000 27628 0.180
100.000 29192 0.187
97.660 27349 0.188
93.943 27970 0.158
93.943 28161 0.158
88.866 31770 0.154
88.268 26975 0.169
79.833 26746 0.195
79.266 26732 0.196
66.751 26447 0.178
62.362 26354 0.146
60.830 26322 0.169
57.736 26258 0.147
56.935 26532 0.133
56.935 26356 0.133
51.037 26121 0.143
50.693 26114 0.186
49.662 26093 0.136
48.828 26076 0.248
47.993 26059 0.162
41.936 26046 0.123
41.936 26036 0.123
40.529 26640 0.122
40.529 26057 0.122
33.494 25758 0.145
31.193 25971 0.115
1
none
R

Quelle: eigene Zusammenstellung

Allerdings kann während der Implementationsphase von Expertensystemen und Fuzzy Logic mit einigen schwerwiegenden Problemen gerechnet werden. Die Kosten zur Einrichtung eines solchen Expertensystems übertreffen herkömmliche Datenbanken um ein vielfaches, denn es gibt keine standardisierten Anwendungen - jedes System ist einmalig. Ferner ist das einmal eingegebene Wissen schon nach kurzer Zeit überholt; die Wissensbasis darf daher nicht statisch sein.

Im Bereich von Fuzzy Logic spielen insbesondere psychologische Aspekte eine Rolle, denn die Bereitschaft zum Vertrauen auf die oft nur schwer nachvollziehbaren Ergebnisse einer Maschine wird in manchen Situationen auf Mißtrauen stoßen. Die Anwender und Entscheidungsträger erwarten in der Regel nicht nur das eigentliche Ergebnis der Analyse, sondern auch eine wissenschaftlichen Ansprüchen gerecht werdende Begründung für dieses Ergebnis. Im Bereich administrativer Aufgaben kann dies keine akzeptable Lösung sein, dort sind nach wie vor Entweder-Oder-Antworten gefragt. Im privatwirtschaftlichen Bereich des Geomarketing dürften vor allem die Anwendungen der Fuzzy Logic weitere Verbreitung erfahren, zumal jetzt die ersten Systeme mit dieser Funktionalität verfügbar sind und sich durch eine hohe Praxistauglichkeit auszeichnen.

3.4 Kritik an GIS

„Such a system is as significant to spatial analysis as the inventions of the microscope and telescope were to science, the computer to economics, and the printing press to information dissemination. It is the biggest step forward in the handling of information since the Invention of the map" (R. CHORLEY 1988: 8).

Geographische Informationssysteme stoßen nicht immer und überall auf uneingeschränkte Begeisterung, wie es CHORLEY (1988) formulierte. Neben einigen Kritikpunkten, die aus Unkenntnis und prinzipieller Ablehnung neuer Technologien resultierten, existiert eine fundierte und sachbezogene Problematisierung einiger wesentlicher Aspekte Geographischer Informationssysteme. Darauf wird in diesem Abschnitt kurz eingegangen.

Einen ersten Kritikpunkt stellt die Aussage dar, Geographische Informationssysteme hätten bisher nicht in hinreichendem Maße dazu beigetragen, erwartete Lösungen für substantielle Probleme, vor allem in der Wirtschafts- und Sozialgeographie, bereitzustellen (AANGENBRUG 1995: 103). Darunter fällt auch die Auffassung, daß sich die in GIS enthaltenen speziellen Methoden zur Raumanalyse weitaus langsamer entwickelt haben, als der allgemeine Fortschritt in Hard- und Software vonstatten gegangen ist. Gerade Führungspersonen, welche i.d.R. nicht in direktem Kontakt zur Technologie stehen und deren Anwendungsproblematik nicht kennen, stellen hohe Ansprüche an den Einsatz von GIS, die oft kaum zu erfüllen sind.

Der zweite Aspekt stellt Kosten und Nutzen geographischer Informationssysteme in Relation und sieht zumindest mittelfristig bei einigen Projekten deutliche Mißerfolge. Nicht immer lohnt sich der Einsatz eines kostspieligen High-End-GIS auf teuren Workstations, wenn einfache Desktop-GIS auf PCs die gleichen Aufgaben erfüllen können. Ferner wird gefordert, erfolgreiche und vor allem gescheiterte GIS-Anwendungen eingehend und kritisch auf die Gründe ihres Erfolges oder Mißerfolges zu untersuchen, um die Weiterentwicklung der Disziplin zu gewährleisten. Dies ist laut den Aussagen der Kritiker zu selten der Fall, teure Investitionen müssen sich unbedingt lohnen, um das Ansehen der mit GIS arbeitenden Organisation nicht zu beschädigen.

Des weiteren wird oft die übertriebene, aggressive und unsachgemäße Werbung für GIS-Produkte kritisiert, welche die Schwächen der Systeme übertünche und viele Anwender mit standardisierten Produkten zurücklasse, die mühsam an die speziellen Bedürfnisse angepaßt werden müßten.

„Vendors and researchers must also avoid the use of jargon and avoid hype if GIS are to be taken up and applied successfully" (AANGEENBRUG 1995: 106).

Dahinter steht der Vorwurf, daß unwissenden Endanwendern Produkte verkauft werden, die für die angestrebten Aufgaben zu teuer, zu kompliziert oder allgemein zu wenig geeignet sind. Sehr häufig wird GIS auch allein deshalb kritisiert, weil schnell greifbare Erfolge erzielt werden müssen, ohne vorher genügend Zeit in die Grundlagen der Anwendung und Bedienung sowie in die zugrundeliegende Theorie investiert zu haben. Die eigenen Unzulänglichkeiten werden in diesen Fällen oft auf das eingesetzte Programm projiziert; bei Mißerfolg oder hohem Zeitaufwand läßt sich das Versagen leicht auf die Software schieben. Dies macht vor allem bei unerfahrenen Anwendern einen wesentlichen Kritikpunkt aus.

Ein weiterer Vorwurf lautet, daß Ergebnissen von GIS-Operationen ein hohes Maß an Glaubwürdigkeit entgegengebracht wird, obwohl die eingesetzten Verfahren nicht hinreichend erläutert wurden. Ein solches Ergebnis, z.B. in Form einer Karte, ist als 'black box" anzusehen. Die Methodik der Modellbildung beeinflußt das Ergebnis maßgeblich, wird aber oftmals nicht dargestellt. Abhilfe kann diesbezüglich nur eine detaillierte Wiedergabe aller Schritte auf dem Weg der Modellbildung leisten; diese Darstellung ist oft in Form von Flußdiagrammen besonders leicht verständlich und nachvollziehbar (ALBRECHT 1996: 43, 76).

Diesen Kritikpunkten kann entgegnet werden, daß jeder Versuch, sozio-ökonomische Daten in einem GIS darzustellen, von einer impliziten oder expliziten Modellbildung begleitet wird (MARTIN 1995: 59). Die Folgen dieser Modellbildung, insbesondere die Abstraktion der Wirklichkeit, muß den beteiligten Personen bewußt sein. Die Realität kann nicht im Maßstab 1:1 abgebildet werden, deshalb hängen Erfolg oder Mißerfolg eines GIS oft von der sachgemäßen Wahl der Software und des Modells ab. Ferner ist darauf hinzuweisen, daß der Computer lediglich die Befehle ausführt, die ein Anwender eingegeben hat. Alle Ergebnisse beruhen somit überwiegend auf den korrekten Überlegungen, Entscheidungen und Aktionen der Benutzer und nicht uneingeschränkt auf der Logik der Systeme.

Diese Aussagen lassen folgendes Fazit zu: der Einsatz eines GIS ist primär nicht mehr als eine rein technische Aufgabe anzusehen, wie es noch in den achtziger Jahren der

Fall war. Vielmehr hängt der Erfolg vom organisatorischen Sachverstand und der ‚Informationskultur' der beteiligten Personen und Institutionen ab (CRESSWELL 1995: 225).

4 EINZELHANDEL

Das Ziel dieses Kapitels besteht darin, marketingrelevante Aspekte des Einzelhandels in komprimierter Form darzustellen. Nach Erläuterung der spezifischen Funktion des Einzelhandels werden Entwicklungen auf den Anbieter- und Nachfrageseiten aufgezeigt, die einen starken Einfluß auf die Marketingkonzeption der Unternehmen ausüben. Es wird die Auffassung vertreten, daß aufgrund der aktuellen Entwicklung beider Marktseiten des Einzelhandels ein enormer Wettbewerbsdruck entstanden ist. Um diesem Druck begegnen zu können, ist der Einsatz neuer Mittel zur Ausschöpfung betrieblicher Innovationspotentiale erforderlich, wie sie die raumbezogenen Ansätze des Geomarketing darstellen.

4.1 Funktionen des Einzelhandels

Produzierte Güter durchlaufen einen Distributionskanal, um von der Produktionsstätte an den Ort des Verkaufes und somit in die Reichweite der Konsumption zu gelangen. Dabei unterscheidet man im Falle von Konsumgütern, die an private Haushalte abgesetzt werden, zwischen drei Hauptformen der Distribution. Produkte können einerseits direkt vom Hersteller an die Konsumenten verkauft werden. Zum anderen können zwischen Hersteller und Konsumenten Einzelhändler oder zusätzlich Großhändler vermitteln. Demnach definiert man als Einzelhandel alle Betriebsformen, die fertige Handelsware ohne wesentliche Be- oder Verarbeitung in eigenem Namen für eigene Rechnung oder für fremde Rechnung bei Bruttopreisauszeichnung an Konsumenten vertreiben (MÜLLER-HAGEDORN 1998: 29).

Werden produzierte Waren nicht über den direkten Weg vom Hersteller an die Konsumenten abgesetzt, so übernehmen Unternehmen des Einzelhandels einen wesentlichen Teil des Distributionsweges. Sie vermitteln zwischen dem Angebot der Hersteller oder Großhändler und der Nachfrage der Konsumenten. Dabei wird eine höhere Effektivität der Transaktionen erzielt, indem die Zahl der notwendigen Kontakte reduziert wird (vgl. Abbildung 4.1). Da Hersteller große Mengen gleichartiger Produkte erzeugen, Konsumenten aber den Wunsch nach einer breiten Auswahl bei geringer Abnahmemenge hegen, spielen Einzelhändler eine sehr bedeutende Rolle hinsichtlich der Koordination des Marktes[10].

Diese raum- und zeitbezogene „Überbrückungsfunktion" (BARTH 1996: 31) hat sich in der jüngeren Vergangenheit stark verändert. Die räumliche Struktur des Einzelhandels

---

[10] Zu weiteren Funktionen des Einzelhandels vgl. BARTH 1996: 31 f., MÜLLER-HAGEDORN 1998: 107 ff.

wurde bis in die 60er Jahre hinein durch ein Netz zentraler Versorgungsorte des stationären Einzelhandels geprägt, wie es CHRISTALLER (1933) in seiner Theorie modellhaft zu erfassen versuchte. Zunächst durch die Zunahme der räumlichen Mobilität der Konsumenten und später durch die Individualisierung des Konsums sowie einen materialistischen Wertewandel hin zum erlebnisorientierten Einkauf erlitt dieses über lange Zeit dominierende System in seiner Form als notwendiges, primäres Versorgungselement „einen in weiten Teilen irreversiblen Bedeutungsverlust" (THOMI 1998: 24). Es entstand ein „sekundäres Handelsnetz aus Verbraucher- und Fachmärkten" (HATZFELD 1995: 23), das die funktional ausgerichtete ökonomische Bedeutung des primären Netzes in den Hintergrund drängte und aktuell eine deutlich höhere Entwicklungsdynamik aufweist.

Drei Absatzformen des Einzelhandels sind zu unterscheiden. Der *stationäre Einzelhandel* umfaßt lokal gebundene Geschäfte, die von den Konsumenten aufgesucht werden. Hingegen bietet der *ambulante Handel* Produkte mittels nicht ortsgebundener Verkaufsstellen an. Schließlich treten beim *Versandhandel* Anbieter und Nachfrager nicht in persönlichen Kontakt, sondern kommunizieren und handeln indirekt, so etwa über Medien wie Kataloge und damit verbundene Call-Center oder via Online-Shopping über das Internet (‚e-Commerce').

Im Rahmen der vorliegenden Arbeit spielt die o. g Überbrückungsfunktion des stationären Einzelhandels als Distributor und Koordinator des Marktgeschehens die zentrale Rolle. Nur in einigen Fällen wird auf den Versandhandel wegen seiner Bedeutung für spezielle Aspekte des stationären Handels näher eingegangen.

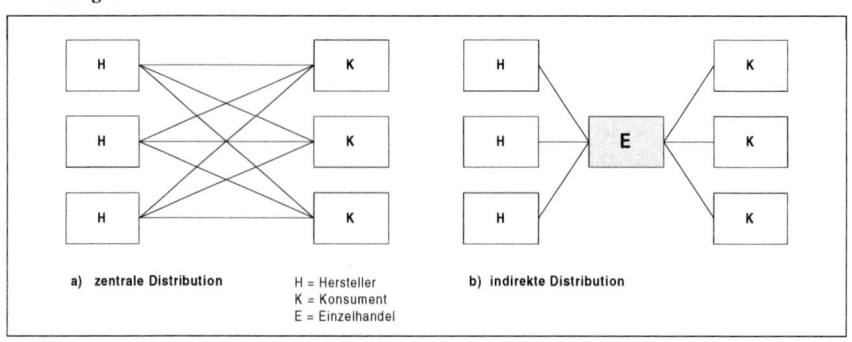

Abbildung 4.1: Effektive Transaktionen durch Einzelhandel

a) zentrale Distribution   H = Hersteller   b) indirekte Distribution
K = Konsument
E = Einzelhandel

Quelle: eigene Darstellung nach KOTLER ET AL. 1999: 896

4.2 Angebotsformen und -struktur

Umsatz und Beschäftigung

Der Einzelhandelsumsatz im engeren Sinne[11] stieg in Deutschland von 685 Mrd. DM im Jahre 1991 auf über 715 Mrd. DM im Jahre 1997 an (EHI 1999: 55), womit in diesem Zeitraum ein nominaler Anstieg um 30 Mrd. DM (4,3 %) zu verzeichnen war. Inflationsbereinigt ergaben sich jedoch ab 1993 ausschließlich negative reale Veränderungsquoten, die zwischen -0,2 % (1995) und -1,5 % (1997) liegen (vgl. Abbildung 4.2). Die negative Entwicklung des Umsatzes pro Einwohner hat sich in dieser Periode noch stärker bemerkbar gemacht. 1997 sank diese Größe gegenüber dem Vorjahr um 1,7 % und betrug 8710,- DM. Auch der Beschäftigtenanteil des Einzelhandels an den Erwerbstätigen nahm in den 90er Jahren kontinuierlich ab und betrug etwa 12 % im Jahre 1994 (THOMI 1998: 6).

Der Wertschöpfungsanteil des Einzelhandels am Bruttoinlandsprodukt sank zwar deutlich von 30,9 % im Jahre 1991 auf 26,1 % anno 1997 (EHI 1999: 54), jedoch ist der Einzelhandel neben dem produzierenden Gewerbe und dem Großhandel nach wie vor die drittgrößte Wirtschaftsabteilung Deutschlands. Trotzdem ist im Zusammenhang mit der negativen Entwicklung von Umsatz und Beschäftigung im Einzelhandel das Wort vom ‚Hyperwettbewerb' in aller Munde.

Abbildung 4.2: Entwicklung der Umsätze des deutschen Einzelhandels im engeren Sinne, real, jeweils in Prozent zum Vorjahr

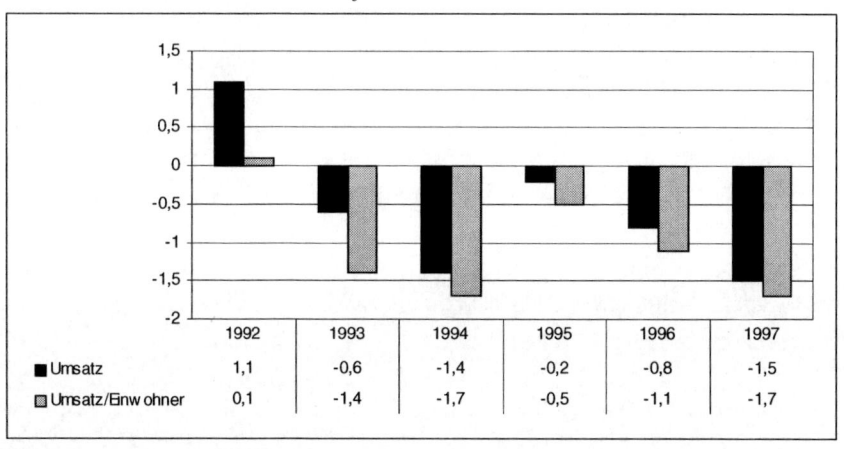

	1992	1993	1994	1995	1996	1997
■ Umsatz	1,1	-0,6	-1,4	-0,2	-0,8	-1,5
▨ Umsatz/Einwohner	0,1	-1,4	-1,7	-0,5	-1,1	-1,7

Quelle: EHI 1998: 61, eigene Darstellung

---

[11] Ohne Kraftfahrzeuge, Brenn- und Kraftstoffe sowie Apothekenumsätze.

Betriebskonzentration und Verkaufsflächenexpansion

„Im Einzelhandel herrscht ein Hyperwettbewerb, wie es ihn nie zuvor gab. ... Die Folge sind Verschiebungen von Marktanteilen zwischen den einzelnen Unternehmen und vor allem zwischen den Betriebsformen" (BBE 1999: C9). Die negative Umsatzentwicklung des Einzelhandels blieb nicht ohne Auswirkungen auf dessen räumliche und organisatorische Struktur.

Im Jahre 1994 existierten insgesamt 296.314 Einzelhandelsunternehmen mit einem Umsatz bis unter 2 Mio. DM. Diese kleinen und mittleren Firmen bildeten einen Anteil von 89,3 % aller Handelsbetriebe und erwirtschafteten zusammen 23,93 % des gesamten Rohertrages[12] im deutschen Einzelhandel (vgl. Tabelle 4.1). Im Jahre 1998, nur drei Jahre später, verzeichnete diese Größenkategorie 36.200 Betriebe weniger und die Rohertragsquote lag um 1,13 % niedriger (STAT. BUNDESAMT 1997, 1999, vgl. Abbildung 4.3). Die Statistik der Konkurse und Vergleichsverfahren im Einzelhandel bestätigt diese Konzentrationstendenz, denn die Zahl der Konkurse und Vergleichsverfahren nahm zwischen 1994 (1.658) und 1998 (2.248) um 35,6 % zu.

Parallel zur dieser Betriebskonzentration fand eine Erweiterung der Verkaufsflächen statt, die als ‚Verkaufsflächenexplosion' bezeichnet werden kann. Dabei nahm nicht nur der durchschnittliche Raumbedarf pro Betrieb zu, sondern auch die Gesamtverkaufsfläche des Einzelhandels. Diese stieg von etwa 22 Mio. qm im Jahre 1960 auf über 104 Mio. Quadratmeter im Jahre 1998 an (THOMI 1998: 9).

Schon an der zahlenmäßigen Entwicklung der Einzelhandelsunternehmen sowie der Verteilung des Umsatzes und der Verkaufsfläche läßt sich die Konzentration im Einzelhandel ablesen.[13] MÜLLER-HAGEDORN (1998: 93) benennt als Ursachen dieser Konzentration die Machtverhältnisse zwischen Industrie und Handel, die zunehmende Internationalisierung, weitreichende Veränderungen auf den Beschaffungs- und Absatzmärkten, die zunehmende Kluft zwischen den tariflichen Arbeitszeiten und den Ladenöffnungszeiten sowie die veränderten Einkaufsgewohnheiten der Konsumenten (vgl. Abschnitt 4.3)[14].

Folglich erzielen zunehmend größere Betriebe immer mehr Umsatz bei zunehmender Verkaufsfläche. Kleinere Fachgeschäfte in ‚gewachsenen' innerstädtischen Lagen mit

---

[12] Als ‚Rohertrag' bezeichnet man den Umsatz zuzüglich des Wertes der Lagerbestände am Ende des Geschäftsjahres abzüglich des Wertes der Lagerbestände am Anfang des Geschäftsjahres und des Wertes der Wareneingänge. Damit bezeichnet der Rohertrag die Differenz zwischen Umsatz und Wareneinsatz (STATISTISCHES BUNDESAMT 1999).

[13] Zur Definition und Messung von Konzentration im Handel vgl. MÜLLER-HAGEDORN 1998: 75 ff.

[14] Auf die Ursachen der Konzentration im Handel wird in der vorliegenden Arbeit nicht weiter eingegangen.

fehlenden innerbetrieblichen Expansionsmöglichkeiten stehen dieser Tendenz ohne weitere räumliche Handlungsoptionen gegenüber. Deshalb sind sie gezwungen, andere Strategien zur Erhaltung ihrer Attraktivität wahrzunehmen. Aus diesem Grunde muß die Verstärkung anderweitiger Marketingmaßnahmen zur verbesserten Wettbewerbsfähigkeit gegenüber ihren flächenmäßig überlegenen Konkurrenten mit breiterer Angebotspalette führen.

Tabelle 4.1: Anzahl und Rohertrag der Einzelhandelsunternehmen mit einem jährlichen Umsatz unter 2 Mio. DM in den Jahren 1994 und 1997

	1994	1997	Differenz
Anzahl der Betriebe mit einem jährl. Umsatz < 2 Mio. DM	296.314	260.114	-36.200
Anteil der Betriebe mit einem jährl. Umsatz < 2 Mio. DM an allen Betrieben (in %)	89,8	88,4	-1,4
Rohertrag der Betriebe mit einem jährl. Umsatz < 2 Mio. DM (Mio. DM)	48.839	44.957	-3.882
Anteil des Rohertrages der Betriebe mit einem jährl. Umsatz < 2 Mio. DM an allen Betrieben (in %)	23,9	22,8	-1,1

Quelle: Stat. Bundesamt 1999, 1997, eigene Zusammenstellung

Abbildung 4.3: Zahl der Betriebe und Rohertrag nach verschiedenen Unternehmensgrößen 1997

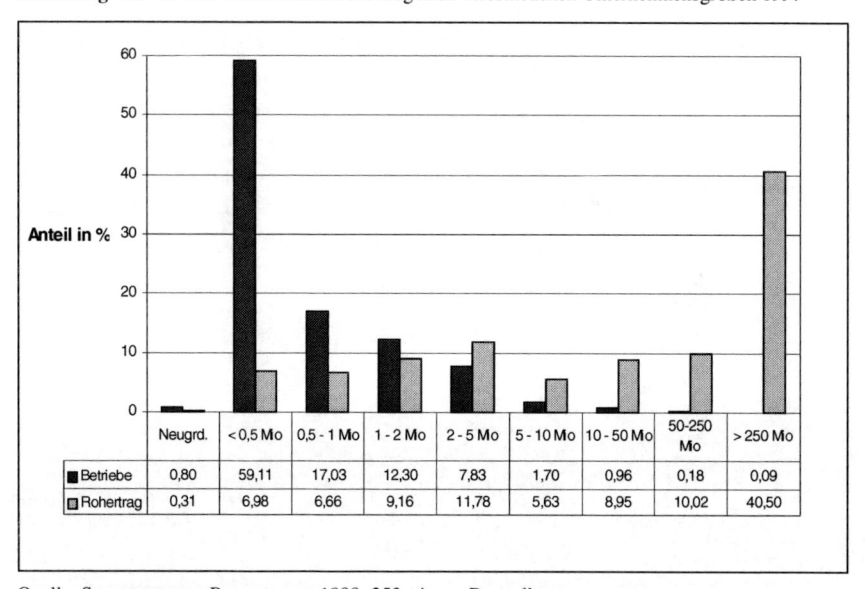

	Neugrd.	<0,5 Mo	0,5 - 1 Mo	1 - 2 Mo	2 - 5 Mo	5 - 10 Mo	10 - 50 Mo	50-250 Mo	> 250 Mo
Betriebe	0,80	59,11	17,03	12,30	7,83	1,70	0,96	0,18	0,09
Rohertrag	0,31	6,98	6,66	9,16	11,78	5,63	8,95	10,02	40,50

Quelle: STATISTISCHES BUNDESAMT 1999: 253, eigene Darstellung

Betriebsformen

Die Verschärfung des zum größten Teil über den Preis ausgetragenen Wettbewerbes beinhaltet auch eine Rivalität zwischen konkurrierenden Betriebsformen. Der stark angestiegene Flächenbedarf der Einzelhandelsunternehmen ist u.a. dieser Entwicklung zuzuschreiben. Ein Beispiel: allein zwischen 1990 und 1998 ist die Zahl der Shopping-Center[15] von 95 mit einer Verkaufsfläche von zusammen 3.026.100 qm auf 266 Center mit einer Gesamtverkaufsfläche von 8.626.700 qm angestiegen (vgl. Tabelle 4.2). Dies entspricht bezüglich der Anzahl der Center einer Steigerung um 185 Prozent und bzgl. der Verkaufsfläche einer Zunahme um über 180 Prozent in einem Zeitraum von nur 8 Jahren (EHI 1999).

Neue Betriebsformen treten in den Markt ein und forcieren den Wettbewerb um die Gunst der Kunden. Dies sind insbesondere Urban Entertainment Center (Shopping in Verbindung mit Unterhaltung, z.B. mit Kino), Factory Outlet Center (Hersteller-Direktverkaufszentren[16]), Bahnhof- und Airport-Shops, Convenience Shops (z.B. in Tankstellen und Bäckereien) sowie der umfassende Bereich des standortungebundenen Home-Shopping (Versandhandel und e-Commerce). Diese neuen Unternehmenstypen suchen entweder durch preisaggressive Strategien oder durch starke Kundenorientierung nach Wettbewerbsvorteilen.

Abbildung 4.4 veranschaulicht das Ergebnis einer Bewertung der gegenwärtigen und zukünftigen Bedeutung von Betriebsformen entsprechend der Einschätzung von 171 Handelsunternehmen (ZENTES & SWOBODA 1999: 77). Von besonders großem Interesse ist hier die negative Einschätzung der Fachgeschäfte, die 1997 immerhin den deutlich größten Marktanteil aller Betriebstypen (47 %) erreichen konnten. Darüber hinaus werden die neueren Handelsformen deutlich optimistischer beurteilt als die traditionellen Mitbewerber. Folglich müssen gerade diese Betriebsformen große Anstrengungen unternehmen, um sich gegen ihre ‚jüngeren' Konkurrenten behaupten zu können

---

[15] Großflächige Versorgungseinrichtungen mit mindestens 10.000 qm Verkaufsfläche mit vielen Fachgeschäften.

[16] Als ‚Factory Outlet Center' werden Einkaufszentren mit mehr als 3.000 qm Verkaufsfläche bezeichnet, die in der Regel von einer Betreibergesellschaft errichtet und unterhalten werden. Diese Betreibergesellschaft vermietet zwischen 20 und 100 Geschäfte an Hersteller, die dort ihre Markenwaren unter Ausschaltung des Groß- und Einzelhandels mit deutlichen Preisnachlässen direkt an die Kunden veräußern (vgl. KÖHLER, MEIER & BOEHMER 1999: 6).

Tabelle 4.2: Entwicklung von Zahl und Verkaufsfläche der Shopping-Center von 1970 bis 1998

Jahr (jew. 31.12.)	Zahl der Shopping-Center	Gesamtfläche (qm)	Ø Fläche je Center (qm)
1970	17	563.000	33.100
1975	50	1.487.900	29.800
1980	67	1.933.500	28.900
1985	80	2.288.400	28.600
1990	95	3.026.100	31.900
1995	205	6.733.700	32.800
1996	225	7.420.200	33.000
1997	240	7.971.700	33.200
1998	266	8.626.700	32.400

Quelle: EHI 1999

Abbildung 4.4: Heutige und zukünftige Bedeutung der Betriebsformen des Einzelhandels nach Einschätzung von 171 Handelsunternehmen

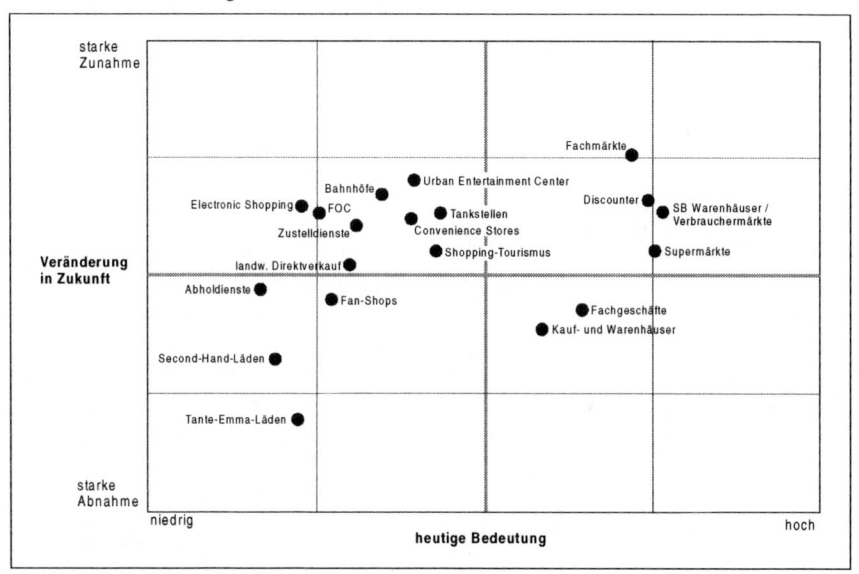

Quelle: eigene Darstellung nach ZENTES & SWOBODA 1999: 77

Standorte

Der Strukturwandel im Einzelhandel zeigt sich auch in seinen Standortentscheidungen. Während Geschäfte in Nebenlagen, Nebenzentren und im Anschluß an Wohngebiete deutlich an Bedeutung verlieren und Umsätze in Innenstädten stagnieren, verläuft die Entwicklung an dezentralen Standorten im nicht-integrierten städtischen Umland sowie ‚auf der Grünen Wiese' in den Gewerbe- und Industriegebieten expansiv (HATZFELD 1995: 22). Der allgemeine Trend zur räumlichen Dezentralisierung des Einzelhandels, zur Bildung immer größerer Handelsbetriebe mit dem Erzielen von ‚economies of scale' und zur Verlagerung der Betriebsstandorte auf die autofreundliche ‚Grüne Wiese' erscheint weiterhin ungebrochen. Auch die Bemühungen seitens der kommunalen und regionalen Gebietskörperschaften, durch restriktive Bauvorschriften das Ausbluten des innerstädtischen Einzelhandels zu verhindern, haben bisher diesen Trend nicht stoppen können.

Ein Beispiel: Im mittelhessischen Oberzentrum Gießen hat die Expansion der Verkaufsstätten auf der „Grünen Wiese" infolge eines andauernden Suburbanisierungsprozesses seit den 60er Jahren zu einer Aufteilung des Marktes in „Innenstadt", „Randstadt" und „Wohnvorort" geführt (GIESE 1999: 44). Abbildung 4.5 zeigt diese Entwicklung, die typisch für viele deutsche Städte ist. Betrug die Verkaufsfläche in randstädtischen Einkaufszentren im Jahre 1980 nur etwas mehr als 50.000 qm, so wird sie im Laufe des Jahres 2000 auf weit mehr als 150.000 qm anwachsen. Dies entspricht einer Steigerung um 240 % in 20 Jahren.

Abbildung 4.5: Ausweitung der Verkaufsflächen in den randstädtischen Einkaufszentren von Gießen 1963 bis 2000

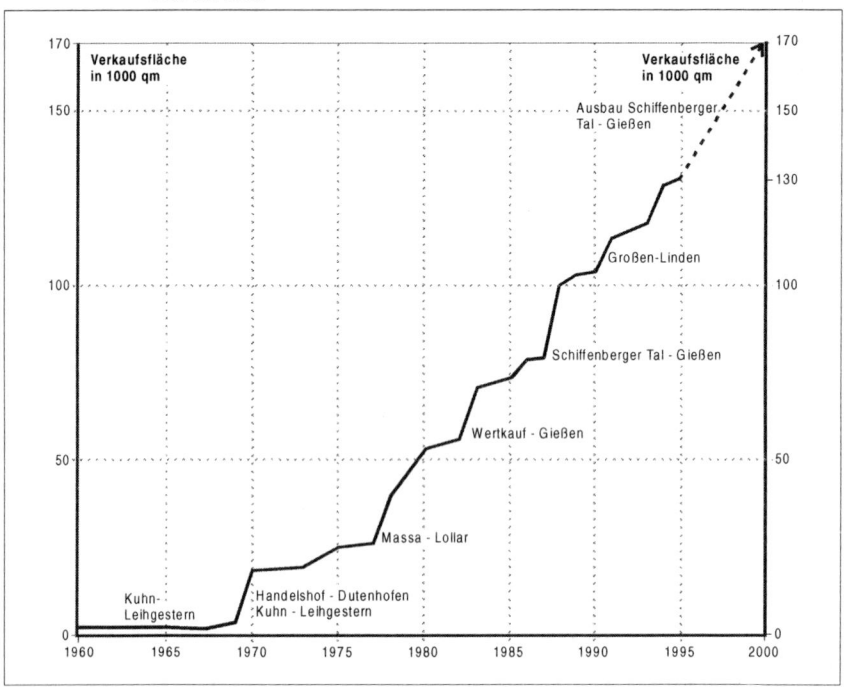

Quelle: GIESE 1999: 41, eigene Darstellung

Ladenöffnungszeiten

Ferner besteht die Frage, ob und in welcher Form einige Betriebsformen und somit indirekt auch bestimmte Standortstrukturen durch die im Sommer 1998 liberalisierten Ladenöffnungszeiten begünstigt werden und sich dadurch ein weiterer Wettbewerbsfaktor entwickelt hat..

Während die Mehrzahl der zentral gelegenen oder großflächigen Verkaufsstätten, wie SB-Warenhäuser und Verbrauchermärkte (zu 100%), Kauf- und Warenhäuser (zu 97%) sowie Fachmärkte (zu 86%), ihren Kunden heute längere Öffnungszeiten anbieten, ist dies bei kleineren Betrieben in Klein- oder Mittelzentren und isolierten Standortlagen deutlich seltener der Fall (HALK & TÄGER 1999: o. S.).

Da parallel dazu bei Verbrauchern in Städten mit über 500.000 Einwohnern und in Zentren mit starken Agglomerationen des Einzelhandels die verlängerten Öffnungszeiten auf größere Resonanz stoßen als in kleineren Gemeinden oder Ortsteilen, erscheint die Aufwertung von Standorten auf der ‚Grünen Wiese' und abgeschwächt auch von Citylagen in großen Städten als mögliche Konsequenz, die allerdings noch nicht hinreichend empirisch überprüft wurde (HEINRITZ 1999: 510).

Ob die momentan intensiv diskutierte Strategie, die gesetzlichen Ladenöffnungszeiten nur für Geschäfte in den innerstädtischen Lagen bis 22 Uhr auszudehnen, auf politischer und juristischer Ebene durchgesetzt wird, kann zum jetzigen Zeitpunkt noch nicht beurteilt werden. Deren Auswirkungen auf das Verhältnis zwischen City und „Grüner Wiese" sind ebenfalls noch nicht exakt absehbar, könnten jedoch einen deutlichen Wettbewerbsvorsprung bewirken (CRESCENTI & ROSMANITH 2000: 15).

Konjunktur

Die Unternehmensberatung BBE sieht als eine bedeutende Ursache der negativen Entwicklung die konjunkturelle Situation in Verbindung mit nur mäßig gestiegenen Realeinkommen, die anhaltend hohe Arbeitslosigkeit sowie die hohe Steuer- und Abgabenbelastung (BBE 1999: C2). Diese Faktoren wirken sich nachteilig auf das Konsumklima aus, welches den wirtschaftlichen Erfolg des Einzelhandels maßgeblich bestimmt. Unter Berücksichtigung des aktuell niedrigen Umsatzniveaus ist eine deutliche, alle Einzelhandelsbranchen umfassende reale Entlastung nicht zu erwarten. Auch die wegen der Einführung des Euro prognostizierte ‚Flucht in die Sachwerte' ist bislang weitgehend ausgeblieben.

Konsequenz

Die anhaltenden Konzentrationstendenzen des Handels, die damit einhergehende Expansion der Verkaufsflächen und die zunehmende Filialisierung führen in Verbindung mit neuen Betriebsformen zu einem harten Verdrängungswettbewerb, der die aktuelle

Situation des deutschen Einzelhandels maßgeblich prägt. Durch die konjunkturelle Schwäche des Einzelhandels erhöht sich zusätzlich der Wettbewerbsdruck. Dies gilt vor allem für kleinere und mittlere Geschäfte, die sich mit allen ihnen zur Verfügung stehenden Mitteln gegen die großen Filialisten behaupten müssen. Dabei werden verstärkt neue Marketinginstrumente eingesetzt, wie sie u.a. das Geomarketing bietet.

4.3 Nachfragestruktur

Konsumentenverhalten

Neben der Angebotssituation beeinflußt auch die Konstellation der Nachfrage die Marketingkonzeption der Einzelhandelsunternehmen.[17] So ist die Struktur der einzelhandelsrelevanten Nachfrage maßgeblich auf einige demographische Faktoren zurückzuführen (vgl. Tabelle 4.3). Im Jahre 1950 betrug der Anteil der Altersgruppe unter 15 Jahren an der deutschen Gesamtbevölkerung noch 23 Prozent, dieser Anteil reduzierte sich bis zum Jahre 1997 auf nur noch 16,1 Prozent (STATISTISCHES BUNDESAMT 1999, BAG 1998). Im gleichen Zeitraum stieg der Anteil der Personen über 65 Jahre von 9,7 Prozent auf 15,8 Prozent, die durchschnittliche Haushaltsgröße sank von 2,99 Personen auf 2,2 Personen, der Anteil der Singlehaushalte stieg von 19,4 Prozent auf 35,4 Prozent (STATISTISCHES BUNDESAMT 1999, BAG 1998).

Tabelle 4.3: Demographische Entwicklungen 1950 - 1997

	1950	1997
Anteil der Altersgruppe unter 15 Jahren (in % der dt. Gesamtbevölkerung)	23,0	16,1
Anteil der Altersgruppe über 65 Jahren (in % der dt. Gesamtbevölkerung)	9,7	15,8
Durchschnittliche Haushaltsgröße (Personen)	2,6	2,2
Anteil der Singlehaushalte (in % der dt. Haushalte)	19,4	35,4

Quellen: STATISTISCHES BUNDESAMT 1999, BAG 1998

Neben diesen sozio-demographischen Prozessen, die eine strukturelle Veränderung der Nachfrage bewirkt haben, tragen auch Verhaltensänderungen der Konsumenten dazu bei, daß die Nachfragemuster von den Einzelhandelsunternehmen regelmäßig neu bewertet sowie die eigene Angebotspolitik permanent überprüft und gegebenenfalls angepaßt werden muß. Als bedeutendste Entwicklungen des Wertewandels sind an dieser Stelle die zunehmende Polarisierung der Bedürfnisse, die Individualisierung des Konsums bei möglichst hoher Bequemlichkeit („Convenience") und die steigende Bedeutung der Freizeit zu nennen.

---

[17] Zum Konsumentenverhalten vgl. TROMMSDORFF (1993), KROEBER-RIEHL & WEINBERG (1996), MÜLLER-HAGEDORN (1998)

Die Polarisierung der Bedürfnisse wird durch ein zunehmendes Preisbewußtsein bei Gütern des Grundbedarfs und die gleichzeitig gestiegene Ausgabenbereitschaft bei Individual- und Lebensstilprodukten geprägt, so daß in diesem Zusammenhang von „hybriden Kunden" gesprochen wird (KPMG 2000: 2). Dabei sind die Präferenzen der Konsumenten stark differenziert, so daß das Angebot nicht mehr ausschließlich aus standardisierten Massenprodukten bestehen kann, sondern den Wünschen einzelner Kundengruppen (Segmente) angepaßt werden muß. Dabei spielt die ‚Convenience' aufgrund von veränderten Wertetrends für die sogenannten ‚smart shopper' eine bedeutende Rolle. Das Bedürfnis nach steigender Lebensqualität durch den Wegfall von Belastungen zur ‚Streßreduktion' ist eine Folge der oben genannten demographischen Veränderungen (SWOBODA 1999: 96). Hinzu kommt, daß die zunehmende Bedeutung der Freizeit die Tendenz zu einer erhöhten räumlichen Mobilität bei gleichzeitigem Wunsch nach erlebnisorientierten Einkaufsstätten widerspiegelt.

Diese Faktoren bewirken zusammengenommen eine Instabilität des Käuferverhaltens (‚shop-hopping'), welche die traditionelle, unsegmentierte Marketingstrategien als obsolet erscheinen läßt (BBE 1999: B7). Statt dessen treten Instrumente zur individuellen Marktbearbeitung in den Vordergrund.

Regionale Disparitäten

Die Ansätze des Geomarketing beruhen zu einem wesentlichen Teil auf dem Sachverhalt, daß das Nachfragevolumen regional stark variiert. Der Anteil der einzelhandelsrelevanten Kaufkraft an der gesamten Kaufkraft[18] differiert in den einzelnen Bundesländern zwischen 32,7 % in Baden-Württemberg und 38,4 % in Sachsen-Anhalt (GFK 1999A: o. S.). Dabei liegt der Bundesdurchschnitt der allgemeinen Kaufkraft bei DM 29.868 pro Jahr, für die einzelhandelsrelevante Kaufkraft verbleiben DM 10.164.

Abbildung 4.6.a zeigt die Unterschiede der einzelhandelsrelevanten Kaufkraft pro Jahr in den 5-stelligen Postleitzahlgebieten. Den diesbezüglich höchsten Wert in Deutschland weist ein PLZ-Gebiet in Düsseldorf mit über 66.000 DM auf, dagegen wurde der niedrigste Wert in Penkun mit 11.745 DM ermittelt (GFK 1999A). In Hessen schwanken die Werte noch zwischen 45.126 DM (Stadtteil in Wiesbaden) und 20.360 DM (Schwarzenborn), und sogar im Landkreis Gießen sind bei einem Maximum von DM 29.192 (Stadtteil in Gießen) und einem Minimum von DM 24.045 (Grünberg) noch Unterschiede von jährlich über 5.000 DM zu verzeichnen.

---

[18] Bei der gesamten Kaufkraft werden im Unterschied zur einzelhandelsrelevanten Kaufkraft auch Mieten, Aufwendungen für Zinsen und Sparen, Versicherungen, Autokosten, Reisen und Dienstleistungen berücksichtigt.

Einige weitere Beispiele verdeutlichen die regionalen demographischen Disparitäten (Abbildung 4.6.b): in der Bundesrepublik weist ein PLZ-Gebiet in Bremen mit 45,8 % den höchsten Anteil der Altersgruppe über 45 Jahren an der Gesamtbevölkerung auf. Hingegen wohnen in einem Berliner PLZ-Gebiet lediglich 10,8 % dieser Altersgruppe. Auch in Hessen sind die Unterschiede noch sehr groß: zwischen Bad Orb (41,3 %) und Sontra (24 %) besteht immerhin eine Differenz von 17,3 %. Sogar im Landkreis Gießen sind bedeutende Unterschiede nachzuweisen, denn 36,3 % in Rabenau stehen 25,2 % in Staufenberg gegenüber.

Abbildung 4.6: Regionale Disparitäten auf Basis der 5-stelligen Postleitzahlgebiete

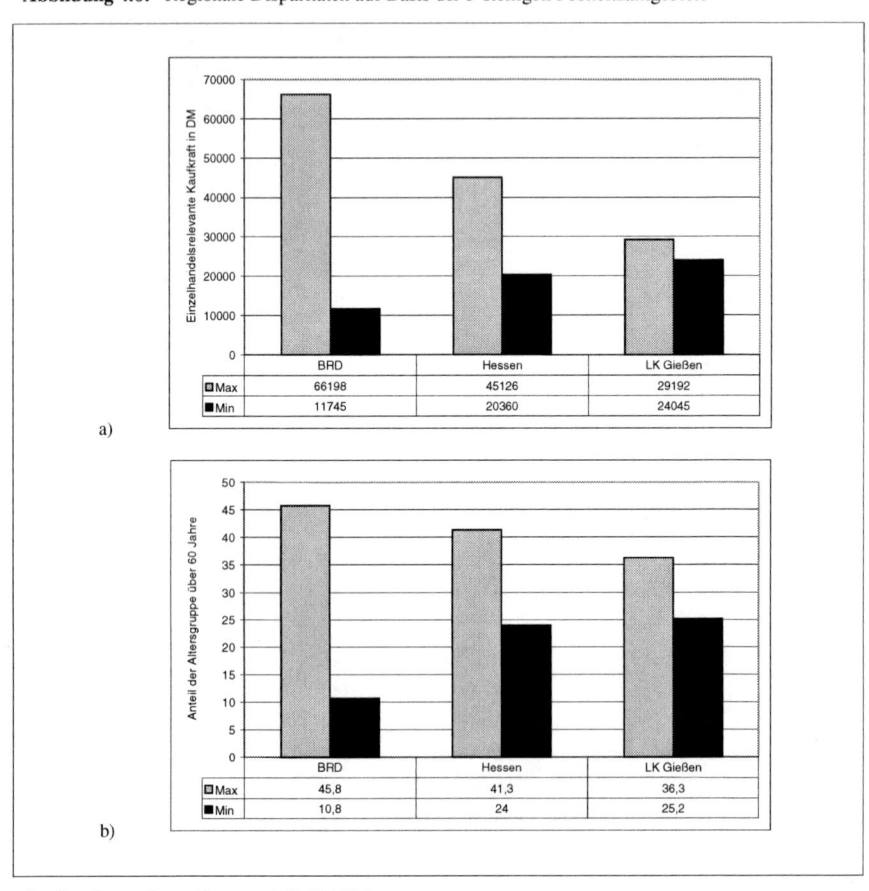

a)

	BRD	Hessen	LK Gießen
Max	66198	45126	29192
Min	11745	20360	24045

Einzelhandelsrelevante Kaufkraft in DM

b)

	BRD	Hessen	LK Gießen
Max	45,8	41,3	36,3
Min	10,8	24	25,2

Anteil der Altersgruppe über 60 Jahre

Quelle: eigene Darstellung nach GFK 1998a

4.4 Marketing im Einzelhandel

In den beiden vorangegangenen Abschnitten wurde anhand der aufgezeigten strukturellen Entwicklungen des Angebots und der Nachfragesituation dargelegt, daß in einer Situation scharfen Wettbewerbes und individualisierter Nachfrage Einzelhändler gezwungen sind, jedes hilfreiche und finanzierbare Mittel im Rahmen der Wettbewerbsverordnung zu nutzen, um sich gegenüber den Mitbewerbern behaupten zu können. Drastische Umsatzverluste in Verbindung mit unverkäuflicher Ware in überfüllten Lagern sind mittlerweile nicht mehr unbedingt eine Folge fachlicher Inkompetenz, sondern können auf die Inkompatibilität zwischen dem Standort und Angebot des Händlers einerseits sowie dem Umfeld und der Nachfrage der Konsumenten andererseits hindeuten.

Die verstärkt notwendige Kundenorientierung durch das Verstehen des Verhaltens differenzierter Nachfragegruppen kann in den meisten Fällen nicht mehr dadurch gewährleistet werden, daß in kleinen bis mittleren inhabergeführten Geschäften ein engagierter Verkäufer, der in Personalunion auch Einkäufer ist, seine Kunden über lange Zeiträume persönlich kennt und sein Sortiment so gut es geht auf deren Wünsche abstimmt. Insbesondere in den von Nicht-Teilhabern geführten Filialen regionaler oder nationaler Handelsketten sowie in größeren Fachmärkten kann diese subjektive und durchaus sinnvolle Form der direkten Marktbeobachtung nicht vom Verkaufspersonal übernommen werden. Fehleinschätzungen in bezug auf zukünftige Kundenpräferenzen können teuer werden und den geschäftlichen Erfolg beeinträchtigen oder sogar für immer beenden. Aus diesem Grunde erscheint eine rationale Entscheidungsgrundlage erforderlich. Hinzu kommt der zunehmende internationale Wettbewerbsdruck, der eine innovative Kundenpolitik der nationalen Handelsunternehmen erforderlich macht (ZENTES & SWOBODA 1999: 86).

Der dieser Arbeit zugrundeliegende raumbezogene Ansatz, mittels Geographischer Informationssysteme entscheidungsrelevante Informationen zu generieren oder aus den vorhandenen internen und externen Daten ebendiese herauszufiltern, steht auch für die Intensivierung der Suche nach einer Optimierung der betrieblichen Anstrengungen im Bereich des zielgruppenorientierten Marketing. „Offen sein für neue Strategien, aktiv und mit Begeisterung auf den Verbraucher zugehen, das wird 1999 entscheidend für den Unternehmenserfolg im Einzelhandel" (BBE 1999: C6). Dabei durchdringt Geomarketing die klassischen ‚4 P' des Marketing-Mix: Place, Price, Promotion und Product. In den folgenden vier Kapiteln wird Geomarketing im Hinblick auf diese vier Elemente analysiert.

5. GEOMARKETING IN DER STANDORTPLANUNG

5.1 Betriebswirtschaftliche Grundlagen

Als Kennzeichen jeder modernen Wirtschaft bezeichnen NIESCHLAG et al. (1994: 426) den Sachverhalt, daß „weder der Ort der Produktion mit jenem des Konsums bzw. der Weiterverarbeitung zusammenfällt, noch die Zeitpunkte beider Vorgänge unmittelbar aufeinanderfolgen". Daraus ergibt sich die betriebswirtschaftliche Notwendigkeit, angemessene Entscheidungen hinsichtlich der optimalen Verteilung von Gütern zu treffen. Folglich enthält der operative Marketing-Mix auch das Instrument ‚Place'. Damit lassen sich alle Maßnahmen zusammenfassen, die auf den Weg des Produktes vom Hersteller bis zum Konsumenten Einfluß nehmen. In der deutschsprachigen Literatur wird dies zumeist mit dem Begriff ‚Distributionspolitik' verbunden.

Die im betrieblichen Management zu treffenden Entscheidungen bezüglich dieses Marketinginstrumentes lassen sich gemäß Tabelle 5.1 klassifizieren. Zunächst kann die akquisitorische Distribution (Wege- und Organentscheidungen) von der physischen Distribution (Logistikentscheidungen) unterschieden werden (MEFFERT 1991: 118). Die akquisitorische Distribution umfaßt alle Maßnahmen, die den unmittelbaren Kontakt zwischen Anbieter (Produzent, Händler) und Nachfrager (Konsument) betreffen. Bezüglich des Distributionsweges wird zwischen direkter und indirekter Distribution differenziert, wobei durch den Bezug der vorliegenden Arbeit auf den Einzelhandel hier die indirekte Distribution analysiert wird. Organentscheidungen sind auf die Wahl geeigneter Geschäftstypen fokussiert, die an der Lösung der Distributionsaufgabe teilnehmen sollen. Hier wird die Optimierung des Absatzweges (WÖHE 1996: 717) vorgenommen. Schließlich werden im Rahmen logistischer Entscheidungen alle Fragen der Kosten-, Zeit- und Planungsminimierung zusammengefaßt.

Tabelle 5.1: Distributionsentscheidungen im Einzelhandel

	Variable	Variablenausprägung
Akquisitorische Distribution	Wegeentscheidungen	Direkte Distribution Indirekte Distribution
	Organentscheidungen	Geschäftsleitung Verkaufsabteilung Reisende Vertreter, Kommissionäre, Makler Messen, Ausstellungen Geschäftstypen
Physische Distribution	Logistikentscheidungen	Kostenoptimale Belieferung Zeitoptimale Belieferung Planungsoptimale Belieferung

Quelle: KOPPELMANN 1997: 114

Die Vorteile der Distribution durch den Absatzmittler Einzelhandel bestehen vor allem aus verbesserten Möglichkeiten zur Kenntnis und Versorgung geographisch abgegrenzter Marktregionen (vgl. auch Kapitel 4.1). Statt die produzierten Güter zentral zu vertreiben, schafft die dezentralisierte Distribution ein Vertriebsnetz, das flexibler und schneller auf die Nachfragebedingungen reagieren kann.

„Marktwirtschaft ist ein Suchprozeß. Die Anbieter sind ständig auf der Suche nach Marktlücken: Um Bedarfsänderungen Rechnung zu tragen, entwickeln innovative Hersteller neue Produkte. Um die distributive Unterversorgung von Randzonen des Absatzgebietes zu beseitigen, erschließt der Einzelhandel neue Standorte" (WÖHE 1996: 721).

Im Rahmen des betriebswirtschaftlichen Zieles der Distributionsoptimierung und innerhalb der Suche nach Marktlücken können zwei Formen der Standortentscheidungen des Einzelhandels unterschieden werden. Die Standortsuche als Planung geeigneter neuer Standorte bei gegebener Marketingkonzeption einer Handelsunternehmung steht der Standortbewertung als konzeptionelle Aufgabe einer Handelsunternehmung für einen gegebenen Standort gegenüber (SCHEUCH 1996: 319). Die Standortsuche wird von LÖFFLER (1999: 48 f.) als „prognostische Simulation" bezeichnet, während die Standortbewertung den Charakter einer Ist-Analyse aufweist. Dieser Unterscheidung entspricht die inhaltliche Struktur von Kapitel 5. Abschnitt 5.2 behandelt die Planung neuer Standorte, anschließend wird in Abschnitt 5.3 die Markteinpassung bestehender Outlets untersucht.

Um die Wahl eines möglichst optimalen Standortes in Bezug auf das Unternehmensziel zu realisieren, ist die Quantifizierung und Operationalisierung der Grundlagen von Standortentscheidungen notwendig (SCHÄTZL 1992: 33, LÖFFLER 1999: 54 ff.). CLARKE (1999) unterscheidet in diesem Zusammenhang drei Entwicklungsphasen der

Standortplanung im Handel. Demnach wurden in der ersten Phase die betrieblichen Standortentscheidungen auf der Basis von „Intuition, Checklisten und Analogieverfahren" getroffen (CLARKE 1999: 9 ff.). Seit Mitte der 80er Jahre wurden in der zweiten Phase zunehmend Geographische Informationssysteme eingesetzt. Die dritte, gerade entstehende Phase ist demzufolge durch fortgeschrittene Optimierungsmethoden gekennzeichnet.[19]

Zur quantitativ gestützten Entscheidungsfindung müssen in der Regel außerordentlich komplexe Daten zu entscheidungsfähigen Informationen aufbereitet werden. Zur digitalen Weiterverarbeitung und Verwaltung der bestehenden Datensätze hat sich seit der oben genannten zweiten Phase ein zielgerichteter EDV-Einsatz unter Verwendung von Datenbank-Management-Systemen und Geographischen Informationssystemen zum Standard entwickelt. Sollen über mathematisch-statistische Analysen hinaus sinnvolle Entscheidungsgrundlagen extrahiert werden, können diese besonders gut in Form von Karten visualisiert werden, deren Inhalt das menschliche Auge schnell erfassen und verarbeiten kann. Nicht nur die reine Datenfülle setzt den EDV-Einsatz voraus, sondern auch die Möglichkeit eines schnellen und flexiblen Zugriffes auf methodische Anwendungen. So sind die meisten statistischen oder raumbezogenen Auswertungen zwar auch ohne Computer durchführbar, aber nur auf Kosten eines unzumutbaren Zeitaufwandes (vgl. Kapitel 3.3).

Neben den Vorteilen, welche die EDV bezüglich effizientem Datenmanagement und unterstützter Methodenvielfalt bietet, soll nun auch auf die zeitbezogenen Aspekte der angewandten Distributionspolitik hingewiesen werden. Operative Entscheidungen pro oder contra eines Standortes können von den meisten Unternehmen nicht über Jahre verzögert werden, sondern müssen situationsbedingt möglichst schnell getroffen werden. Ein schnelles Reaktionspotential ist vor dem Hintergrund der umkämpften regionalen Marktanteile außerordentlich bedeutsam und kann nur durch den Einsatz von computergestützten Systemen erreicht werden, die prompte und gleichzeitig standardisierte Auswertungen vornehmen, welche wiederum je nach Situation angepaßt oder erweitert werden.

Wie können Geographische Informationssysteme (GIS) und die darin integrierten Methoden des raumbezogenen Marketing der Entscheidungsunterstützung der Distributionsproblematik dienen? Dieser Frage wird in den beiden nächsten Abschnitten nachgegangen.

---

[19] Im Rahmen der vorliegenden Arbeit werden Standortkataloge und Analogieverfahren der ersten Phase nicht näher erläutert. Zusammenfassungen dieser Methoden finden sich u.a. bei OPENSHAW (1995: 150 ff.), SCHEUCH (1996: 319 ff.), MÜLLER-HAGEDORN (1997: 280 ff.), CLARKE (1999: 8 ff.) und HEINRITZ (1999: 33 ff.). Die Methoden der zweiten und dritten Phase werden in den Abschnitten 5.2 und 5.3 vorgestellt.

5.2 Standortplanung

"Historically, a general business sense and a review of relevant real estate, traffic and residual patterns were sufficient to select potential sites" (WHITENER & DAVIS 1998: 41).

Diese einfache und subjektiv geprägte Handlungsweise ist in Anbetracht einer entscheidenden Frage der unternehmerischen Existenz heute nicht mehr ausreichend. Statt dessen werden zunehmend rational entwickelte und in der Praxis einsetzbare Methoden verwendet, um geschäftliche Chancen zu erkennen und um finanzielle Risiken, die mit der Eröffnung einer neuen Verkaufsstelle verbunden sein können, schon im Vorfeld weitgehend zu vermeiden. Wie bereits in der Einleitung dieses Kapitels erläutert, ist die Standortplanung ein elementarer Teil des Prozesses, der einer Optimierung der indirekten akquisitorischen Distribution dient. Geographische Informationssysteme werden mit dem Ziel eingesetzt, diese Entscheidungsfindung zu rationalisieren, zu beschleunigen und zu verbessern. Dabei erscheint es bemerkenswert, daß nicht nur große Handelsunternehmen Geographische Informationssysteme einsetzen, sondern zunehmend auch mittelständisch geprägte Filialisten mit weniger als zehn Outlets. Hingegen ist Geomarketing mittels GIS bei inhabergeführten Einzelgeschäften, die abwägen, eine zweite oder dritte Filiale zu eröffnen, nur sehr begrenzt verbreitet. Eine Ausnahme bilden hier diejenigen Geschäfte, welche entweder einem Franchise-System angehören oder sich einer Handelsgenossenschaft angeschlossen haben.

Generell lassen sich zwei unterschiedliche Aufgabenkomplexe im Bereich der Standortplanung differenzieren. Auf der einen Seite dient die Standortbewertung dazu, konkrete Vorschläge für neue Standorte angesichts ihrer potentiellen Rentabilität zu evaluieren. Dies ist zumeist bei großen Handelsunternehmen (z.B. Tengelmann, Metro) der Fall, wenn unternehmensexterne oder -interne Immobilienmakler geeignete Objekte ausfindig machen und deren Attraktivität unternehmensintern geprüft werden soll. Eine solche Strategie wird als ‚Bottom-Up'-Ansatz bezeichnet.

Die Standortsuche hingegen ist nicht auf die passive, objektbezogene Bewertung beschränkt. Vielmehr wird aktiv in einer gegebenen Region (z.B. einem Bundesland oder Landkreis) nach einem erfolgversprechenden Standort gesucht, wobei sich die Suche zunächst auf die kleinste regionale Einheit begrenzen muß, die in das Informationssystem eingebunden ist.[20] Erst nachdem Standorte ermittelt wurden, die dem individuellen Anforderungskatalog entsprechen, richtet sich die Suche auf die geeigneten Objekte. Diese Vorgehensweise wird als ‚Top-Down'-Ansatz bezeichnet.

---

[20] Stellen z.B. fünfstellige Postleitzahlregionen die kleinste geometrische Einheit des Informationssystems dar, so kann auch lediglich eine Suche auf dieser Ebene erfolgen. Deshalb werden zunehmend Daten auf Straßenebene zur Standortplanung verwendet.

Der ‚Bottom-Up'-Ansatz und der ‚Top-Down'-Ansatz unterscheiden sich ferner dadurch, daß die Bewertung von Mikro- und Makro-Faktoren in umgekehrter Reihenfolge erfolgt. Als Mikro-Faktoren lassen sich alle endogenen Aspekte bezeichnen, die für das eigentliche Objekt eine Rolle spielen, wie etwa die Bewertung des baulichen Zustands und die Prognose der Unterhaltungskosten der Immobilie. Hingegen kann man alle exogenen Einflußfaktoren, welche die regionale Attraktivität des potentiellen Standortes definieren, als Makro-Faktoren zusammenfassen. Im Fall der Standortbewertung erfolgt in der Regel die Analyse der Mikro-Faktoren vor der makroökonomischen Betrachtung. Diese Sequenz erfolgt bei der aktiven Standortsuche genau umgekehrt. Trotz dieser unterschiedlichen Chronologie können beide Verfahren mit den gleichen Informationssystemen sowie den gleichen Daten und Methoden durchgeführt werden.

5.2.1 Standortsuche

Zur Analyse der Eignung eines Standortes zur Neuansiedlung sowie zur flächenhaften Suche geeigneter Standorte werden nur unternehmensexterne Daten verwendet: aus diesem Grunde stellt der Einsatz von GIS zur expansiven Standortsuche einen Sonderfall im Geomarketing dar (SALVANESCHI 1999: 175). Unternehmensinterne Daten liegen nur indirekt in den ausgewählten Standortfaktoren verborgen, indem aus der Liste aller Standortfaktoren die für das Unternehmen entscheidungsrelevanten ausgewählt und bewertet werden. So sind beispielsweise für Unternehmen der Lebensmittelbranche die Einkommensverhältnisse weniger relevant als für den Möbelhandel, da sich die Ausgaben für Lebensmittel im Gegensatz zu längerfristigen Gütern über alle Einkommensgruppen relativ stetig verteilen. Diese Erkenntnisse leiten sich aus vorgelagerten Untersuchungen ab - z.B. durch die Korrelation von regionalen Umsatzzahlen mit den entsprechenden, zur Verfügung stehenden Variablen, die bei speziellen Datenanbietern erstanden wurden. Aus diesem Sonderfall ergibt sich als Konsequenz, daß die Selektion und Qualität der externen Marktdaten sowie die eingesetzte Methodik von besonderer Bedeutung sind. Auch laut HEINRITZ (1999: 34) haben die Konstruktionsregeln von Einzugsgebieten bei der Standortsuche einen besonders entscheidenden Einfluß.

Zur Standortplanung im Einzelhandel gehört nach NITSCHE (1998: 184 f.) „die Bewertung des Marktgebietes, und zwar in Hinsicht auf das Potential, die Kunden und die Mitbewerber im Einzugsgebiet". Gemäß dieser Systematisierung besteht hier zunächst das methodische Problem der Abgrenzung potentieller Einzugsgebiete unter Berücksichtigung nicht vorhandener unternehmensinterner Daten. Daran anschließend steht die Kundenstruktur, das vorhandene Marktpotential sowie die Situation der Mitbewerber im Blickpunkt der Betrachtung.

Potentielle Einzugsgebiete

Die Dimension eines Einzugsgebietes (EZG) wird von den Potential- und Wettbewerbsfaktoren beeinflußt und umgekehrt, so daß hier ein gegenseitiges Abhängigkeitsverhältnis besteht. Im Vorfeld einer Standortplanung ist es zur Evaluierung von Kunden, Potential und Wettbewerbern zunächst notwendig, anhand einfacher Berechnungen ein vorläufiges EZG zu ermitteln, auch wenn sich dessen Grenzen nach erfolgter Eröffnung der Filiale teilweise deutlich vom tatsächlichen EZG unterscheiden (SEGAL 1998: 2).

Es können drei Hauptformen der Kalkulation potentieller EZG unterschieden werden. Dies sind Pufferzonen, fahrentfernungsabhängige (drive distance) und fahrtzeitenabhängige (drive time) EZG.

Pufferzonen werden gebildet, indem die geographischen Standortkoordinaten eines Outlets als Mittelpunkt eines Kreises verwendet werden. Der Radius der Kreise stellt die geplante Reichweite dar. Werden gewichtete EZG in die Untersuchungen einbezogen (z.B. Kern-, Erweiterungs- und Distanz-EZG oder primäre, sekundäre und tertiäre EZG), so können auch mehrere Puffer mit unterschiedlicher Reichweite gebildet werden, die allgemein als Korridore bezeichnet werden. Da bis auf den innersten Puffer alle weiteren EZG eine innere und äußere Begrenzungslinie aufweisen (z.B. 5 km und 10 km), spricht man in diesem Falle - aufgrund der visuellen Ähnlichkeit der entstandenen EZG mit dem amerikanischen Gebäck - auch häufig von ‚Doughnuts' (vgl. Kapitel 3.3).

Der gravierende Nachteil dieser einfachen, in fast jedem GIS implementierten Methode ist die Tatsache, daß sie auf der Entfernung per Luftlinie beruht, was in den meisten Fällen nicht den realen Gegebenheiten vor Ort entspricht. Autobahnen, Flüsse oder Berge erweitern oder limitieren die Ausdehnung der EZG. In Abbildung 5.1 wird eine Limitation dargestellt: von allen Positionen innerhalb dieses Segmentes der 5-km-Pufferzone ist der potentielle Standort nur über eine der beiden eingetragenen Brücken zu erreichen, wodurch sich die zurückzulegende Entfernung fast überall verdoppelt. Der dunkelgrau getönte Bereich gehört also nicht zum potentiellen EZG.

Durch die ebenfalls in den meisten GIS enthaltene Methode der Verschneidung (vgl. Kapitel 3.3) kann die Pufferzone mit der geometrischen Linie des Flusses verschnitten werden. Anschließend kann das entstandene Reststück jenseits des Flusses gelöscht und dadurch nicht mehr in der Analyse berücksichtigt werden. Diese korrigierte, aber umständliche Methode der segmentbezogenen Analyse wird allerdings in der Praxis nur sehr selten angewendet.

Trotz der allgemein bekannten Einschränkungen der Pufferzonen und Korridore zur Verwendung bei der Generierung potentieller EZG werden diese in der Praxis häufig ohne anschließende segmentanalytische Korrektur eingesetzt. Bei den Anbietern von distanz- oder fahrtzeitabhängiger Lösungen hat sich daher der Spruch ‚Wer nichts weiß, zieht einen Kreis' etabliert.

Abbildung 5.1: Randsegment einer Pufferzone

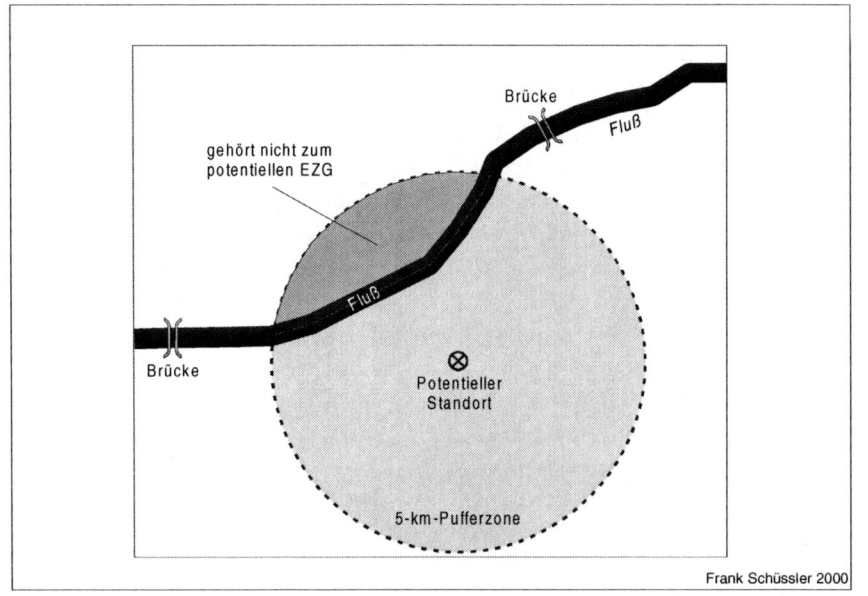

Quelle: eigene Darstellung

Im Gegensatz zu Pufferzonen beruhen mittels Fahrdistanzen oder Fahrzeiten gebildete EZG auf Entfernungen, die anhand des tatsächlichen Straßenverlaufes ermittelt werden. Infolgedessen werden die oben angesprochenen Limitationen umgangen, insbesondere die Annahmen kreisrunder EZG und die Vernachlässigung von Barrieren werden aufgehoben. Die vektorielle Darstellung des Straßennetzes ermöglicht es, im GIS alle Positionen auszuwählen, die innerhalb einer vorgegebenen Distanz liegen oder die innerhalb einer vorgegebenen Zeit erreicht werden können und somit das EZG bilden. Fahrdistanzen und Fahrzeiten unterscheiden sich insbesondere dadurch, daß die Ausgestaltung des Straßennetzes (beispielsweise BAB, Straßen erster, zweiter, dritter Ordnung) bei Fahrdistanzen unberücksichtigt bleibt, während sie bei Fahrzeiten in Form einer unterschiedlichen Überwindungszeit berücksichtigt wird (vgl. Abschnitt 3.3.3.1).

Einige finanzielle und technische Gründe sprechen momentan noch gegen den verbreiteten Einsatz dieser methodisch wesentlich überzeugenderen Vorgehensweise. Detaillierte, routenfähige Straßendaten sind noch vergleichsweise teuer. Ferner sind die Anforderungen an die im GIS zu implementierenden Daten sehr hoch. Zudem muß eine spezielle, routenfähige Topologie ausgebildet sein. Diese Straßendaten erhöhen die Kosten für die Geomarketing-Anwender deutlich; hinzu kommt, daß in einigen GIS-Anwendungen keine Module zur Netzberechnung enthalten sind. So ist das speziell für Geomarketing konzipierte und weit verbreitete Programm MAPINFO PROFESSIONAL auch in seiner fünften Version nicht in der Lage, Fahrtzeiten zu berechnen. Für MAPINFO und einige andere GIS wird diese Option erst durch den zusätzlichen Kauf von kostspieligen Programmerweiterungen (sog. ‚Add-Ins') erschlossen.

Abbildung 5.2 zeigt einen einfachen Vergleich zwischen Korridor- und Fahrdistanzmethode in der Region Mittelhessen. Von einem potentiellen Standort in Biebertal sind zunächst drei Korridore bis 5, 10 und 15 km Entfernung gepuffert worden. Anschließend wurden anhand des Straßennetzes Fahrdistanzen ermittelt, ebenfalls für 5, 10 und 15 km. Zwei Aspekte werden sichtbar: zum einen ist das potentielle EZG wesentlich kleiner, wenn mit Straßenkilometern statt mit Luftlinienentfernungen gerechnet wird. Dies gilt selbst dann, wenn die erreichbaren Straßenabschnitte nochmals mit einem 1-km-Puffer abgedeckt werden, der in Abbildung 5.2 grau hinterlegt ist. Die zweite Auffälligkeit betrifft die Form der EZG. Während die Straßenabschnitte im Norden und Süden der betrachteten Region deutlich in den 15-km-Puffer hinein reichen, ist dies im Westen nicht und im Osten weniger der Fall. Die Ursache liegt - wie bereits oben angedeutet - in der stärkeren Berücksichtigung realer Gegebenheiten.

Geomarketing in der Standortplanung 107

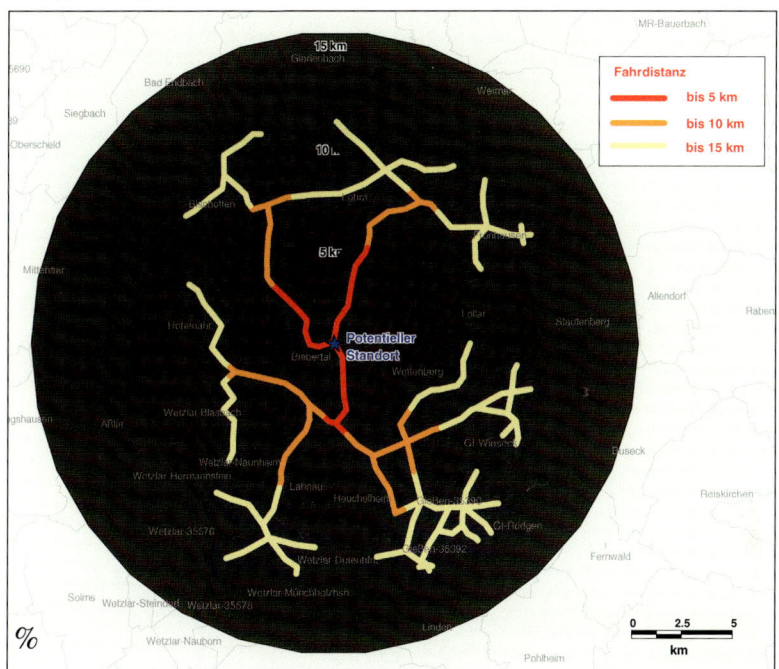

Abbildung 5.2: Vergleich zwischen Korridor- und Fahrdistanzmethode

Quelle: eigene Darstellung

Neben diesen einfachen Methoden der Bestimmung des EZG sind verschiedene komplexe Modelle entwickelt worden, die anhand einer mathematische Modellierung die Realität abzubilden versuchen. Als wichtigste mathematische Grundlage für diese Modelle dient in der Regel das ‚Schwerkraftgesetz für den Einzelhandel', welches von W. J. REILLY auf der Basis der Newton'schen Gravitationstheorie entwickelt wurde (REILLY 1929). Es besagt, daß zwei konkurrierende Angebotszentren (z.b. Outlets des Einzelhandels) die Kaufkraft eines zwischen ihnen liegenden Ortes proportional zur Zahl der Einwohner in den Zentren und umgekehrt proportional zur quadrierten Entfernung zum Untersuchungsort auf sich ziehen. Die vielfältigen Modifikationen dieses einfachen Modells durch CONVERSE (1949), HUFF (1963, 1977, 1984) und WILSON (1967) sind in den meisten vektororientierten Desktop-GIS nicht implementiert und finden in Handelsunternehmen kaum Beachtung (vgl. auch Kapitel 3.3.3.1).

Da diese Modelle strengen Limitationen unterliegen sowie die Einflußfaktoren oft nur sehr aufwendig zu operationalisieren und zu kalibrieren sind, tragen sie nicht maßgeblich zur Verbesserung der Entscheidungssituation im Einzelhandel bei.[21] Ferner argumentiert SEGAL (1998:2): *„Moreover, gravity models basically are sophisticated algorithms, which may not be appropriate for non-technical analysts"*. Damit deutet er an, daß komplexe Analysen durchaus akzeptable Ergebnisse liefern können. Gleichzeitig zweifelt er aber an, daß diese Ergebnisse wegen der methodischen Komplexität in die Entscheidungen von Einzelhändlern einfließen. LÖFFLER (1999: 57) stellt in Frage, daß aufgrund der zeitaufwendigen Modellbildung und des damit verbundenen hohen finanziellen Aufwandes diese Methoden in Zukunft häufigere Anwendungen finden. Die Ergebnisse seines Vergleiches zwischen empirischen Methoden und mathematischen Modellen sind in Tabelle 5.2 zusammengefaßt.

---

[21] Zur Modellierung von Einzugsgebieten vgl. auch TIETZ (1993: 217 ff.), NORTHWOOD GEOSCIENCE (1996: 20 ff.), CHOU (1996: 353 ff.) und LÖFFLER (1999: 45 ff).

Tabelle 5.2: Stärken und Schwächen empirischer Modelle und mathematischer Methoden

	Empirische Methoden	Mathematische Modelle
Stärken	- kaum Vorkenntnisse erforderlich - kurzfristig durchführbar - problemlose Auswertung und Feststellung der Marktgebiete	- kurzfristig durchführbar, wenn kalibriertes Modell vorhanden - für Schätzung monetärer Größen geeignet - problemlose Auswertung und Feststellung der Marktgebiete - Ergebnisse überprüfbar - simulations- bzw. prognosefähig
Schwächen	- Repräsentativität - Hochrechnung monetärer Größen - Ergebnisse nicht überprüfbar - nur für bestehende Angebotsstandorte einsetzbar, nicht simulations- oder prognosefähig	- umfassende Vorkenntnisse erforderlich - umfassender Forschungsbedarf erforderlich, wenn kein kalibriertes Modell vorhanden
Kosten	- abhängig vom Stichprobenumfang	- abhängig von der Verfügbarkeit eines Modells

Quelle: LÖFFLER (1999:60)

Wettbewerbssituation

Die Kernfragen hinsichtlich der Analyse und Prognose der Wettbewerbssituation lauten, welche Anteile des Potentials vor und nach der Neuansiedlung von Mitbewerbern abgeschöpft werden können und - daran anknüpfend - wie hoch der regionale Marktanteil des zu eröffnenden Geschäftes voraussichtlich sein wird.

Zunächst stellt sich für die Entscheidungsträger in Einzelhandelsunternehmen die Aufgabe, potentielle Mitbewerber im EZG zu ermitteln und deren Outlets innerhalb des Geomarketing-Systems zu lokalisieren. Dazu werden i.d.R. Firmendatenbanken professioneller Adressbroker genutzt. Eine große Zahl von Unternehmen (wie z.B. DETEMEDIEN, AZ BERTELSMANN, HOPPENSTEDT, BAUFELDT & PARTNER oder auch TREBBAU) hat sich auf die Lieferung von Branchenadressen samt qualifizierender Zusatzdaten zur Unterstützung des Direktmarketing spezialisiert. So können beispielsweise Unternehmen des Möbeleinzelhandels gezielt Branchenadressen für ihr regionales Verflechtungsgebiet erstehen.

In diesem Zusammenhang kommt einer methodischen Funktionalität Geographischer Informationssysteme eine besondere Bedeutung zu: der Geocodierung (vgl. Kapitel 3.3). Anhand des Vergleiches raumbezogener Merkmale von Firmenadressen (zumeist fünfstellige Postleitzahlen oder Straßenname samt Hausnummer) mit Attributen der geometrischen Objekte im GIS erfolgt die geographische Zuordnung der Adressen auf eindeutige Punkte, Linien oder Flächen der virtuellen Landkarte. Ist die kleinste räumliche Ebene im GIS lediglich das fünfstellige Postleitzahlgebiet (Zustellbezirk), so erfolgt die Geocodierung anhand des Abgleichs der PLZ in Geometrie- und Attributdatenbank; das Outlet eines potentiellen Mitbewerbers wird folglich innerhalb der Fläche des jeweiligen geometrischen Objektes plaziert. Entsprechend dazu verläuft die Geocodierung auf der Basis von Straßenabschnitten. Hierbei reicht allerdings nicht nur ein Eintrag aus der Datenbank zur Verortung aus, sondern zusätzlich zur Postleitzahl müssen auch Straßennamen und Hausnummern bzw. Hausnummernbereiche hinzugezogen werden.

Das Ziel der Geocodierung besteht somit darin, die zugeführten Adressen richtig, schnell und vollständig anhand der vorgegebenen Geometrien zu lokalisieren. Allerdings besteht zumeist ein Zielkonflikt, denn ein auf Richtigkeit bedachtes Programm wird im Zweifelsfall eine Adresse nicht geocodieren, so daß die Vollständigkeit der Geocodierung beeinträchtigt wird. Wird jedoch eine besonders vollständige und sichere Geocodierung verlangt, so wird die Geschwindigkeit eines solchen Systems maßgeblich verlangsamt, da der Anwender selbst manuell eingreifen muß (MICROM 1998).

Um dem Anwender die Möglichkeit zu geben, selbst eine Gewichtung der Ziele ‚Schnelligkeit' und ‚Vollständigkeit' vorzunehmen, können bei den leistungsfähigeren Geocodier-Tools (z.B. CARDY AMAGEO, MICROM GEOCODER) beeinflussende Parameter definiert werden, die z.b. eine Optimierung der Geschwindigkeit bei geringerer Rate der geocodierten Adressen bewirken. Ein negativer Nebeneffekt entsteht, indem mit zunehmender Kleinräumigkeit und Genauigkeit der Geocodierung die Vercodungsraten deutlich sinken (MICROM 1998). Eine Geocodierung auf der relativ groben räumlichen Ebene der fünfstelligen Postleitzahlen ist deutlich einfacher, als die komplexe Zuordnung einer Adresse zu einem Straßenabschnitt. Bei der Zuordnung von Adressen zu Postleitzahlgebieten oder Straßenabschnitten können einige Probleme entstehen, die in Tabelle 5.3 aufgeführt sind. Die Alternative zur selbständigen Geocodierung von Branchenadressen besteht darin, bereits vom Anbieter geocodierte und validierte Datenbanken zu kaufen, die schnell und problemlos in Geographische Informationssysteme integriert werden können oder schon durch die Schnittstelle zu einem GIS zu einem Komplettsystem vereint sind (z.B. von GENI, INFAS, GENIOS).

Tabelle 5.3: Probleme der Geocodierung von Adressen

Problem	Beispiel
Falsche, fehlende oder alte Postleitzahl:	4O123 statt 40123, 1234 statt 01234
Fehlende Umlaute:	ue statt ü
Versalien:	GEISSBACHSTR. statt Geißbachstr.
Unterschiedliche Schreibweisen für ‚Straße':	Str., Strasse, Straße
Buchstabendreher:	Wielandstr. statt Weilandstr.
Schreibfehler:	ss/ß, ei/ai/ay/ey, c/z, i/y, d/t, p/b, ...
Fehlende oder eingefügte Bindestriche:	Hans Sachs Str. oder Hans-Sachs-Str.
Problematische Abkürzungen:	H. Sachs Str., O. v. Miller Ring, Weilandpl.
Weglassungen:	Waldesruh statt An der Waldesruh, Nobel statt Nobelstr.
Fehlende oder hinzugefügte Trennung:	Ruhrstraße oder Ruhr Straße
Änderungen des Straßennamens:	Karl-Marx-Allee in Franz-Josef-Strauß-Str.
Postfachadresse statt Zustelladresse:	PLZ von Großbetrieben sind nicht räumlich verortet

Quelle: MICROM 1998: o. S., ergänzt

Durch die kartographische Darstellung der Wettbewerber mit Hilfe des GIS wird bereits sichtbar, wie viele Betriebe sich im potentiellen EZG befinden. Räumliche Unternehmenskonzentrationen können somit einfach visualisiert werden. Die weiteren Analysemöglichkeiten richten sich nach Quantität und Qualität der qualifizierenden Zusatzinformationen zu jeder Adresse. Die wichtigsten Größen in diesem Zusammenhang stellen der Umsatz und die Verkaufsfläche dar. Da Umsatzdaten nicht für alle Mitbewerber bekannt sein können, dient die Größe der Verkaufsfläche - auch in Verbindung mit der Zahl der Kassen - als Indiz für die Höhe des Umsatzes. Dabei wird davon ausgegangen, daß pro Quadratmeter Verkaufsfläche der branchenübliche Jahresumsatz erzielt wird. So wurden 1996 im Möbeleinzelhandel 2.570 DM/m² umgesetzt, im Bereich Textil 7.100 DM/m², im Sporthandel 7.160 DM/m², im Lebensmitteleinzelhandel 9.090 DM/m², im Fotohandel 14.870/m² und im Handel mit Tabakwaren gar 27.970 DM/m² (EHI 1998). Das GIS ermöglicht es nun, die lokalisierten Outlets der Wettbewerber auf der räumlichen Basis des potentiellen Einzugsgebietes zu selektieren und deren Flächen- oder Umsatzdaten zu summieren. Abbildung 5.3 zeigt die Ergebnisse der Auswertung, wie sie in MAPINFO ausgegeben werden können. Diese einfachen Selektions- und Aggregationsfunktionen sind in den meisten GIS enthalten (vgl. Abschnitt 3.3).

Abbildung 5.3: Statistikfenster in MAPINFO

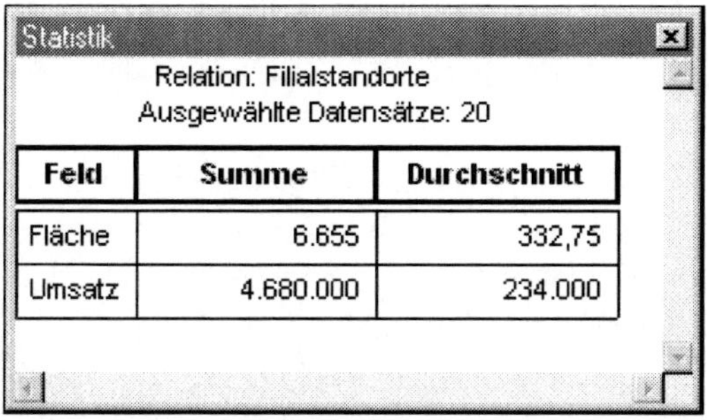

Feld	Summe	Durchschnitt
Fläche	6.655	332,75
Umsatz	4.680.000	234.000

Relation: Filialstandorte
Ausgewählte Datensätze: 20

Struktur und Marktpotential

Nachdem ein provisorisches EZG ermittelt und die Lage der Standorte der wichtigsten Wettbewerber analysiert wurde, stellt sich den Entscheidungsträgern anschließend die Frage nach der Zahl und Struktur der dort lebenden potentiellen Kunden, um das Umsatzpotential des geplanten Outlets zu quantifizieren. Die Kernfrage lautet: Wie groß ist das Marktpotential für ein Outlet und für die dort angebotenen Produkte oder Produktgruppen? Diese Frage kann nur beantwortet werden, indem eine zielgruppenspezifische Selektion und anschließende Aggregation sozio-demographischer und sozioökonomischer Daten im EZG im Vorfeld der Prognose erfolgt. Durch den Vergleich zwischen dem bestehenden Angebot (z.b. in Form der VK-Fläche oder des Umsatzes der Wettbewerber) und der existierenden Nachfrage (z.b. in Form von demographischen Größen oder Kaufkraftdaten) können Kennzahlen gebildet werden, die als entscheidungsrelevate Faktoren in die Standortbewertung einfließen.

Die wichtigste angebotsorientierte Kennzahl dieser Art ist in den meisten Anwendungen, wie z.B. MARIS von GENI, die ‚Arealität‘, die in anderen Systemen auch ‚Flächen-Bevölkerungs-Index‘ (FBI) genannt wird. Stellt man der aggregierten Verkaufsfläche im EZG die Zahl der dort lebenden Bevölkerung entgegen, so erhält man einen Wert, der den entsprechende Versorgungsgrad beschreibt:

Arealität = Summe der Verkaufsfläche der Mitbewerber im EZG in qm / (Einwohner im EZG / 10.000)

Um die Ausprägung der Arealität besser beurteilen zu können, wird sie in MARIS als prozentualer Anteil im Vergleich zum Bundesdurchschnitt ermittelt:

*Arealitätsindex = Arealität ^{EZG} / Arealität ^{BRD} * 100*

Ein Beispiel: beträgt die Summe der Verkaufsfläche im EZG 9.000 m² und wohnen dort 174.000 Einwohner, so leitet sich daraus eine Arealitätsziffer von 517 ab. Beträgt die durchschnittliche Arealität im Bundesgebiet 574, so ergibt sich ein Arealitätsindex von 90. Somit liegt die Arealität im EZG um 10 % unter dem bundesdeutschen Mittel der Arealität. Daraus läßt sich ceteris paribus ableiten, daß innerhalb des entsprechenden Einzugsgebietes verglichen mit dem Bundesdurchschnitt eine Angebotslücke besteht.

Wie bereits angedeutet, bilden Werte der Arealität und des hochgerechneten Umsatzes im wesentlichen einen angebotsorienterten Faktor, da die Summe der Bevölkerung als rein quantitativer Wert in die Arealität einfließt und deren sozio-ökonomische Struktur keine Beachtung findet. Um die Nachfrageseite zu berücksichtigen, müssen weitere Variablen in die Analyse einbezogen werden. Abbildung 5.4 verdeutlicht diese Notwendigkeit. Sie stellt dar, wie stark die abgebildeten Variablen in den Postleitzahlgebieten des vorher ermittelten EZG von den Durchschnittswerten des Landes Hessen abweichen.[22] Während die junge Altersgruppe bis unter 30 Jahre um mehr als 7 % und Singlehaushalte um 5 % stärker im EZG vertreten sind als im Landesdurchschnitt, liegt die Kaufkraft je Einwohner als wichtigster nachfrageorientierter Indikator etwa 4,7 % unter dem landesweiten Mittelwert. Zwar handelt es sich bei dieser Abbildung nicht um eine kartographische Darstellungsform, die veranschaulichten Daten sind jedoch mittels einer räumlichen SQL-Abfrage (vgl. Kapitel 3) aus dem Geographischen Informationssystem extrahiert und in ein Chartmodul transferiert worden.

Neben den bereits angesprochenen relativen Kaufkraftwerten ist die absolute Kaufkraft von besonderer Bedeutung, wenn das Nachfragepotential der Region bestimmt werden soll. Dazu gibt es von verschiedenen Geodaten-Anbietern spezielle Kaufkraftdaten oder von den relativen Kaufkraftziffern abgeleitete Daten, welche zur Ermittlung des absoluten Marktpotentials herangezogen werden können. Statt die in den verbreiteten Geomarketing-Systemen implementierte allgemeine Form der Arealität zu verwenden, ist es für Outlets mit einem eng definierten Kundenkreis durchaus vorteilhaft, eine zielgruppenbezogene Arealität zu verwenden (vgl. auch Kapitel 6). Dabei wird der aggregierten Verkaufsfläche im EZG nicht die Zahl der Gesamtbevölkerung entgegengestellt, sondern die Zahl der im EZG lebenden Angehörigen der entsprechenden Zielgruppe:

Zielgruppenbezogene Arealität = Summe der Verkaufsfläche der Mitbewerber im EZG / (Zielgruppe im EZG / 10.000)

Somit erfolgt nicht nur eine qualitative Verbesserung durch die Fokussierung auf potentielle Kunden, sondern überdies wird die Möglichkeit eröffnet, das Potential personenspezifischer Produktgruppen - wie etwa Kinderwagen für Paare mit Kind, Single-Küchen für Alleinstehende oder Rasenmäher für Hausbesitzer - im aktuellen EZG zu

---

[22] Optional könnte auch die Abweichung vom Bundesdurchschnitt ermittelt werden.

quantifizieren. Eine deutliche Verbesserung der Aussage im Hinblick auf die Entscheidungssituation des Einzelhändlers kann somit leicht erreicht werden.

Abbildung 5.4: Prozentuale Abweichungen demographischer und ökonomischer Kennwerte der Gemeinden im EZG Gießens vom Landesdurchschnitt

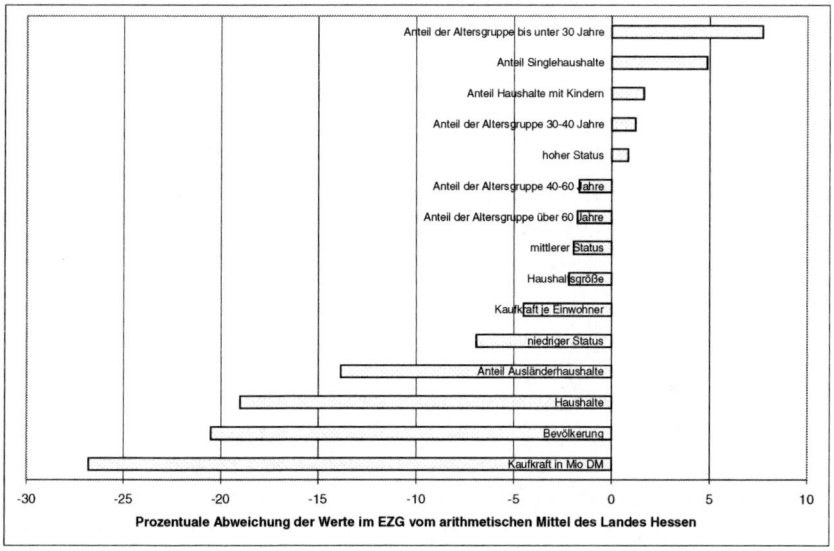

Datenquelle: GFK 1997, eigene Darstellung

5.2.2 Marktanpassung

Durch die Verwendung der GIS-Technologie im Geomarketing ist es nicht nur möglich, das Potential neuer Standorte zu prognostizieren. Darüber hinaus besteht die Möglichkeit, bereits existierende Standorte in bezug auf ihr Sortiment zu analysieren. In diesem Falle spricht man von „standortbezogenem Sortimentcontrolling" (GEOBIT 4/96: 16). Die Kernfrage lautet, ob und in welcher Form die angebotenen Waren und Dienstleistungen mit dem aktuellen Einzugsgebiet kompatibel sind.

Im Rahmen der Marketingmaßnahmen ist es angebracht, anhand der demographischen und ökonomischen Charakteristika des EZG das Angebot auf die individuellen Bedürfnisse der Kunden abzustimmen. Ein Beispiel aus dem Lebensmittel-Einzelhandel: Haushalte mit einem Nettoeinkommen unter DM 1.500,- fragen nur halb soviel Sekt nach wie der Bundesdurchschnitt, Familien mit drei und mehr Kindern geben fast dreimal soviel Geld für Milchprodukte aus und Singles fragen besonders Tiefkühlkost und Fertiggerichte überdurchschnittlich nach (GEOBIT 4/96: 16).

Ist der Anteil an Nachfragern eines Produktes oder einer Produktpalette im EZG besonders hoch oder besonders niedrig, so liegt es nahe, diese durch eine bessere Positionierung im Outlet stärker in den Vordergrund zu stellen bzw. das Produkt aus dem Angebot zu nehmen. Durch diese Form der Optimierung ist es möglich, den Warenumschlag zu beschleunigen und zu einer besseren Auslastung der Verkaufsfläche zu gelangen.

Neben dieser Abstimmung der Produktpalette an regionale Gegebenheiten ist es für Filialisten ferner von sehr großer Bedeutung, ob sich die Einzugsgebiete zweier bestehender, nahe zusammenliegender Outlets räumlich überschneiden oder ob sich die Eröffnung einer neuen Verkaufsstelle negativ auf den Umsatz einer bereits etablierten Filiale auswirken wird. Ist dies der Fall, so spricht man von ‚Kannibalismus', d.h. es findet innerhalb des Unternehmens oder eines Unternehmenszusammenschlusses lediglich eine Umverteilung des Umsatzes bei erhöhten Kosten statt. Beide Strategien der Marktanpassung führen bei erfolgreicher Realisierung zu einer Steigerung des Geschäftsergebnisses, im Fall des standortbezogenen Sortimentcontrolling über die Umsatzsteigerung, im Falle der Vermeidung von Kannibalismus durch die Vermeidung steigender Kosten.

Eine ad-hoc-Lösung für die Analyse der Marktgebiete von 529 Städten im Bundesgebiet bietet die GFK AG aus Nürnberg an. In deren ‚Standortatlas' ist eine Vielzahl an Daten zusammengetragen, die einerseits die Abgrenzung von städtischen Marktgebieten (= potentielle Einzugsgebiete) ermöglichen, darüber hinaus jedoch auch den Vergleich zwischen verschiedenen Marktgebieten zulassen.

Abbildung 5.5 zeigt die Marktgebietskarte der GFK von Gießen. Das potentielle Einzugsgebiet wird in drei Intensitätszonen gegliedert: Zone 1 beinhaltet das Stadtgebiet, Zone 2 das nähere und Zone 3 das weitere Umland. Ferner sind besonders beachtenswerte Barrieren als gestrichelte Linien eingezeichnet. Zur Methodik der Abgrenzung dieser Gebiete schreibt die GFK (1999: 1):

„Zur Abgrenzung des Marktgebietes dient zum einen ein ökonometrischer Ansatz, in den Zeitdistanzen, Fernkonkurrenz und die Attraktivität des Standortes einfließen. Zum anderen werden Expertenurteile sowie Ergebnisse von vorliegenden Standortuntersuchungen berücksichtigt. Zusätzlich werden topographische Barrieren, die Zuordnung zentralörtlicher Funktionen, landsmannschaftliche Orientierungen und verwaltungsmäßige Beziehungen einbezogen."

Weitere Informationen zur Methodik der Abgrenzung werden leider nicht gegeben. Da die Struktur der Marktgebiete als Basis für alle nachfolgenden Berechnungen und Analysen dient, steht und fällt die Qualität und Verwendungsfähigkeit des GFK-Standortatlas mit der Abgrenzung ihrer Marktgebiete. Im folgenden wird eine Abgrenzung des Kundeneinzugsbereiches von Gießen herangezogen, wie sie von GIESE (1997) vorgenommen wurde. Die Ergebnisse dieser Studie werden mit dem Verfahren der GFK verglichen und anschließend bewertet.

GIESE (1997) bestimmt das Einzugsgebiet Gießens auf empirischer Grundlage anhand der Kundendaten von drei großen Gießener Einzelhandelsunternehmen (Kaufhäuser KARSTADT und HORTEN, Möbeleinrichtungshaus SOMMERLAD, vgl. Abbildung 5.6). In den Jahren 1990 und 1991 wurden dadurch über 46.000 Kunden erfaßt (GIESE 1997: 217).

Der Vergleich ist in Abbildung 5.7 veranschaulicht. GIESES Ansatz ist in blauen Farbtönen dargestellt, die Marktgebiete der GFK in roten Farben. Zwar ist ein direkter Vergleich der beiden Studien aufgrund unterschiedlicher Abgrenzungsmethoden der Zonen nur bedingt möglich, zudem bildet GIESE ein Vier-Zonen-Modell, derweil die GFK ihre Analyse auf drei Zonen beschränkt. Dennoch können einige wesentliche Unterschiede festgestellt werden.

Während die GFK ihre Zone 1 („Stadtgebiet") lediglich aus dem Innenstadtgebiet ableitet, zählt im Gegensatz dazu GIESE die eng mit der Stadt verbundenen Gemeinden hinzu, die bis auf eine Ausnahme unmittelbar an der Gießener Stadtgrenze liegen („Kern des Einzugsbereichs"). Die Zone 2 der GFK („näheres Umland") deckt sich im Norden und Osten Gießens relativ gut mit GIESES „engstem Verflechtungsbereich", allerdings lassen sich im Süden und im Westen deutliche Unterschiede erkennen. Gleiches gilt für die GFK-Zone 3 („weiteres Umland"), die sich im Vergleich zu GIESES wesentlich weiterem Verflechtungsbereich nicht so weit nach Süden ausdehnt.

Die stärkste Abweichung betrifft die GfK-Zone des weiteren Umlandes. Zwar ist es unbestritten, daß Gießen als Oberzentrum eine herausragende zentralörtliche Funktion in Mittelhessen innehat. Ob sich das weitere Umland jedoch völlig undifferenziert im Nordosten bis nach Nordrhein-Westfalen ins Siegerland erstreckt, darf insbesondere dann bezweifelt werden, wenn diese Karte als Grundlage für eine Standortplanung dient. Wenn das 65 km von Gießen entfernte Dietzhölztal im nordwestlichsten Zipfel der betrachteten Region, das nur 30 km von der 120.000-Einwohner-Stadt Siegen entfernt liegt, mit der gleichen Intensität berücksichtigt wird, wie das nahe bei Gießen gelegene Hüttenberg, so führt dies zu deutlichen Fehleinschätzungen der Kaufkraftpotentiale.

Die Zone des „näheren Umlandes" der GFK unterscheidet sich gegenüber den ersten beiden Zonen GIESES insbesondere dadurch, daß darin, entgegen der Aussage, „landsmannschaftliche Orientierungen" zu berücksichtigen (GFK 1999:1), die Gemeinde Lahnau eingeschlossen wird. Zwischen Lahnau und Gießen verläuft aber eine noch heute sehr bedeutende und einflußreiche historische Trennungslinie. Während die ehemalige Reichsstadt Wetzlar und die Ortschaften der heutigen Gemeinde Lahnau vor 1918 dem Preußischen Königreich angehörten, lag Gießen seit 1604 auf der Hessen-Darmstädter Linie (BRAKE 1999). Die Auswirkungen dieser regionalen Gliederung lassen sich bis in die heutige Zeit verfolgen. Ein Beispiel: im Rahmen der kommunale Neugliederung Hessens entstand am 1. Januar 1977 die Doppelstadt Gießen-Wetzlar (genannt „Stadt Lahn"). Dieses Konstruktion scheiterte jedoch sehr schnell am massiven Widerstand der Bevölkerung beider Städte, da die historisch gewachsenen Traditionen völlig vernachlässigt wurden (LILGE 1984:6 f.).

Auf der Basis dieser potentiellen Marktgebiete werden von der GfK diverse Strukturdaten aggregiert und mit dem Bundesdurchschnitt verglichen. Bei den Daten handelt es sich um die einzelhandelsrelevante Kaufkraft, Pkw-Dichte, Ausländeranteil, Kinder, Junioren, Senioren, Arbeitslosenanteil und Haushaltsgröße, welche durchaus Rückschlüsse auf das Nachfragepotential zulassen. So ergibt sich für die einzelhandelsrelevante Kaufkraft der Stadt Gießen folgende Konstellation: nur 9 % des gesamten Marktpotentials in Höhe von 8.659,4 Mio. DM stammen aus dem Stadtgebiet, 20 % aus dem näheren und 71 % aus dem weiteren Umland (vgl. Abbildung 5.8). Angesichts der unzureichenden Abgrenzung des Gießener Marktgebietes durch die GFK müssen diese Zahlen jedoch infrage gestellt werden.

Wird die gesamte Kaufkraft anhand von Marktforschungsergebnissen nach einzelnen Branchen aufgeschlüsselt, lassen sich Erkenntnisse darüber ableiten, welchen Anteil die Einwohner in den drei Intensitätszonen für die jeweiligen Produktgruppen ausgeben. Abbildung 5.9 zeigt die Aufteilung der Kaufkraft der fünf Sortimente des täglichen und außenbereichsorientierten Bedarfs, während Abbildung 5.10 die Kaufkraft der innenstadtorientierten Sortimente und der Sortimente ohne eindeutige Standortorientierung visualisiert. Tabelle 5.4 stellt die zugehörigen Daten in übersichtlicher Form zusammen.

Geomarketing in der Standortplanung   119

Abbildung 5.5: Abgrenzung der Marktgebiete für die Stadt Gießen durch die GFK

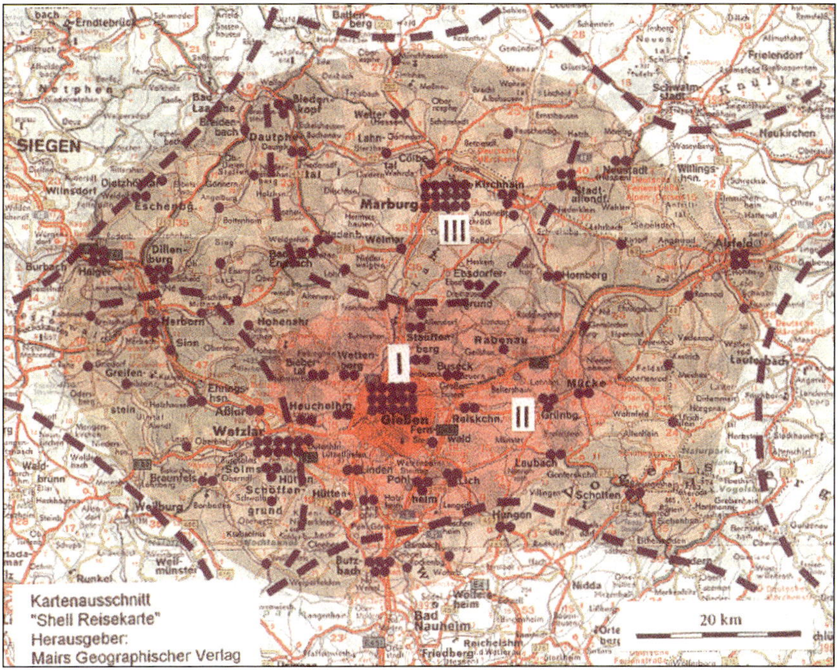

Quelle: GFK 1999

Geomarketing in der Standortplanung 121

Abbildung 5.6: Abgrenzung der Marktgebiete für die Stadt Gießen durch GIESE (1997)

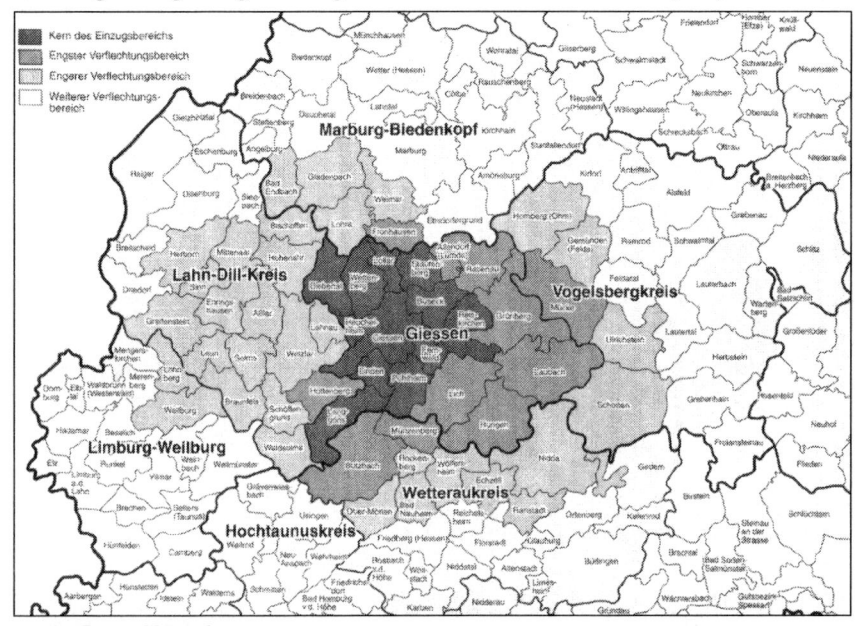

Quelle: GIESE 1997: 218

Geomarketing in der Standortplanung 123

Abbildung 5.7: Vergleich zwischen GFK-Marktgebieten (1999) und der Abgrenzung nach GIESE (1997)

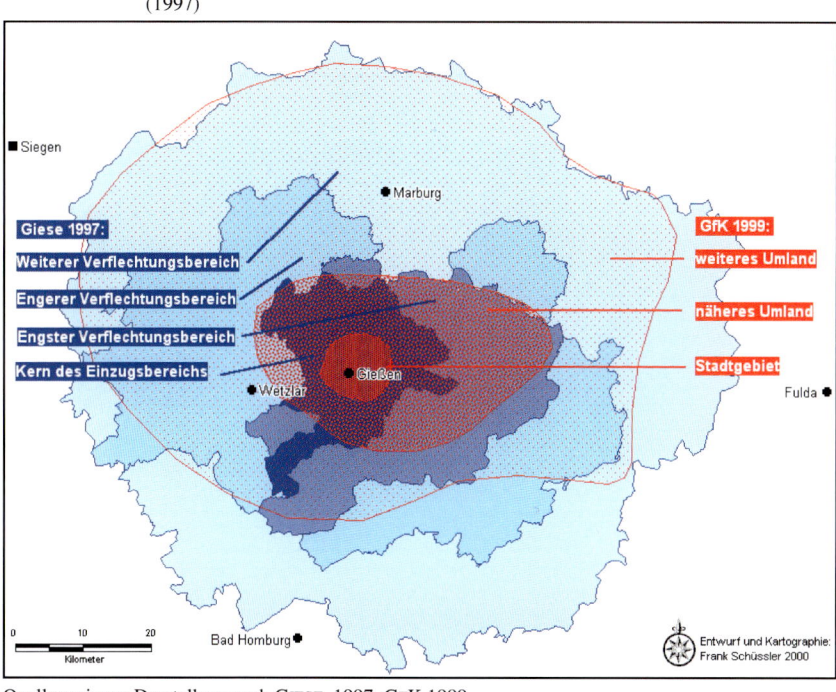

Quellen: eigene Darstellung nach GIESE 1997, GFK 1999

Abbildung 5.8: Anteil der einzelhandelsrelevanten Kaufkraft in den Intensitätszonen des Marktgebietes der Stadt Gießen laut Abgrenzung der GFK

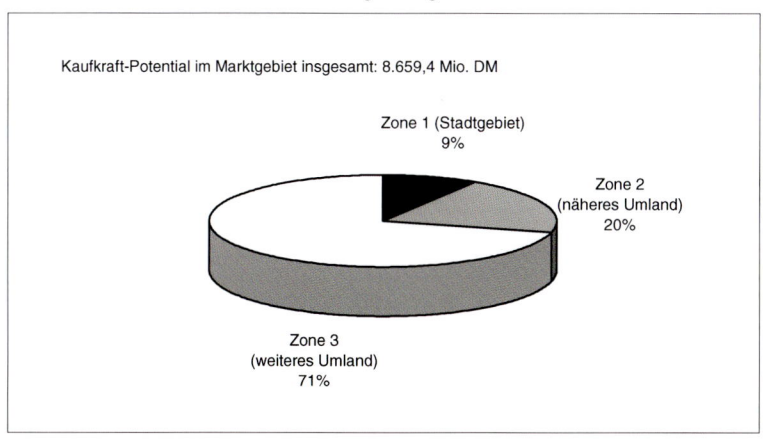

Kaufkraft-Potential im Marktgebiet insgesamt: 8.659,4 Mio. DM

Zone 1 (Stadtgebiet) 9%
Zone 2 (näheres Umland) 20%
Zone 3 (weiteres Umland) 71%

Quelle: GfK 1999, eigene Darstellung

Abbildung 5.9: Kaufkraft nach Branchengruppen und Intensitätszonen im Marktgebiet von Gießen (täglicher Bedarf und außenbereichorientierte Sortimente)

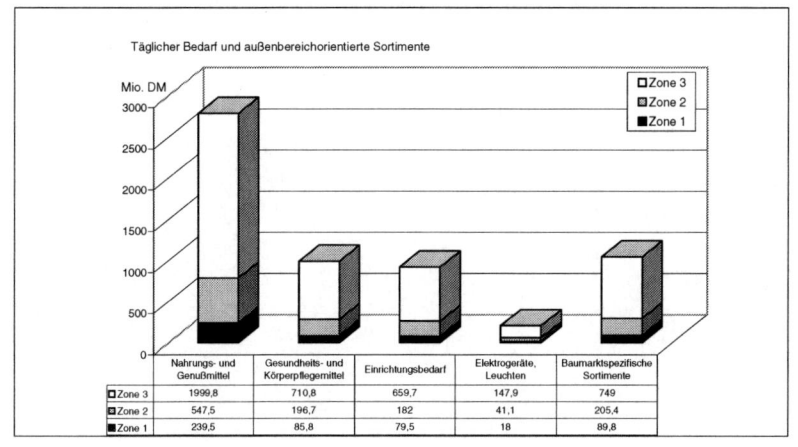

Täglicher Bedarf und außenbereichorientierte Sortimente (Mio. DM)	Nahrungs- und Genußmittel	Gesundheits- und Körperpflegemittel	Einrichtungsbedarf	Elektrogeräte, Leuchten	Baumarktspezifische Sortimente
Zone 3	1999,8	710,8	659,7	147,9	749
Zone 2	547,5	196,7	182	41,1	205,4
Zone 1	239,5	85,8	79,5	18	89,8

Quelle: GFK 1999, eigene Darstellung

Abbildung 5.10: Kaufkraft nach Branchengruppen und Intensitätszonen im Marktgebiet von Gießen (innenstadtorientierte Sortimente und Sortimente ohne eindeutige Standortorientierung)

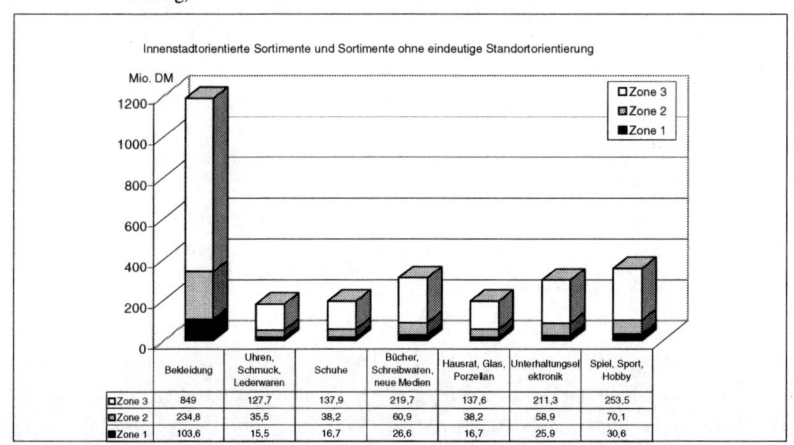

Innenstadtorientierte Sortimente und Sortimente ohne eindeutige Standortorientierung (Mio. DM)	Bekleidung	Uhren, Schmuck, Lederwaren	Schuhe	Bücher, Schreibwaren, neue Medien	Hausrat, Glas, Porzellan	Unterhaltungselektronik	Spiel, Sport, Hobby
Zone 3	849	127,7	137,9	219,7	137,6	211,3	253,5
Zone 2	234,8	35,5	38,2	60,9	38,2	58,9	70,1
Zone 1	103,6	15,5	16,7	26,6	16,7	25,9	30,6

Quelle: GFK 1999, eigene Darstellung

Tabelle 5.4: Warengruppen und Intensitätszonen im Marktgebiet von Gießen, alle Angaben in Mio. DM

Warengruppe	Potential Zone 1	Potential Zone 2	Potential Zone 3	Soll Zone 1	Soll Zone 2	Soll Zone 3	Index Zone 1	Index Zone 2	Index Zone 3
Nahrungs- und Genußmittel	239,5	547,5	1999,8	250,8	557,4	1978,6	95,5	98,2	101,1
Gesundheits- und Körperpflegemittel	85,8	196,7	710,8	89,4	198,7	705,2	96,0	99,0	100,8
Einrichtungsbedarf	79,5	182	659,7	82,9	184,2	654,1	95,9	98,8	100,9
Elektrogeräte, Leuchten	18	41,1	147,9	18,6	41,4	147,0	96,6	99,3	100,6
Baumarktspezifische Sortimente	89,8	205,4	749	94,0	208,8	741,4	95,6	98,4	101,0
Bekleidung	103,6	234,8	849	106,9	237,5	843,1	96,9	98,9	100,7
Uhren, Schmuck, Lederwaren	15,5	35,5	127,7	16,1	35,7	126,9	96,4	99,3	100,6
Schuhe	16,7	38,2	137,9	17,4	38,6	136,9	96,2	99,1	100,7
Bücher, Schreibwaren, neue Medien	26,6	60,9	219,7	27,6	61,4	218,1	96,2	99,1	100,7
Hausrat, Glas, Porzellan	16,7	38,2	137,6	17,3	38,5	136,7	96,4	99,2	100,7
Unterhaltungselektronik	25,9	58,9	211,3	26,6	59,2	210,2	97,2	99,5	100,5
Spiel, Sport, Hobby	30,6	70,1	253,5	31,9	70,8	251,5	96,0	99,0	100,8

Potential: Kaufkraft, berechnet n. Potentialen der einzelnen Branchengruppen
Soll: Kaufkraft, berechnet n. Aufteilung des ges. EH-Potentials in Intensitätszonen
Index: Abweichung zwischen Potential und Soll (100 = keine Abweichung)

Quelle: GfK 1998

Ein Beispiel: Für die Warengruppe Nahrungs- und Genußmittel wird in Zone 1 (Stadtgebiet) eine branchenspezifische Kaufkraft von 239,5 Mio. DM angegeben. In allen drei Zonen summiert sich die Kaufkraft auf 2786,8 Mio. DM. Legt man die prozentuale Aufteilung des Potentials in den drei Intensitätszonen (laut Abb. 5.5) zugrunde, müßte sich jedoch bei einem Anteil von 9 % ein Wert von 250,8 Mio. DM ergeben. Der Potentialwert liegt jedoch um 4,5 % darunter, somit ergibt sich der in Spalte 8 angegebener Index von 95,5 %.

Die Kritik am Standortatlas der GfK richtet sich - wie oben bereits ausführlich dargestellt - auf die räumliche Abgrenzung der Marktgebiete. Hier sind weitere Anstrengungen seitens der GfK notwendig. Insbesondere sollten bereits bestehende lokale Studien stärker berücksichtigt werden.

Abgesehen von dieser methodischen Problematik stellt der GfK-Standortatlas für expandierende, überregional agierende Unternehmen des filialisierten Einzelhandels jedoch ein praktikables Instrument zur Entscheidungsunterstützung dar. Die enthaltenen Markt- und Strukturdaten sind relativ praxisorientiert, aktuell und realitätsnah. Zudem lassen sie sich ohne großen technischen Aufwand in den unternehmerischen Entscheidungsprozeß einbeziehen. Einen besonderen Nutzen stellt hier die sofortige Verfügbarkeit für die Marktgebiete von über 520 deutschen Städten dar, auf deren Basis auch einfache Vergleiche zwischen unterschiedlichen Standorten durchgeführt werden können.

Für bereits etablierte, lokal agierende Einzelhändler, deren geschäftlicher Schwerpunkt innerhalb der betrachteten Region liegt, ist dieser Standortatlas in analoger Form jedoch nur bedingt empfehlenswert. Hier sind individuelle Gutachten angebracht, um branchenbezogene und regionale Charakteristika des Verflechtungsraumes besser berücksichtigen zu können.

6. GEOMARKETING IN DER ZIELGRUPPEN-ANALYSE

6.1 Betriebswirtschaftliche Grundlagen

„There will be no market for products that everybody likes a little, only for products that somebody likes a lot." (KOTLER ET AL. 1999: 381)

Jeder eigenständig wirtschaftende Einzelhandelsbetrieb muß für jedes seiner Produkte einen Preis festlegen, der vom Endkunden akzeptiert wird. Dieser Betrag sollte hoch genug sein, um einen Profit zu erwirtschaften, gleichzeitig sollte er niedrig genug sein, um eine Nachfrage zu generieren (KOTLER ET AL. 1999: 697). Preise sollen den Marktverhältnissen entsprechen und dem Unternehmen zu einem „erfolgreichen, dauerhaften Absatz seiner Produkte verhelfen, wobei die Gesamterlöse langfristig die Kosten decken und darüber hinaus einen Mindestgewinn erbringen" (MEFFERT 1991: 330). Aus dieser einfachen Feststellung folgt die konkrete Frage nach der sinnvollen Festlegung der Preise, die das übergeordnetes Ziel des absatzpolitischen Segmentes der Preispolitik darstellt (WÖHE 1996: 661).

Die Preispolitik im weiteren Sinne setzt sich aus den beiden Segmenten Preistheorie und Preispolitik im engeren Sinne zusammen. Im Gegensatz zur methodisch-wissenschaftlich ausgerichteten Preistheorie befaßt sich die Preispolitik mit der praktischen Festlegung der Produktpreise. Während sich die Preistheorie in der Regel mit den gewinnmaximalen Preisen auf homogenen Märkten beschäftigt, die durch vollkommene Markttransparenz und das Fehlen sachlicher, räumlicher, zeitlicher und personeller Präferenzen gekennzeichnet sind (DEMMLER 1991: 38), sucht die Preispolitik nach der aktiven Gestaltung des Preises auf unvollkommenen (inhomogenen) Märkten. Dort spielt die Preistheorie lediglich eine nachgeordnete Rolle (WÖHE 1996: 661), da die Prämisse homogener Märkte impliziert, daß dort die Preise nicht vom Anbieter selbst definiert werden können, sondern analog des STACKELBERG'schen Gesetzes des erwerbswirtschaftlichen Konkurrenzangebotes der Preis immer den Grenzkosten entspricht (OTT 1991: 162). Daraus leitet sich ab, daß die Betrachtung im Rahmen dieser Arbeit primär auf die Preispolitik im engeren Sinne fokussiert wird.

Bei der Preisfestlegung wird in der betriebswirtschaftlichen Literatur zwischen Kostenorientierung, Konkurrenzorientierung und Nachfrageorientierung unterschieden (Abbildung 6.1). Bei der Preisfestlegung gemäß des Kostenprinzips wird den Produktkosten ein Gewinnzuschlag hinzugerechnet, wodurch der Preis bei einem geschätzten Absatzvolumen eine festgelegte Rendite sichert (MEFFERT 1991: 326 f.). Die Vorteile dieses Ansatzes liegen einerseits darin, daß Kosten besser ermittelt werden können als die Nachfrage. Hinzu kommt, daß die derart festgelegten Preise als fair empfunden werden, da die Anbieter Profit erwirtschaften und gleichzeitig bei steigender Nachfrage die Preise nicht nach oben korrigieren (KOTLER ET AL. 1999: 700). Der gravierende Nachteil der kostenorientierten Preisbildung liegt darin, daß sowohl die Nachfragesituation als auch die Konkurrenzsituation völlig vernachlässigt werden.

Aus diesem Grunde orientieren viele Unternehmen ihre Preise an der Produktnachfrage. Die nachfrageorientierte Preisbildung nach dem Wertprinzip basiert auf der Fragestellung, welche Mengen bei welchen Preisen abgesetzt werden können, um so den maximalen Erlös abzuschöpfen. Aus diesem Grunde ist die Voraussetzung für die Preisfindung seitens der Anbieter die Erfassung der Nutzeneinschätzung seitens der Nachfrager (WÖHE 1996: 685). Die Höhe des Preises hängt somit unmittelbar von den Präferenzen und der Zahlungsmotivation der Konsumenten ab. Bei starker Nachfrage wird ein hoher Preis verlangt und umgekehrt, dabei sollten Aspekte der Kosten nicht völlig unberücksichtigt bleiben. „Das Problem des Kosten- und Wertprinzips ist kein Problem des Entweder-Oder, sondern ein Problem des Sowohl-Als-Auch" (MEFFERT 1991: 329).

Als dritter Ansatz der Preisfestlegung berücksichtigt das Konkurrenzprinzip die aktuelle Preisgestaltung der Wettbewerber. Die Höhe des Preises kann sich entweder nach dem Preis des Marktführers richten (‚Leitpreis'), oder sich am Durchschnittspreis der Branche orientieren. Dabei bleibt der Preis konstant, selbst wenn sich die Kosten ändern - verändern sich hingegen Leit- oder Durchschnittspreis, wird der eigene Preis ebenfalls angepaßt.

Abbildung 6.1: Prinzipien der Preisfestlegung

Niedriger Preis: kein Profit	Produktionskosten	Preise der Konkurrenten	Werte der Verbraucher	Hoher Preis: keine Nachfrage

Quelle: KOTLER ET AL. 1999: 700

Eine maßgebliche Determinante der Preisgestaltung stellt die unternehmerische Planung dar. Je nach Akzentuierung einzelner strategischer Zielsetzungen (Gewinnmaximierung, Erhöhung des Marktanteils) stehen unterschiedliche Preisstrategien zur Verfügung. Ferner beeinflußt die aktuelle geschäftliche Situation die Gestaltung der Preise. Einige der wichtigsten Strategien werden nachfolgend kurz skizziert.

‚Prämienpreise' werden bei hochwertigen Produkten gewählt, um den Luxuscharakter von Produkten zu verstärken (Beispiel: edle Schreibgeräte von PARKER). Die konträr dazu angesiedelten ‚Promotionspreise' dienen dazu, ein Niedrigpreis-Image zu generieren und stellen aus diesem Grunde die Preise in den Mittelpunkt der Werbung (Beispiel: die weißen ‚Ja'-Produkte von REWE).

Die ‚Penetrationspreispolitik' hat das Ziel, mit niedrigen Preisen große Absatzquantitäten bei geringen Stückkosten zu erzielen und so einen Massenmarkt zu erschließen (Beispiel: ALDI-Computer). Ein ähnliches Verfahren ist die ‚Abschöpfungspreispolitik', bei der in der Einführungsphase eines Produktes ein hoher Preis verlangt wird, der im Verlauf der Marktdurchdringung gesenkt wird (Beispiel: PC-Peripherie).

‚Preisdifferenzierung' bedeutet, daß der Markt in einzelne Segmente aufgeteilt wird, auf denen verschiedene Preise verlangt werden. Dafür müssen allerdings drei Voraussetzungen erfüllt werden: die Konsumenten müssen in räumlicher, sachlicher, zeitlicher oder personeller Hinsicht differenziert und in Gruppen eingeteilt werden können, der Markt muß unvollkommen sein, da bei vollständiger Markttransparenz die Gruppenbildung nicht aufrecht erhalten werden kann, und schließlich muß der Anbieter über einen relativ hohen Grad an Marktmacht verfügen, der bei unelastischer Nachfrage die Preisdifferenzierung ermöglicht. Als Beispiel können hier die unterschiedlichen Benzinpreise in einzelnen Regionen aufgeführt werden.

Der Ansatz des ‚preispolitischen Ausgleichs' sieht vor, daß der Ertrag erfolgreicher Produkte die eventuell entstehenden Verluste weniger ergebnisreicher Produkte ausgleicht (MEFFERT 1991: 339 f.). So dienen unterkalkulierte Lockprodukte dem Zweck, preisbewußte Kunden anzuziehen und zum gleichzeitigen Kauf weiterer Produkte anzuregen (Beispiel: Sonderangebote im Lebensmittelhandel).

Um Preise mittels einer der oben genannten Methoden festlegen und um effiziente preispolitische Strategien verfolgen zu können, werden umfassende Daten benötigt. WÖHE (1996: 663) unterscheidet betriebsinterne Daten zur Kostenermittlung von betriebsexternen Daten zur Bestimmung der Nachfrage und der Konkurrenzsituation (Abbildung 6.2).

Abbildung 6.2: Daten der Preispolitik

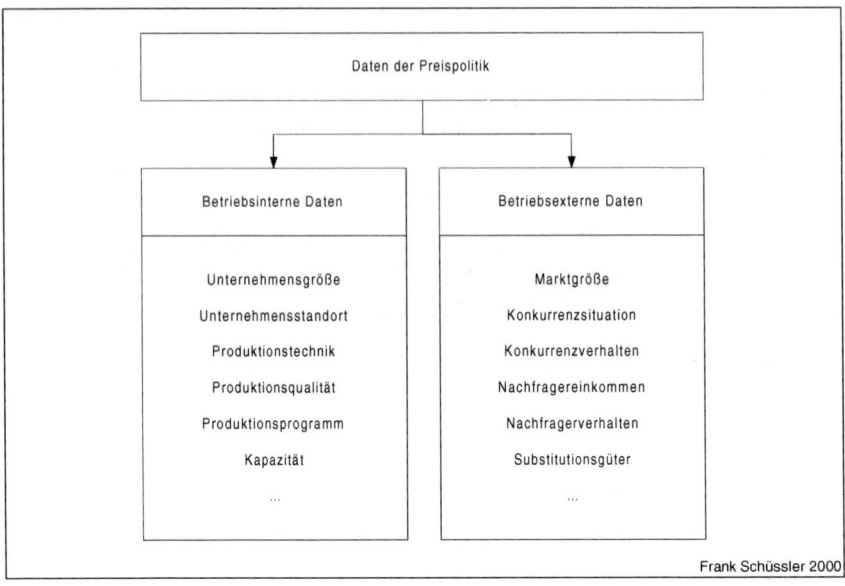

```
                          ┌─────────────────────────┐
                          │  Daten der Preispolitik │
                          └───────────┬─────────────┘
                        ┌─────────────┴─────────────┐
                        ▼                           ▼
        ┌───────────────────────┐       ┌───────────────────────┐
        │  Betriebsinterne Daten│       │  Betriebsexterne Daten│
        └───────────────────────┘       └───────────────────────┘
        │ Unternehmensgröße     │       │ Marktgröße            │
        │ Unternehmensstandort  │       │ Konkurrenzsituation   │
        │ Produktionstechnik    │       │ Konkurrenzverhalten   │
        │ Produktionsqualität   │       │ Nachfragereinkommen   │
        │ Produktionsprogramm   │       │ Nachfragerverhalten   │
        │ Kapazität             │       │ Substitutionsgüter    │
        │ ...                   │       │ ...                   │
```

Frank Schüssler 2000

Quelle: eigene Darstellung, nach WÖHE 1996: 663

Analog zur Standortpolitik (Kapitel 5) müssen auch in der Preispolitik die vielfältigen internen und externen Daten zu Informationen aufbereitet werden. Angesichts der heutigen Datenflut kann dies nur mittels eines durchdachten EDV-Einsatzes erreicht werden. Die externen Daten sind durch einen hohen Grad räumlicher Variation gekennzeichnet. Somit besteht die Möglichkeit, auch im Bereich der Preispolitik Geographische Informationssysteme einzusetzen, aufgrund der regionalen und gleichzeitig sozio-ökonomischen oder sozio-demographischen Segmentierung von Märkten. KOTLER ET AL. (1999: 381) beschreiben die Vorzüge der Segmentierung wie folgt: „The company can also market more effectively by fine-tuning its products, prices and programmes to the needs of carefully defined segments." Nachfolgend wird daher auf die Methodik eingegangen, die im Bereich der Marktsegmentierung und Zielgruppen-Analyse eingesetzt wird.

6.2 Zielgruppen-Analyse mittels geographischer Marktsegmentierung

6.2.1 Zielgruppen und Marktsegmentierung

Um das operative Ziel zu erreichen, möglichst optimale Preise für die in Einzelhandels-Outlets angebotenen Produkte festzulegen, wurden im vorigen Abschnitt bereits die drei Determinanten Kosten, Konkurrenten und Nachfrage genannt. Geomarketing mit GIS-Unterstützung konzentriert sich in diesem Zusammenhang auf die Analyse der Konkurrenzsituation sowie die Ausgestaltung und Verteilung der Nachfrage, indessen werden die Kosten durch betriebsinterne Kalkulations- und Analysesysteme ermittelt oder prognostiziert und aus diesem Grunde innerhalb diese Abschnittes nicht berücksichtigt. Mittels der konkurrenz- und nachfragerelevanten Größen läßt sich das geschäftliche Umfeld einer Verkaufsstelle zunächst sehr einfach darstellen: innerhalb der Matrix ‚starke Konkurrenz' vs. ‚marktbeherrschende Stellung' sowie ‚standardisierte Massennachfrage' vs. ‚individuelle Bedürfnisse' muß sich jedes Unternehmen positionieren und sein Angebot ausrichten.

Wie bereits erwähnt, wird bei der Anwendung von Segmentierungsstrategien der Gesamtmarkt in Gruppen von Konsumenten mit möglichst gleichen oder ähnlichen Bedürfnissen aufgeteilt, diese werden wiederum gemeinsam analysiert und bearbeitet (NITSCHE 1997: 358). Die Segmentierung basiert infolgedessen auf der ungleichmäßigen Verteilung von Bevölkerungsgruppen über einzelnen Teilregionen einer übergeordneten Raumeinheit und hat das Ziel, Märkte zu analysieren, geschäftliche Gelegenheiten zu finden und eine gute Wettbewerbssituation zu erlangen (WEINSTEIN 1994: 2). Dabei ist die geographische Segmentierung, welche auf dem Nachbarschaftsprinzip basiert (‚gleich und gleich gesellt sich gern'), in Verbindung mit sozioökonomischen und demographischen Daten eine relativ einfache und gleichzeitig wirkungsvolle Segmentierungsstrategie.

Als Beispiel dient Abbildung 6.3: hier wird die Zielgruppe von hochwertigen Kinderprodukten erfaßt. Von den 32,7 Mio. Haushalten der Bundesrepublik sind lediglich 5,1 Mio. in potentiellen Filialstandorten (Großstädte mit mehr als 500.000 Einwohnern) zu finden. Von diesen 5,1 Mio. Haushalten erreichen lediglich 880.000 ein Haushaltsnettoeinkommen von mehr als DM 5.000 pro Monat. Davon haben schließlich nur noch 190.000 Hauhalte mindestens ein Kind im Alter von unter 14 Jahren. Die Zielgruppe besteht somit aus lediglich 0,58 % der gesamten Haushalte. Für das betreffende Unternehmen könnte sich durch diese Form der Verknüpfung von Kriterien nun die Frage stellen, ob dieses Potential zur Kostendeckung ausreicht oder ob das Sortiment aus diesen betriebswirtschaftlichen Gründen auch auf andere Bevölkerungsgruppen und Regionen ausgedehnt werden muß.

Abbildung 6.3: Kriterienverknüpfung der Zielgruppe für hochwertige Kinderprodukte

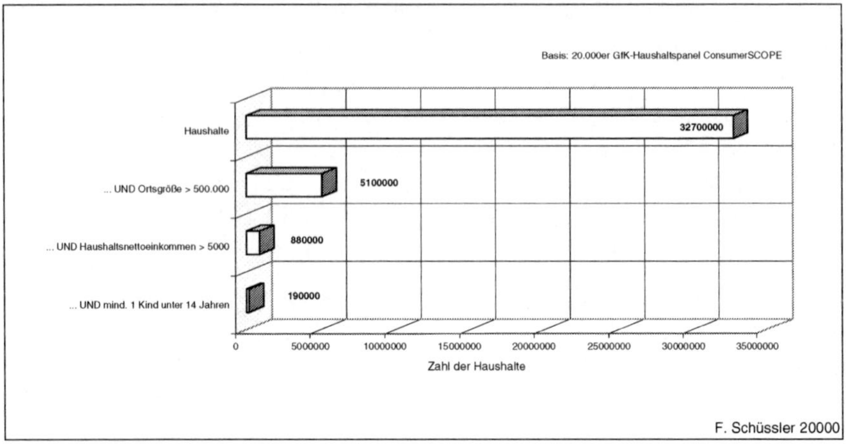

Basis: 20.000er GfK-Haushaltspanel ConsumerSCOPE

Kriterium	Zahl der Haushalte
Haushalte	32700000
... UND Ortsgröße > 500.000	5100000
... UND Haushaltsnettoeinkommen > 5000	880000
... UND mind. 1 Kind unter 14 Jahren	190000

F. Schüssler 20000

Quelle: GFK 1999, eigene Darstellung

6.2.2 Methodik

Abbildung 6.4 stellt die typische Methodik einer Zielgruppen-Analyse mittels geographischer Marktsegmentierung auf der Basis einer bestehenden Unternehmensstrategie und vorhandenen internen Kundendaten dar. Diese internen Kundendaten werden sowohl hinsichtlich der räumlichen Verteilung der Kunden als auch bezüglich deren sozio-ökonomischer und sozio-demographischer Zusammensetzung analysiert. Wie bereits in Kapitel 5 ausführlich beschrieben wurde, besteht darin ein wesentlicher Unterschied zur Potentialbestimmung für neue Standorte, bei denen noch keine Kundendaten vorliegen können. Externe Marktdaten werden hinzugezogen und dienen auf der Basis des vorher aus den Kundendaten ermittelten Einzugsgebietes der Analyse der Gebietsstruktur. Diese Untersuchung mündet zusammen mit der internen Kundenstrukturanalyse in der Analyse der aktuellen Penetration und der daraus abgeleiteten Potentiale. Die Ergebnisse des letztgenannten Schrittes beeinflussen die unternehmerische Strategie der Geschäftsleitung in Form der Gestaltung des Sortimentes und somit auch des durchschnittlichen Preisniveaus.

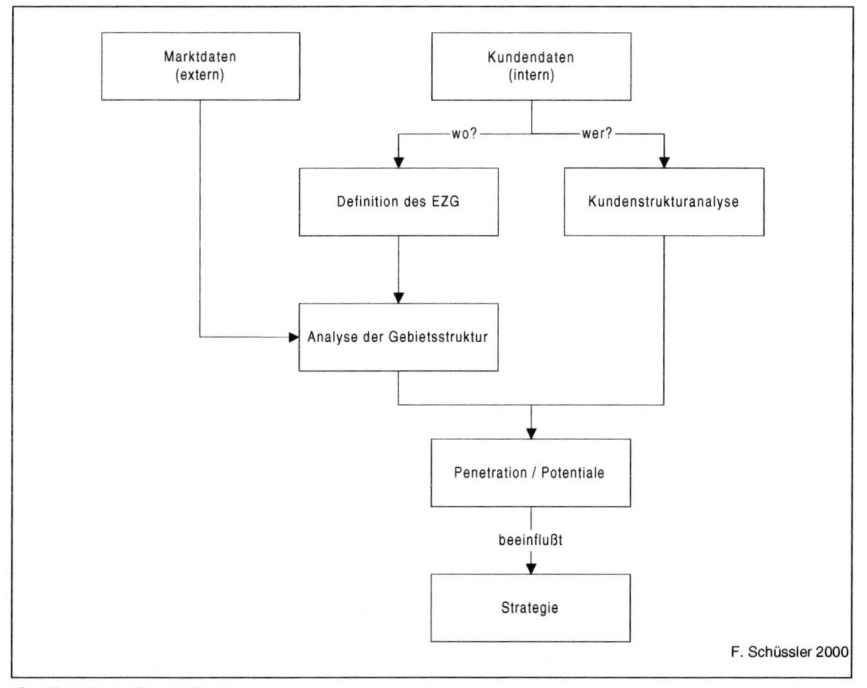

Abbildung 6.4: Ablauf der Zielgruppen-Analyse

```
┌─────────────────────────────────────────────────────────────────┐
│   ┌──────────────┐              ┌──────────────┐                │
│   │  Marktdaten  │              │  Kundendaten │                │
│   │   (extern)   │              │   (intern)   │                │
│   └──────┬───────┘              └──────┬───────┘                │
│          │         ── wo? ── ── wer? ──                         │
│          ▼                              ▼                       │
│   ┌──────────────────┐         ┌────────────────────┐           │
│   │ Definition des EZG│         │ Kundenstrukturanalyse│        │
│   └──────┬───────────┘         └─────────┬──────────┘           │
│          │                               │                      │
│          ▼                               │                      │
│   ┌──────────────────────────┐           │                      │
│   │ Analyse der Gebietsstruktur│◄────────┘                      │
│   └──────────┬───────────────┘                                  │
│              ▼                                                  │
│   ┌──────────────────────┐                                      │
│   │ Penetration / Potentiale│                                   │
│   └──────────┬───────────┘                                      │
│              │ beeinflußt                                       │
│              ▼                                                  │
│   ┌──────────────┐                                              │
│   │  Strategie   │                                              │
│   └──────────────┘                                              │
│                                              F. Schüssler 2000  │
└─────────────────────────────────────────────────────────────────┘
```

Quelle: eigene Darstellung

6.2.2.1 Analyse interner Daten

Unternehmen des Einzelhandels wissen sehr genau, daß die Kenntnis der Eigenschaften der eigenen Kunden eine große Bedeutung besitzt. Aus diesem Grunde haben sich in den achtziger und neunziger Jahren die Systeme zur Erfassung, Verwaltung und Analyse von Kundendaten stark verbessert und verbreitet. Direkt am Ort des Verkaufs (= Point-of-Sale = POS) erfolgt der Einsatz eines einfachen oder komplexeren operativen Warenwirtschaftssystemes. Heute werden die aktuellen Geschäftsvorgänge in der Regel durch elektronische POS-Scanner-Kassen artikelspezifisch erfaßt und können oft durch das Erfragen der Postleitzahl des Kunden oder der Erfassung der vollständigen Adresse im Falle der Auslieferung von Waren diversen räumlichen Bezugseinheiten zugeordnet werden (DILLER 1992: 881).

Durch diese elektronischen Speichermedien hat sich in dem genannten Zeitraum die Aggregation großer Datenmengen beschleunigt und mittlerweile in vielen Unternehmen kaum zu bewältigende Ausmaße angenommen. Die unternehmensweit eingesetzten Systeme müssen nun nicht mehr nur zur Dateneingabe und -verwaltung eingesetzt werden, statt dessen fließt immer mehr Aufwand in die Organisation der Aufbereitung entscheidungsrelevanter Daten, wodurch es den Mitarbeitern erst ermöglicht wird, von der komplexen Informationstechnik zu profitieren. Deshalb richtete sich das betriebliche Informationsmanagement in den neunziger Jahren an den Ansätzen des dispositiven Data Warehouse aus.

Der allgemein als ‚Vater' dieses Konzeptes angesehene Informationswissenschaftler W. H. INMON definiert den Ansatz des Konzeptes wie folgt (INMON 1995: O. S.): „Data warehouse is the center of the architecture for information systems in the 1990s. Data warehouse supports informational processing by providing a solid platform of integrated, historical data from which to do analysis. Data warehouse provides the facility for integration in a world of unintegrated application systems. Data warehouse is achieved in an evolutionary, step-at-a-time fashion. Data warehouse organizes and stores the data needed for informational, analytical processing over a long historical time perspective. There is indeed a world of promise in building and maintaining a data warehouse. What then is a data warehouse? A data warehouse is: subject-oriented, integrated, time-variant, nonvolatile collection of data in support of manager's decision making process."

Von einem Data Warehouse können sich Firmen und Institutionen somit eine tiefere Einsicht in ihre Geschäftsprozesse und daraus resultierend eine Wissensbasis zur Gewinnung besserer Entscheidungsgrundlagen versprechen (DIERCKS 1996: 122). Abbildung 6.5 unterstreicht diesen Aspekt nochmals, indem die vielen unterschiedlichen Einflußfaktoren der Entscheidungen vereinfacht und schematisiert aufgelistet werden, die zur Verbesserung der Geschäftsprozesse - insbesondere des Geschäftsergebnisses - beitragen (SIEMENS BUSINESS SERVICES 1999: o. S.). Diese Daten stammen oft aus anderen, operativen Informationssystemen. Ein Data Warehouse dient somit dem Zweck, multitemporale Daten aus verschiedenen unternehmensinternen und -externen Quellen zu integrieren und durch unterschiedliche Analyseverfahren neue, entscheidungsrelevante Informationen zu gewinnen.

Welche Bedeutung spielt nun das Data-Warehouse-Konzept für den Einsatz von GIS? Wie Abbildung 6.5 zu entnehmen ist, fließen auch marketingrelevante Größen (Marktzahlen, Mitbewerber, Kundenverhalten) aus anderen betrieblichen Datenquellen in den Kernteil eines Data Warehouse ein. Somit ist es nicht nur möglich, wichtige Größen in einem einheitlichen System vorzuhalten, sondern die strukturierten Daten werden aus diversen Formaten und Quellen zusammengeführt und in ein Format konvertiert, das als konsistente Datenbasis für ein Geographisches Informationssystem dient, ohne den wesentlich komplexeren Zugriff auf operative Systeme zu benötigen (NITSCHE 1998: 77).

Abbildung 6.5: Nutzen eines Data Warehouse-Ansatzes

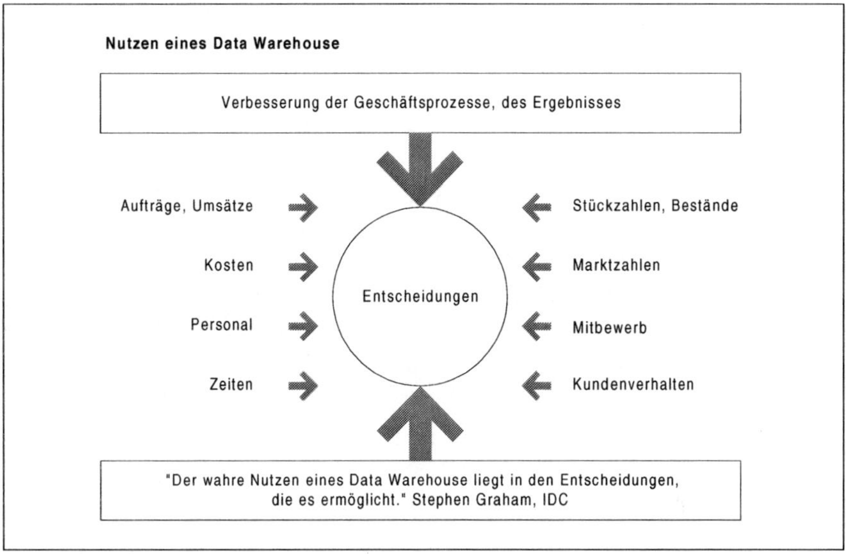

```
Nutzen eines Data Warehouse

        Verbesserung der Geschäftsprozesse, des Ergebnisses

Aufträge, Umsätze  →                    ←  Stückzahlen, Bestände

Kosten             →                    ←  Marktzahlen
                      Entscheidungen
Personal           →                    ←  Mitbewerb

Zeiten             →                    ←  Kundenverhalten

        "Der wahre Nutzen eines Data Warehouse liegt in den Entscheidungen,
                   die es ermöglicht." Stephen Graham, IDC
```

Quelle: Siemens Business Services 1999: o. S., eigene Darstellung

Unter Berücksichtigung der zunehmenden Datenflut in den Unternehmen erscheint es kaum vorstellbar, zukünftig in mittleren oder größeren Betrieben des Einzelhandels effizientes Geomarketing mit Geographischen Informationssystemen zu betreiben, ohne Rücksicht auf die vorhandene IT-Infrastruktur zu nehmen. Geomarketing muß - aus einer rein technologischen Perspektive - im Kontext des vorhandenen oder geplanten Data Warehouse betrachtet werden, um die Aktualität und Konsistenz der betriebsinternen Daten zu gewährleisten. Als Mindestanforderung sollten die internen Daten in einem der aktuellen Standard-Datenformate vorgehalten werden, die von den gängigen GIS-Applikationen unterstützt werden, beispielsweise in MS ACCESS oder einem ORACLE- oder INFORMIX-System. Dadurch wird gewährleistet, daß der Datenzugriff mittels der momentan als Standard angesehenen Methoden SQL und ODBC erfolgen kann.

6.2.2.2 Definition des Einzugsgebietes (EZG)

Besonders im Bereich der Zielgruppen-Analyse stellt sich die Forderung nach „objektiver Entscheidung statt Willkür" (HÜBNER 1996: 9), da in diesem Zusammenhang erstellte Datensätze und deren Klassifikationen oft in einem dubiosen Licht erscheinen und deren Entwicklung kaum nachvollziehbar ist (vgl. Kapitel 2.4.2). Für die Definition des Einzugsgebietes gilt in diesem Zusammenhang im Unterschied zur Standortplanung (vgl. Kapitel 5), daß anhand der bestehenden Kundendaten die Ist-Situation sehr gut dargestellt und modelliert werden kann. Die heutigen Kunden erleichtern die Definition des EZG deutlich, denn ohne die Existenz interner Kundendaten sind Unternehmen auf die Ermittlung der EZG via Pufferzonen, Fahrdistanzen oder Fahrzeiten angewiesen.

Die einfachste Methode zur Bestimmung von EZG besteht darin, die auf räumliche Bezugseinheiten (wie z.b. fünfstellige Postleitzahlgebiete) geocodierten und aggregierten Datensätze der Kunden in Form von thematischen Karten darzustellen. Somit wird unmittelbar sichtbar, aus welchen Regionen die Kunden des betrachteten Zeitraumes stammen. Diese simple Methode kann durch verschiedene Verfahren weiter verfeinert werden. Zum einen können Indizes gebildet werden, wie z.b. ‚Umsatz pro Kunde' oder ‚Kunden pro 1000 Einwohner', die als unterschiedliche Farbintensitäten oder Farbtöne in Choroplethenkarten abgebildet werden. Als sehr wirkungsvoll hat sich in der Praxis jedoch die Variante erwiesen, das Einzugsgebiet durch alle Teilregionen zu definieren, aus denen in einem betrachteten Zeitraum mindestens X Prozent des Umsatzes erwirtschaftet wurden. Die Höhe des Wertes X richtet sich nach der Zielsetzung des Unternehmens und ist um so höher, je weniger Gewicht auf die Bedeutung von Einzelkunden gelegt wird.

Abbildung 6.6 stellt den Absatz pro Haushalt eines mittelständischen Einzelhändlers aus Gießen in einer kartenähnlichen Form dar, wobei davon ausgegangen wurde, daß diese Variable gleichmäßig über die Fläche des Untersuchungsgebietes (hier auf den Regierungsbezirk Mittelhessen limitiert) verteilt ist. Zunächst wurde jede Gemeinde im Gebiet durch einen Punkt in der Karte repräsentiert, welcher dem Zentroid der Gemeindefläche entspricht. Diesen Punkten wurden die jeweiligen Werte der Variablen ‚Absatz pro Haushalt" aus einer unternehmensinternen Datenbank zugewiesen. Nachfolgend wurde aus dieser zunächst unregelmäßigen Punktverteilung durch Interpolation (inverse distance weighting) statt einer Choroplethenkarte ein Raster ermittelt, das in Abbildung 6.6 dargestellt ist. Rote Farben entsprechen einer hohen Absatzintensität, während blaue Farben einen niedrigen Absatz pro Haushalt veranschaulichen. Durch diese Rasterkarte wurde in West-Ost-Richtung auf der Höhe Gießens eine Gerade gezogen, anschließend wurden die Variablenwerte als Profil der tangierenden Rasterzellen in Abbildung 6.7 veranschaulicht. Es ist festzustellen, daß der Absatz pro Haushalt in westlicher Richtung von Gießen zunächst schneller auf ein Niveau von 25 DM abfällt als in östlicher Richtung, anschließend aber bis zum westlichen Rand Mittelhessens weniger stark abfällt, als dies am östlichen Rand geschieht. Diese Grafik belegt, daß das Einzugsgebiet des Unternehmens nach Osten verschoben ist. Dies ist auf die stärkere Konzentration von Mitbewerbern im Westen des Standortes (Oberzentrum Wetzlar) zurückzuführen und ist sehr charakteristisch für die Einzelhandelsunternehmen in Gießen (vgl. Abbildung 5.7).

Geomarketing in der Zielgruppen-Analyse 139

Abbildung 6.6: Intensität des Absatzes (erstes Quartal 1997) in DM pro Haushalt

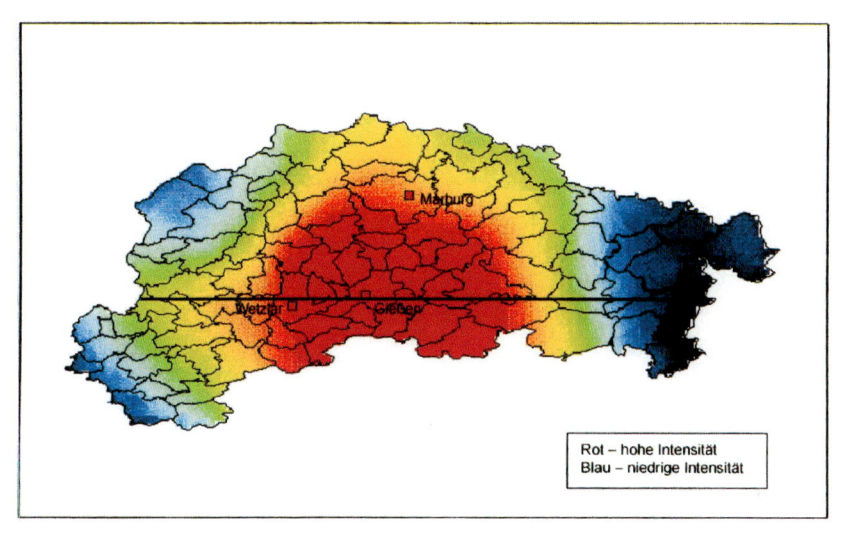

Quelle: eigene Darstellung

Abbildung 6.7: Profil zu Abb. 6.6 - Absatz in DM pro Haushalt in Mittelhessen (erstes Quartal 1997)

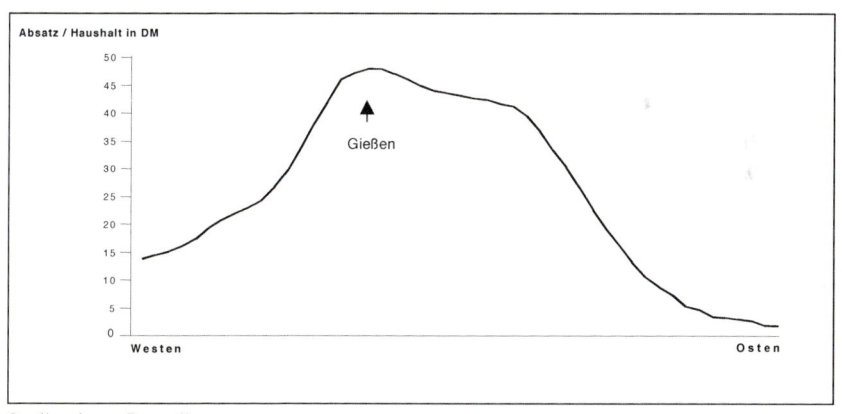

Quelle: eigene Darstellung

6.2.2.3 Analyse der Struktur des Einzugsgebietes

Im betriebswirtschaftlichen Abschnitt dieses Kapitels wurde bereits auf die konkurrenz- und nachfrageorientierte Preisbildung hingewiesen. Neben der Lokalisierung und Bewertung von Mitbewerbern im aktuellen Einzugsgebiet, die wie in Kapitel 5 bereits geschildert abläuft, stellt sich in diesem Zusammenhang insbesondere die Frage nach „akquisitionsgeeigneten Nichtkunden" (HÜBNER 1996: 3). Um geeignete Aussagen zu dieser Thematik treffen zu können, wird die Bevölkerung des EZG segmentiert, d.h. in Gruppen aufgeteilt, die intern durch Homogenität und extern durch Heterogenität gekennzeichnet sind.

Hinsichtlich der Segmentierungsstrategie besteht zunächst die Wahl zwischen einer unternehmensintern für das jeweilige Unternehmen und die spezielle Anwendung entwickelten Typologie oder einer allgemeinen Klassifizierung, die von kommerziellen Datenanbietern für den möglichst umfassenden Einsatz projektiert wurde. Eine eigene Typologie wird am einfachsten konzipiert und realisiert, indem die beiden wichtigsten Faktoren, die Kunden von Nicht-Kunden unterscheiden, als Koordinatensystem aufgespannt und die jeweiligen Werte der einzelnen Regionen des EZG darin eingetragen werden. Bestimmen etwa die Faktoren ‚Alter' und ‚Einkommen' maßgeblich die Kaufwahrscheinlichkeit eines Kunden, so kann das Koordinatensystem wie in Abbildung 6.8 erstellt werden. Es besteht keine Korrelation zwischen den 109 Werten der Variablen ‚Alter über 60 Jahre' und ‚Kaufkraft-Index' der GFK auf der regionalen Basis von fünfstelligen Postleitzahlgebieten (r^2 = 0,035). Es lassen sich kaufkraftstarke von weniger kaufkraftstarken PLZ-Gebieten unterscheiden. Diese Form der Klassifikation kann durch den Einsatz einer Clusteranalyse weitergeführt werden (vgl. Kapitel 3.3.3). Sie ist jedoch in keines der etablierten Desktop-GIS integriert und muß nach wie vor mittels externer Statistikprogramme vorgenommen werden.

Eine sehr einfache, aber dennoch effektive Variante bietet die Software REGIOGRAPH von MACON (Abbildung 6.9). Dort kann eine thematische Karte erstellt werden, indem zwei Variablen gegenüber gestellt werden. Den Regionen des Untersuchungsgebietes wird je nach Zugehörigkeit zu den beiden Klassen eine der vier definierten Farben zugewiesen. Abbildung 6.9 zeigt das Menü zur Zuweisung der Klassengrenzen und der Farbwahl. Die größte Limitation dieser Anwendung besteht darin, daß das Portfolio lediglich aus zwei Variablen mit jeweils zwei Klassen gebildet wird. Trotzdem kann sie zur einfachen Visualisierung von vier Ausprägungen durchaus sinnvoll eingesetzt werden. So ist es auf diese Weise z.B. möglich, das von der BOSTON CONSULTING GROUP (BCG) entwickelte Portfolio für jedes der PLZ-Gebiete zu veranschaulichen.

Abbildung 6.8: Zusammenhang zwischen Alter und Kaufkraft der Bevölkerung im Einzugsbereich von Gießen auf der räumlichen Basis von Postleitzahlgebieten (1996)

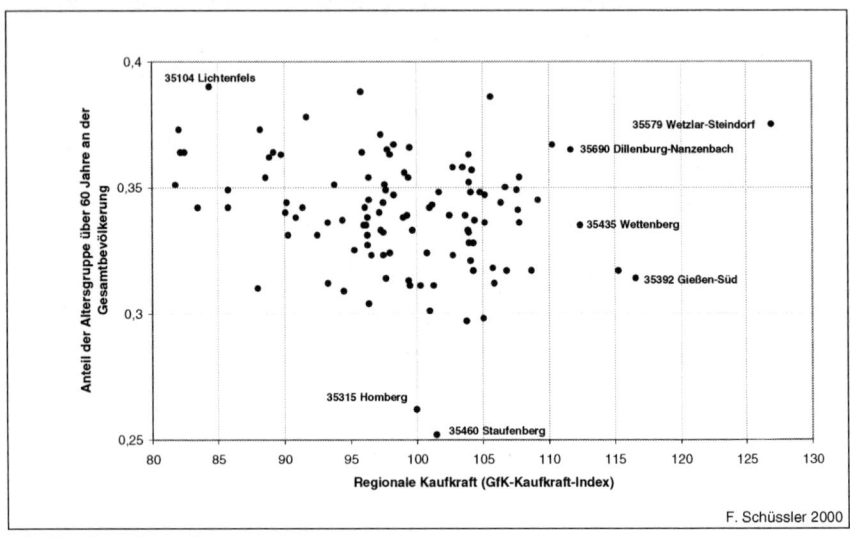

Quelle: eigene Darstellung

Abbildung 6.9: Erstellung eines Regional-Portfolios in REGIOGRAPH

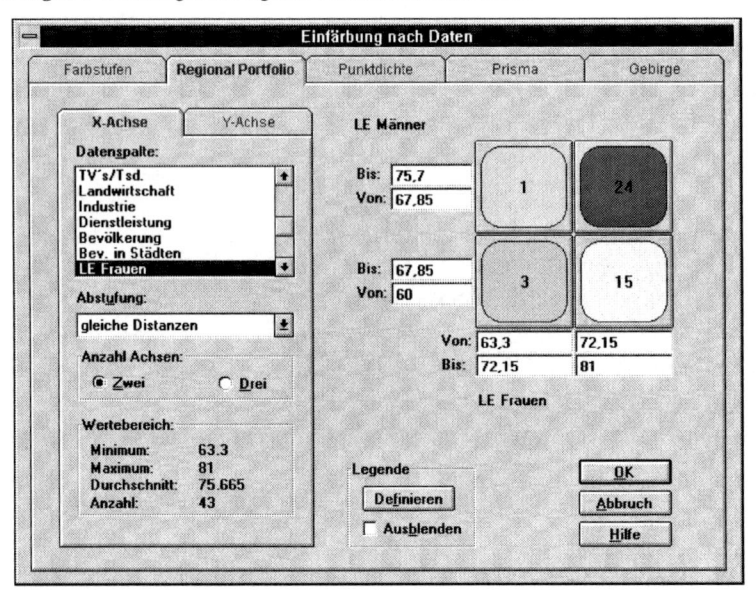

Quelle: MACON 1999

Fehlen interne Kundendaten, muß auf externe Segmentierungsdaten zurückgegriffen werden. Neben den bereits in Kapitel 2.4 vorgestellten Klassifikationen existieren noch weitere Ansätze, von denen hier aufgrund der Einfachheit und praktischen Relevanz nur noch die von KOTLER ET AL. (1999: 406) vorgestellte AID-Methode dargelegt wird. AID steht für ‚Automatic Interaction Detection' und ähnelt rein methodisch der Clusteranalyse. AID funktioniert, indem der Gesamtmarkt zunächst in die zwei bedeutendsten Segmente unterteilt wird. Beide Segmente werden nur wiederum in die nächsten (insgesamt 4) Gruppen unterteilt, bevor diese selbst nochmals aufgeteilt werden. Die Unterteilung in die einzelnen Segmente muß nicht nach starren Regeln oder statistischen Methoden erfolgen, sondern kann auch nach den Einschätzungen oder Erfahrungen der Verantwortlichen gebildet werden. Darüber hinaus sind zur Erstellung einer solchen Segmentierung keine sehr teuren Spezialdaten erforderlich, sondern die Analyse basiert auf den weit verbreiteten Standarddatensätzen, die von vielen Anbietern preisgünstig erworben werden können. Sind die Segmente gebildet, können über einfache SQL-Abfragen (vgl. Kapitel 3.3.2) diejenigen Regionen ausfindig gemacht werden, in denen die Segmente besonders häufig zu finden sind.

Abbildung 6.10: Der AID-Ansatz

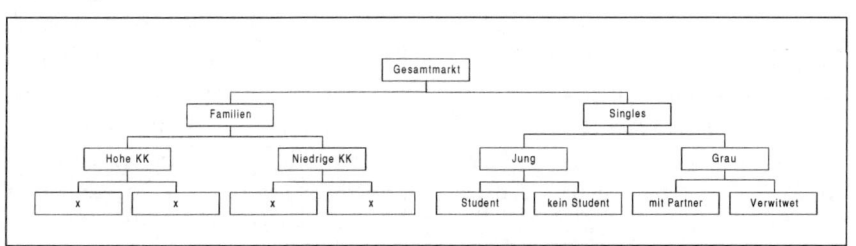

Quelle: nach Kotler 1999: 406, verändert, x = nicht weiter aufgeschlüsselt

Angesichts der Verwendung interner und externer Daten läßt sich feststellen, daß mit zunehmender Dauer des Segmentierungsprozesses die Menge und Qualität der internen Daten zunimmt und somit immer weniger externe Daten verwendet werden müssen. Theoretisch stehen am Anfang einer Segmentierungsstrategie lediglich externe Daten zur Verfügung, da noch keine eigenen Kunden vorhanden sind. Wird die interne Kundendatenbank - evtl. im Rahmen eines Data Warehouse - erstellt und gepflegt, so ist schon nach kurzer Zeit diese Informationsquelle wichtiger als die gekauften Marktdaten. Abbildung 6.11 faßt diese Aussage zusammen.

Abbildung 6.11: Externe und interne Daten während des Segmentierungsprozesses

[Diagramm: Datenbedarf vs. Dauer des Segmentierungsprozesses; interne Informationen / Kundendaten; externe Informationen / potentielle Kunden. F. Schüssler 2000]

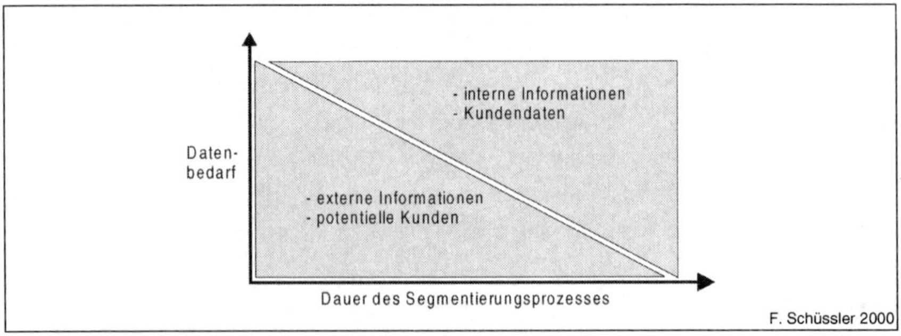

Quelle: eigene Darstellung

6.2.2.4 Penetrations- und Potentialanalyse

Liegen nach der Analyse der demographischen und ökonomischen Struktur des gesamten EZG und der Kundenstruktur nun beide Datensätze vor, so können durch deren Kombination aussagekräftige Angaben zur Penetration und Marktdurchdringung des EZG getroffen werden. Nachfolgend werden verschiedene Methoden vorgestellt. Eine Möglichkeit besteht darin, die Verteilung der Haushalte der Verteilung der Kunden im EZG gegenüberzustellen. HÜBNER (1996: 6) liefert ein Beispiel, in der die Kundenbestandsanalyse eines Touristikunternehmens dargestellt ist. Für vier Altersklassen wird der Bestandsindex gebildet. Liegt der Bestandsindex bei 100, so entspricht die Verteilung der Kunden exakt der Verteilung der Haushalte. Liegt er darüber (darunter), so wird das vorhandene Potential besser (schlechter) ausgenutzt.

Tabelle 6.1: Bestandsindex

Alter	Haushaltsverteilung in %	Kundenverteilung in %	Bestandsindex
< 30	20,95	30,43	145
30 - 45	34,95	39,90	114
46 - 60	38,20	26,88	70
> 60	5,90	2,79	47

Quelle: Hübner 1999: 6

KOTHE (1996) bildet den Bestandsindex nicht nur mit einer, sondern auf der Basis von zwei Variablen und stellt das Ergebnis in Form eines dreidimensionalen Diagramms dar (Abbildung 6.12). Der Bestandsindex wird hier als Höhe des Quaders angegeben. In diesem Falle schöpft das betrachtete Unternehmen vor allem die Segmente ‚Klassische Bürger' und ‚Orte mit weniger als 5.000 Einwohnern' überdurchschnittlich gut aus.

Geomarketing in der Zielgruppen-Analyse

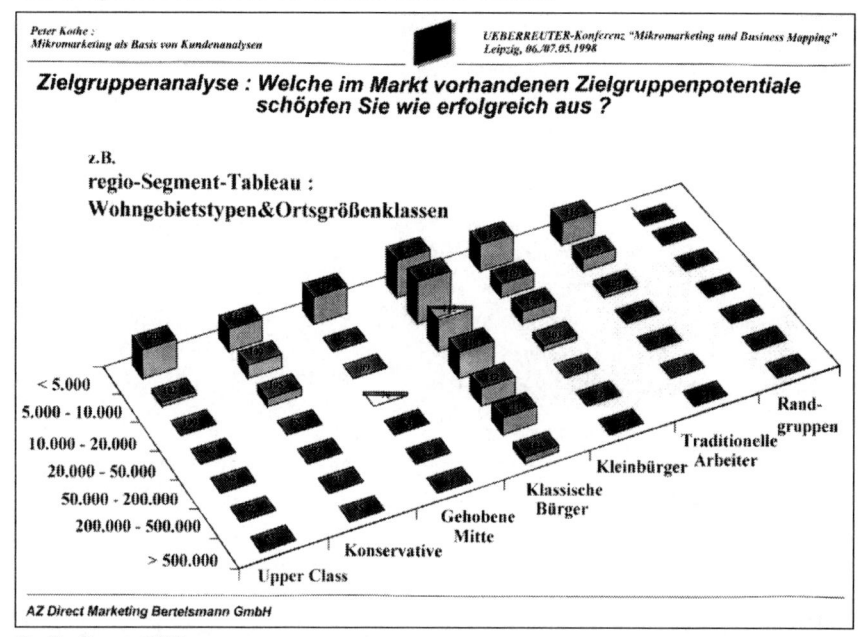

Abbildung 6.12: Bestandsindex auf der Basis von zwei Variablen

```
Peter Kothe:                                    UEBERREUTER-Konferenz "Mikromarketing und Business Mapping"
Mikromarketing als Basis von Kundenanalysen     Leipzig, 06./07.05.1998
```

Zielgruppenanalyse : Welche im Markt vorhandenen Zielgruppenpotentiale schöpfen Sie wie erfolgreich aus ?

z.B.
regio-Segment-Tableau :
Wohngebietstypen&Ortsgrößenklassen

< 5.000
5.000 - 10.000
10.000 - 20.000
20.000 - 50.000
50.000 - 200.000
200.000 - 500.000
> 500.000

Upper Class | Konservative | Gehobene Mitte | Klassische Bürger | Kleinbürger | Traditionelle Arbeiter | Randgruppen

AZ Direct Marketing Bertelsmann GmbH

Quelle: KOTHE 1996

Aus den internen und externen Daten können viele weitere Indizes wichtige Erkenntnisse über die besonderen Merkmale der Zielgruppe liefern.[23] Für jede Teilregion kann durch das Gegenüberstellen der Kundendaten mit den Marktdaten in den Teilgebieten ihres Marktes das vorhandene Potential sowie die Bewertung der Potentialausschöpfung, d.h. der Penetrationsindex festgestellt werden. Nach NITSCHE (1998: 151 ff.) können drei Stufen der Penetration unterschieden werden. Die erste Stufe der Penetration stellt in jeder Teilregion des EZG (z.B. in den Postleitzahlgebieten) die Zahl der Kunden der absoluten Zahl der Privathaushalte gegenüber:

*Penetration (1) = Kunden / Privathaushalte * 100*

Die zweite Stufe der Penetration verwendet als Nenner nicht die absolute Summe aller Haushalte, sondern die vorher ermittelte (s.o.) Zahl der Haushalte, die als Zielgruppe definiert wurden:

*Penetration (2) = Kunden / Privathaushalte in der Zielgruppe * 100*

---

[23] In diesem Zusammenhang müssen insbesondere Scoring-Techniken genannt werden. Weiter Informationen zu Scoring und GIS finden sich in Kapitel 7.3

Schließlich wird bei der dritten Stufe nicht mehr die gesamt Zielgruppe eingesetzt, sondern lediglich die Anzahl der Haushalte der Zielgruppe, die ein zu betrachtendes Produkt oder eine betreffende Produktgruppe auch tatsächlich besitzen. Diese Form der Penetrationsanalyse ist nur bei sehr exakter quantitativer Marktkenntnis und bei gleichzeitig scharf abgegrenzten Produktgruppen oder Produkten einsetzbar.

*Penetration (3) = Kunden / Privathaushalte mit Produktbesitz * 100*

NITSCHE betont ausdrücklich, daß es sich erst bei der dritten Stufe um den Marktanteil des Unternehmens handele: „Vielfach wird bereits bei der Penetration der ersten oder zweiten Stufe von einem Marktanteil gesprochen, was aber falsch ist, da die Bezugsbasis bei einem Marktanteil die verkauften bzw. verwendeten Produkte sind. Die Penetration der ersten oder zweiten Stufe wird daher auch mit Marktausschöpfung und ähnlichen Begriffen belegt" (NITSCHE 1998: 152).

Durch die graphische Darstellung der Werte in Choroplethenkarten kann sehr schnell ein visueller Eindruck von der Verbreitung, den Stärken und Schwächen des Unternehmens oder der einzelnen Produkte im Einzugsgebiet gewonnen werden (vgl. Abbildung 6.13).

Geomarketing in der Zielgruppen-Analyse 147

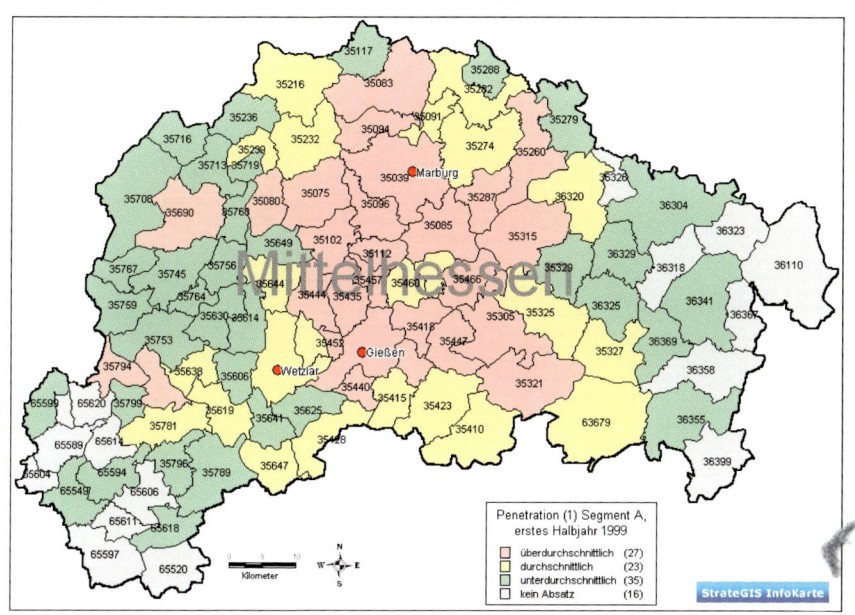

Abbildung 6.13: Penetration ersten Grades im Untersuchungsgebiet

Quelle: STRATEGIS 1999

6.2.2.5 Preispolitische Entscheidungen

Welche Bedeutung kann nun den in Kapitel 6 vorgestellten Analysen in Bezug auf die preispolitische Entscheidungsunterstützung zugemessen werden? Zunächst dienen die Analysen vornehmlich der Aufbereitung von Daten zu Informationen, die Anwendern und Entscheidungsträgern Strukturen und Zusammenhänge verdeutlichen, die vorher in den bereits mehrfach erwähnten ‚Mountains of Data' verborgen blieben. Diese generelle, objektivierte Marktinformation kann vor allem in Form von optisch ansprechenden Landkarten viele Sachverhalte vermitteln, die ohne GIS und Geomarketing wohl kaum in die Entscheidungsfindung eingeflossen wären. Anhand der o. g. Indikatoren, Abfragen, Klassifizierungen und Karten läßt sich die Geschäftsstrategie im allgemeinen und die Preisbildung im speziellen auf die tatsächlich vorhandene Nachfrage der tatsächlichen oder potentiellen Kunden auf regionaler Basis analysieren und anpassen.

Ein Beispiel für den Einsatz der drei verschiedenen Penetrationsindizes liefert Tabelle 6.2. Sie zeigt auf, welche Strategie bei entsprechender Kombination der Indizes in den betrachteten Teilgebieten des EZG als angebracht erscheint. Hier drängen sich relativ konkrete Empfehlungen in den Gebieten auf, die Relevanz zur Entscheidungsunterstützung dürfte durch die genannten Konstellationen sehr hoch sein.[24]

---

[24] Obwohl die aussagekräftige Bildung dieser Indizes keine besonderen Anforderungen an GIS oder Daten stellt, hat der Autor solche Kombinationen weder in der Praxis noch in der Literatur entdeckt.

Tabelle 6.2: Kombination der Penetrationsindizes

	Penetration (Haushalte)	Penetration 2 (Zielgruppe)	Penetration 3 (Besitzer)	Aussage / Strategie
HH Z	Hoch	Hoch	-	Hohe Penetration sowohl bei allen Haushalten in der Region als auch bei der Zielgruppe läßt auf eine sehr dominante Marktstellung hindeuten -> *weiter so!*
HH Z	Hoch	Niedrig	-	Eigentlich eine ungültige Kombination. Taucht sie trotzdem auf, trifft die Definition der Zielgruppe im betrachteten Gebiet nicht zu -> *Zielgruppe neu strukturieren!*
HH Z	Niedrig	Hoch	-	Die kleine Zielgruppe wird sehr gut ausgeschöpft -> *Zielgruppe durch neue Produkte erweitern*
HH Z	Niedrig	Niedrig	-	Selbst die kleine Zielgruppe wird nicht gut bearbeitet -> *neue Zielgruppe und neue Produkte suchen!*
Z B	-	Hoch	Hoch	Hohe Penetration der Zielgruppe und der Besitzer -> *evtl. Zielgruppe durch neue Produkte oder Produktvariation erweitern*
Z B	-	Hoch	Niedrig	Ungültige Kombination, da sich Zielgruppe und jetzige Besitzer nicht decken -> *Zielgruppe neu strukturieren!*
Z B	-	Niedrig	Hoch	Zielgruppe wird schlecht ausgeschöpft, Besitzer aber gut -> *vielleicht ist das Produkt zu teuer oder die Zielgruppe stimmt nicht?*
Z B	-	Niedrig	Niedrig	Kein Markterfolg -> *Neue Zielgruppe und neue Produkte suchen!*

Quelle: eigene Zusammenstellung

7. GEOMARKETING IN DER MEDIASELEKTION UND DATABASE MARKETING

7.1 Betriebswirtschaftliche Grundlagen

In der Betriebswirtschaftslehre wird unter dem Begriff ‚Kommunikationspolitik' allgemein die „bewußte Gestaltung der auf den Markt gerichteten Informationen eines Unternehmens" zusammengefaßt (MEFFERT 1991: 443). Folglich richtet sich die Betrachtung im Rahmen der vorliegenden Arbeit auf den Versuch der gezielten Beeinflussung des Verhaltens potentieller Konsumenten durch die Anbieter des Einzelhandels.

Das primäre Ziel der Kommunikationspolitik umschreibt WÖHE (1996: 64) wie folgt: „Die Anbieter müssen große Anstrengungen unternehmen, um die verwöhnten Nachfrager mit der Qualität, der Preiswürdigkeit und den Bezugsquellen ihres Angebots bekannt zu machen". Das Ziel dieses Bestandteils des Marketing-Mix leitet sich aus dem Oberziel ‚Gewinnmaximierung' der Unternehmen ab und liegt aus deren Sicht in der Überwindung von Absatzwiderständen und Generierung von Kaufmotivation; aus der Perspektive der Nachfrager dient die Kommunikationspolitik der Firmen- und Produktinformation.

Abbildung 7.1 verdeutlicht den idealtypischen Ablauf der angewandten Kommunikationspolitik. Ausgehend von einer Situationsanalyse werden zunächst allgemeine Marketingziele definiert, bevor die Ziele des Instrumentes der Kommunikationspolitik festgelegt werden. Anschließend legt sich das Management auf eine Kommunikationsstrategie und die Höhe des Budgets fest. Der inhaltlichen und formalen Gestaltung der Kampagne folgt die Streuung der Werbemedien. In einer Phase der Erfolgskontrolle wird zunächst der Erfolg der aktuellen Kampagne beurteilt, was zu einer neuen Situationsanalyse führt. Anschließend werden gegebenenfalls Ziele und Strategien an die veränderte Situation angepaßt.

Die Kommunikationspolitik wird zumeist in vier Teilgebiete gegliedert: Werbung, Verkaufsförderung, Öffentlichkeitsarbeit und persönlicher Verkauf. Diese vier Elemente bilden den ‚Kommunikationsmix'. Unter Werbung, die auch allgemein als ‚Sprachrohr des Marketing' bezeichnet wird, versteht man den Einsatz von Werbemedien zur konkreten Kaufmotivation. Dieses Ziel wird auch im Rahmen der Verkaufsförderung durch gezielte Maßnahmen in der Verkaufsstelle (Ladenlokal, Geschäft) verfolgt, dagegen soll durch die Öffentlichkeitsarbeit (Public Relations) die allgemeine öffentliche Meinung zum Produkt oder zur Firma beeinflußt werden. Schließlich wird beim persönlichen Verkauf ein möglichst „schlagkräftiger Außendienst" (MEFFERT

1991: 444) eingesetzt, um durch direkte Interaktion mit potentiellen Kunden die Kommunikation zwischen Anbieter und Nachfrager herzustellen.

Die Untersuchungen dieses Kapitels richten sich auf die Werbung, da hier die räumliche Komponente am weitaus stärksten ausgeprägt ist. Im Bereich Verkaufsförderung existieren zwar auch raumbezogene Ansätze, diese beschränken sich jedoch auf die mikrogeographische Erfassung und Darstellung von Kundenbewegungen in einzelnen Geschäften - die sog. ‚shopper movement patterns' - mittels GIS sowie die daraus resultierenden Analysemöglichkeiten (vgl. BERRY 1998: 26 ff.). Während Teilbereiche des persönlichen Verkaufs in den Abschnitten zur Servicepolitik im Kapitel ‚Produktpolitik' erörtert werden, wird die Öffentlichkeitsarbeit nur marginal von raumbezogenen Aspekten tangiert und aus diesem Grunde vernachlässigt. Folglich konzentriert sich die Betrachtung ausschließlich auf das kommunikationspolitische Teilgebiet Werbung.

Die Ziele der Werbung können in solche ökonomischer und außerökonomischer Art unterteilt werden. Ökonomische Ziele sind direkt auf die Verbesserung von Umsatzbzw. Gewinnsituation ausgerichtet. Hingegen zielen die nicht monetären außerökonomischen Ziele darauf ab, das Kaufverhalten der Konsumenten zu beeinflussen, indem deren Kaufmotivation durch die Verbesserung des Bekanntheits- oder Informationsgrades erhöht, Sympathie geschaffen wird oder Einstellungen geändert werden (NIESCHLAG ET AL. 1994: 579).

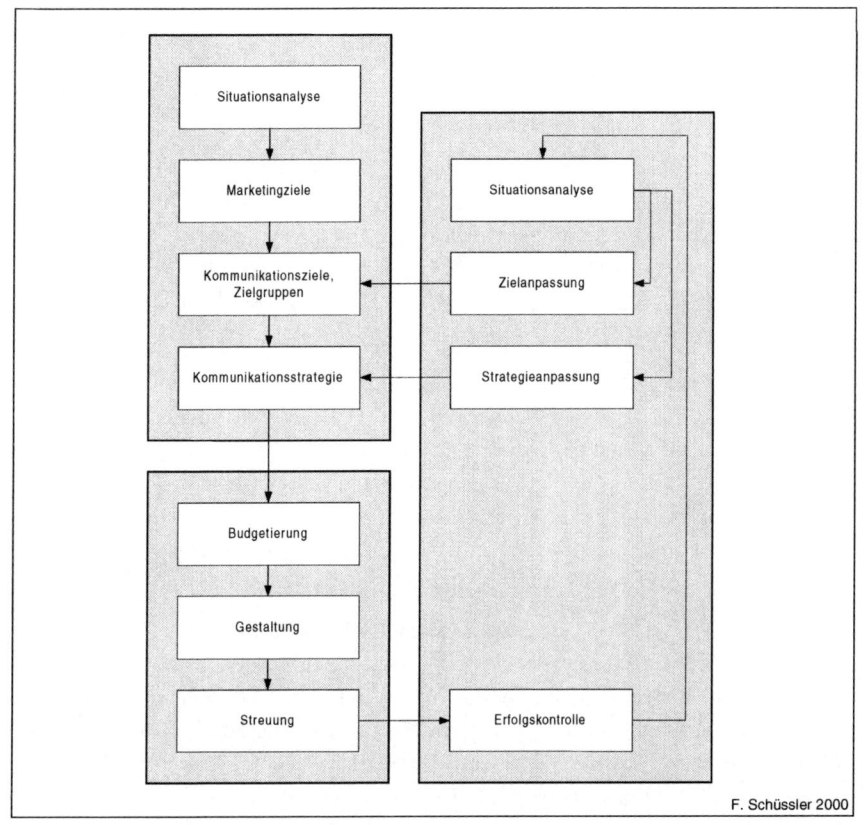

Abbildung 7.1: Ablauf der Kommunikationspolitik

Quelle: eigene Darstellung, in Anlehnung an MEFFERT 1991: 449

Als aktive Instrumente der Werbung, die zur Umsetzung der vorher definierten Ziele der strategischen Planung dienen, können sowohl die Budgetierung als auch die Gestaltung der Botschaft und die Streuplanung dienen. Die Budgetierung kann durch theoretische Ermittlung des optimalen Werbeetats durchgeführt werden. Dabei gilt analog des marginalanalytischen Ansatzes die Maximierungsbedingung Grenzertrag (R') = Grenzkosten (K'). Optional kann ein konkurrenzbezogenes Modell entwickelt werden, wobei vorwiegend geschätzte Größen der Mitbewerber hinzugezogen werden müssen, wie etwa die Werbeausgaben der Konkurrenten (MEFFERT 1991: 465).

In der betriebswirtschaftlichen Praxis werden seltener diese theoretischen Ansätze verfolgt, statt dessen haben sich einige praktikablere Methoden durchgesetzt. So ist die Festlegung des Werbeetats am Umsatz oder Gewinn relativ einfach durchführbar, hat jedoch den entscheidenden Nachteil, daß in ökonomisch erfolgreichen Jahren das Werbebudget relativ hoch, hingegen in weniger erfolgreichen Jahren relativ niedrig ist. Das gleiche Problem ergibt sich bei der Orientierung an der Höhe der zur Verfügung stehenden Mitteln, während die Festlegung eines branchenüblichen Etats die aktuelle Marktsituation und die Individualität des Unternehmens vernachlässigt.

Als allgemein anerkannte Methode hat sich als Synthese der oben genannten Ansätze die zielorientierte Budgetierung unter Berücksichtigung der betriebswirtschaftlichen Variablen Umsatz und Gewinn bei gleichzeitiger Einbeziehung der branchenüblichen Etats erwiesen (MEFFERT 1991: 472). Dabei wird ein Absatzziel exakt definiert, das entsprechend des ökonomischen Prinzips mit den geringsten Werbekosten erreicht werden soll.

Die Gestaltung der Botschaft richtet sich nach der anzusprechenden Zielgruppe und der Höhe des zur Verfügung gestellten Etats. In der Regel werden externe Agenturen mit der werblichen Gestaltung beauftragt, falls keine unternehmenseigene Werbeabteilung existiert. Die wichtigsten Aufgaben sind die Entscheidungen über die Frage, was gesagt und wie es vermittelt werden soll. Hinsichtlich des Inhaltes der Botschaft wird zwischen rationalen, emotionalen und moralischen Appellen an die Empfänger differenziert (KOTLER ET AL. 1999: 762 ff.).

Um die Werbebotschaft mit den zur Verfügung stehenden Mitteln an die definierte Zielgruppe zu richten, ist eine detaillierte Planung der Streuungsaktivitäten notwendig. Darunter ist die Budgetallokation auf die Werbeobjekte, die Werbemittel und die Werbeträger zu verstehen. Zunächst gilt es zu entscheiden, welche Produkte der Angebotspalette beworben werden sollen. Anschließend müssen bei der Inter-Mediaselektion geeignete Werbeträger ausgewählt werden. Dabei konkurrieren die Insertionsmedien (Zeitungen und Zeitschriften), elektronische Medien (Fernsehen, Radio und Film), Medien der Außenwerbung (Plakatierung) sowie Medien der Direktwerbung miteinander und verfügen jeweils über spezifische Vor- und Nachteile (BERNDT 1992: 258). Seit Mitte der neunziger Jahre ist als weiterer wichtiger Werbeträger das Internet hinzugekommen.

Aufgabe der Intra-Mediaselektion ist es, innerhalb jeder Mediagruppe geeignete Träger zu ermitteln. Als besonders wichtige Größe in diesem Zusammenhang sei bereits auf den Tausender-Preis hingewiesen, der den Preis zur Ansprache von 1000 Personen definiert. Hier fallen auch zeitliche und räumliche Faktoren besonders in Gewicht, da mit der Selektion von Trägern auch Entscheidungen über Frequenz, Verbreitung und Reichweite der Werbung getroffen werden.

Aus den beschriebenen Determinanten der zielgerichteten Kommunikationspolitik, hier speziell der Werbung, läßt sich leicht ein enormer Informationsbedarf zur Planung und Koordination derselben ableiten. So sei an dieser Stelle lediglich erwähnt, daß Marketingziele, Zielgruppen oder Mediaselektion je nach Unternehmensstandort sehr verschieden strukturiert sein müssen, was insbesondere vertiefte Kenntnisse der Nachfragesituation erfordert. Im weiteren Verlauf des Kapitels werden die Einsatzmöglichkeiten von GIS im Bereich der Printmedien (Abschnitt 7.2) und im Database Marketing (Abschnitt 7.3) dargestellt.

7.2 Regionale Inter-Mediaselektion bei Printmedien

7.2.1 Definition und Zielsetzung

Unternehmen des Einzelhandels geben durchschnittlich 1,7 % Ihres Bruttoumsatzes für Werbung aus, dies sind 5,2 % der gesamten anfallenden Kosten (BBE 1999). Das mit deutlichem Abstand wichtigste Werbemedium für Unternehmen des Einzelhandels stellen erfahrungsgemäß Tageszeitungen samt Beilagen dar, aus diesem Grunde beschränkt sich die weitere Untersuchung auf diesen Werbeträger.

Die Zahl der in Deutschland erscheinenden Tageszeitungen ist sehr hoch: mehr als 600 Titel mit insgesamt etwa 2000 regionalen Unterausgaben (Quelle: ZEITUNGS-MARKETING-GESELLSCHAFT 1998: o. S.) erscheinen täglich, wobei etwa 85 regionale Anzeigenkooperationen bestehen. Außerdem werden zahllose anzeigenfinanzierte Blätter kostenlos an die privaten Haushalte verteilt. Die unternehmenspolitisch sehr bedeutsame Aufgabe, unter den im Einzugsgebiet erscheinenden Printmedien die richtigen und der Zielgruppe angemessenen Titel mit der eigenen Werbung zu belegen, stellt für jeden Entscheidungsträger im Handelsunternehmen eine anspruchsvolle Aufgabe dar.

GRAF (1997: 295) benennt in diesem Zusammenhang ein Einsparpotential von 20 bis 25 Prozent des betrieblichen Etats für Printmedien und bilanziert: „Die gesamte deutsche Handelslandschaft zeigt erfahrungsgemäß eine flächenmäßig zu weit ausgedehnte Werberegion. Diese beinhaltet enorme Rationalisierungspotentiale, nicht nur in ökonomischer, sondern auch in ökologischer Hinsicht (verbrauchtes Papiervolumen)" (GRAF 1997: 296).

Folglich besteht die Aufgabe der Mediaselektion vornehmlich darin, die Haushalte der richtigen Zielgruppe mit einer ausreichenden Anzahl Werbeanstöße zu kontaktieren; dies sollte zum richtigen Zeitpunkt und zu möglichst geringen Kosten geschehen (GABLER 1988: 336). Somit handelt es sich um die Aufgabe, einen Mediaplan zu erstellen, der das vorhandene Werbebudget optimal allokiert.[25]

---

[25] In diesem Zusammenhang wird unterstellt, daß das betrachtete Handelsunternehmen bereits über seine Zielgruppe informiert ist und nun lediglich die konkrete Marktbearbeitung vornimmt. Weitere Informationen zur Zielgruppen-Analyse finden sich z.B. in Kapitel 5.2 und 6.2.

7.2.2 Mediaanalyse

Die erste und wohl einfachste Aufgabe besteht zunächst darin, die im Einzugsgebiet (EZG) des Einzelhändlers erscheinenden Titel samt Ihrer regionalen Ausgaben ausfindig zu machen, um einen Überblick hinsichtlich der potentiell belegbaren Werbeträger zu gewinnen. Anschließend sollen die gelisteten Titel in Bezug auf Ihre Leistung analysiert werden, die sie für den aktuellen Mediaplan des Einzelhandelsunternehmens erbringen. Dabei ist zwischen Abonnement-Titeln, Kaufzeitungen (meist Boulevardblätter in Einzelverkauf) und Supplements (Einlagen, Beihefte) zu unterscheiden. Es handelt sich somit um die Aufgabe, eine Kandidatenliste potentieller Werbeträger zu erstellen. Zu diesem Zweck sind verschiedene GIS-ähnliche Anwendungen entwickelt worden, die auf der räumlichen Basis des EZG nach vorhandenen Printmedien suchen und diese in strukturierter Form auflisten.

Zu diesen Softwareanwendungen zählen etwa der ZMG VERBREITUNGSATLAS 1998/99 der ZEITUNGS-MARKETING-GESELLSCHAFT GMBH (ZMG), MARIS WERBEMITTELVERTEILUNG der GENI GMBH oder REGIOMDS, ebenfalls von der ZMG. Allerdings ist es nicht immer möglich, das EZG anhand einer eigens ermittelten Definition zu bestimmen, denn zumeist wird ein Ausgangsort samt radialer Distanzen auf Luftlinien-Basis (Pufferzonen) als Grundlage verwendet, der in der Regel nicht dem tatsächlichen EZG entspricht (vgl. Kapitel 5.2.). Dies stellt einen erheblichen Nachteil dar und sollte bei der Wahl des Systems unbedingt berücksichtigt werden. Neben der reinen Auflistung der Titel werden zumeist zusätzliche Angaben der Zeitungen aufgeführt, so etwa die Höhe der Gesamtauflage.

Abbildung 7.2 zeigt das Ergebnis einer Selektion, die mittels des ZMG-Verbreitungsatlas 1998/99 für den Lahn-Dill-Kreis durchgeführt wurde. Aufgelistet sind alle von der ZMG erfaßten Zeitungen samt ihrer Auflage, der Auflage im Kreis und dem daraus gebildeten Auflagenanteil. Die Ausgaben der ‚WETZLARER NEUER ZEITUNG' und des ‚DILL-BLOCKES' erreichen mit Auflageanteilen von 94 und 98 % sehr hohe Werte, während die beiden Gießener Zeitungen und die BILD-ZEITUNG regional nur eine untergeordnete Rolle spielen.

Um jedoch die Eignung der vorkommenden Ausgaben aus rein quantitativer Hinsicht beurteilen zu können, sind einige Indizes und Kennwerte sehr hilfreich, die anhand der regionalen Kennzahlen mittels der Software gebildet werden können. Deren Werte können in einigen Systemen abgerufen und analysiert werden, wobei mit der Veränderung des Untersuchungsgebietes die daraus resultierenden Änderungen sofort in Form aktualisierter Werte angezeigt werden. Tabelle 7.1 faßt die Indizes zusammen und nimmt kurze Definitionen vor.

Abbildung 7.2: Zeitungstitel im Lahn-Dill-Kreis

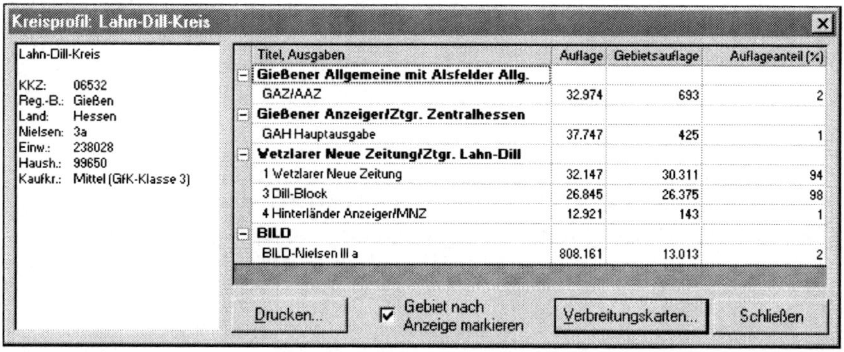

Kreisprofil: Lahn-Dill-Kreis				
Lahn-Dill-Kreis	Titel, Ausgaben	Auflage	Gebietsauflage	Auflageanteil (%)
KKZ: 06532	– Gießener Allgemeine mit Alsfelder Allg.			
Reg.-B.: Gießen	GAZ/AAZ	32.974	693	2
Land: Hessen	– Gießener Anzeiger/Ztgr. Zentralhessen			
Nielsen: 3a	GAH Hauptausgabe	37.747	425	1
Einw.: 238028	– Wetzlarer Neue Zeitung/Ztgr. Lahn-Dill			
Haush.: 99650	1 Wetzlarer Neue Zeitung	32.147	30.311	94
Kaufkr.: Mittel (GfK-Klasse 3)	3 Dill-Block	26.845	26.375	98
	4 Hinterländer Anzeiger/MNZ	12.921	143	1
	– BILD			
	BILD-Nielsen III a	808.161	13.013	2

Drucken... ☑ Gebiet nach Anzeige markieren Verbreitungskarten... Schließen

Quelle: ZMG 1999: o. S.

Tabelle 7.1: Indizes zur Mediaanalyse

Index	Beschreibung
Haushaltsindex	Anteil der Haushalte, die vom Printmedium in dessen Verteilgebiet erreicht werden.
Reichweite	LpA-Index (Leser pro Ausgabe): die durchschnittliche Anzahl der Leser einer Ausgabe
	LpE-Index (Leser pro Exemplar): errechnet aus der Relation zwischen der Anzahl der Leser einer Ausgabe (LpA) und der verkauften Auflage
	LpN-Index (Leser pro Nummer): Anzahl der Leser einer durchschnittlichen Ausgabe der Zeitschrift, ermittelt über die Frage nach der Nutzung im letzten Erscheinungsintervall
	K^x-Wert (weitester Leserkreis): Summe der Leser in den letzten x Erscheinungsintervallen
Auflagenanteil	Anteil der Auflage des Printmediums, der im EZG liegt.
Kontaktkosten	Absolute Kosten pro 1000 Kontakte

Quellen: VAHLEN 1994: 750, GABLER 1998: 1213 f., ZMG 1999: o. S.

JÄGER (1997: 262) benennt zwar die Auflage als „übliche Währung der Leistungsbewertung", was sich auch mit der Ansicht vieler Handelsunternehmen deckt. Allerdings sollte die Betrachtung und Beurteilung der Medien differenzierter erfolgen. Der *Haushaltsindex* charakterisiert den prozentualen Anteil der Haushalte, die vom entsprechenden Printmedium in dessen Verteilungsgebiet erreicht werden und liefert somit einen Wert für dessen Verteilungsdichte.

Die drei LpX-Werte sowie der K^x-Wert beschreiben auf unterschiedliche Weise die Leser eines Zeitungstitels (vgl. Tabelle 7.1). Wesentlich aufschlußreicher als die bisher genannten Kennziffern ist allerdings ein Wert, der durch die räumliche Verschneidung (vgl. Kapitel 3.3) des Verteilungsgebietes der Ausgabe mit dem EZG des oder der zu bewerbenden Outlets gebildet wird: der *Auflagenanteil*. Dieser Index besagt, welcher Anteil der Auflage des Printmediums im EZG des Händlers liegt. Ein hoher Haushaltsindex von 85 % wird durch einen niedrigen Auflagenanteil von 15 % im negativen Sinne kompensiert. Schließlich geben die *Kontaktkosten* einen ersten Anhaltspunkt für die anfallenden Kosten pro 1000 Kontakte.

Einen kartographischen Überblick verschafft Abbildung 7.3. Im Verbreitungsatlas der ZMG werden die in Frage kommenden Ausgaben des DILL-BLOCKES (ocker), der WETZLARER NEUEN ZEITUNG (grün), des HINTERLÄNDER ANZEIGERS (blau) und des WEILBURGER TAGEBLATTES (violett) dargestellt. Überschneidungen sind durch vertikale Schraffur angezeigt. Die Kreisgrenze ist als dünne braune Linie erkennbar.

Geomarketing in der Mediaselektion und Database Marketing 159

Abbildung 7.3: Bildschirmausschnitt des ZMG-VERBREITUNGSATLAS

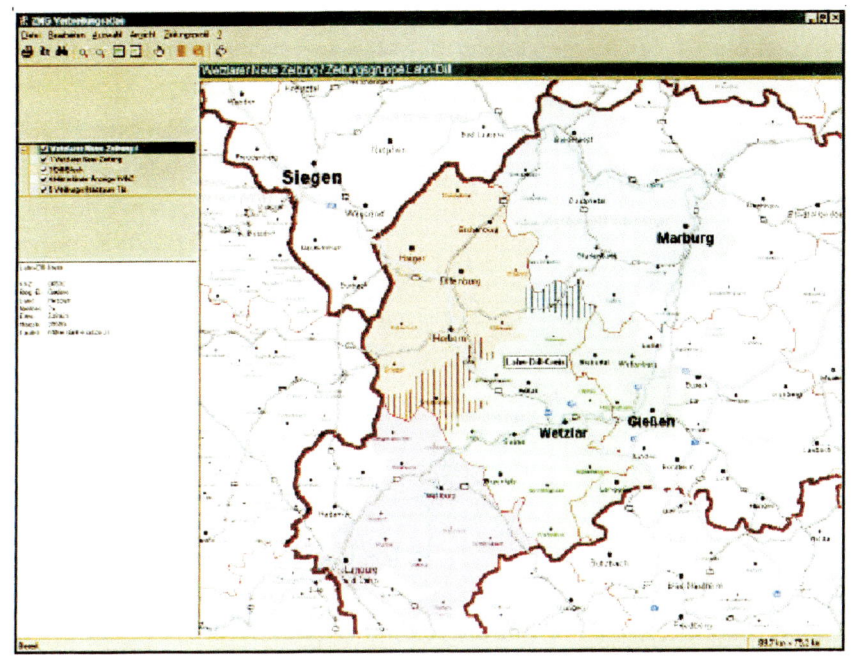

Quelle: ZMG 1999

Hier wird schnell ersichtlich, daß der HINTERLÄNDER ANZEIGER zur Abdeckung des Lahn-Dill-Kreises nicht benötigt wird, da er lediglich in der Gemeinde Bischoffen mit etwa unter 3500 Einwohnern und einer Auflage von 143 Exemplaren verbreitet ist. Im anderen Überschneidungsgebiet liegen die Gemeinden Sinn und Greifenstein, dort werden lediglich Anteile zwischen den beiden wichtigsten Ausgaben verschoben.

Oft wird ein Mediaplan kostengünstiger, wenn statt einiger regionaler Unterausgaben die übergeordnete Ausgabe belegt oder eine Tarifkombination gewählt wird (JÄGER 1997: 273). Diese Optimierung anhand der Grenznutzen können manche Softwareanwendungen auf Wunsch des Benutzers automatisch vornehmen: indem der Planer seinem Mediaplan Titel für Titel zuführt, erfährt er sofort den Auflagenzuwachs im Zielgebiet in Relation zu den Mehrkosten seines Planes, wodurch er Schritt für Schritt zu einer Titelauswahl gelangt (ZEITUNGS-MARKETING-GESELLSCHAFT 1999: o. S.).

Mit dem Auflagenanteil, dem Haushaltsindex, den Kontaktkosten, der Ausgabenoptimierung und einer leistungsfähigen Softwareanwendung hat der Entscheidungsträger im Handelsunternehmen ein primitives, aber zunächst ausreichendes Instrument in der Hand, um Kandidaten für die Werbekampagne vorläufig zu selektieren.

Dies mag für den kleinen, eingesessenen Einzelhändler mit einer oder wenigen Filialen nicht unbedingt eine hilfreiche Anwendung sein, da er die erscheinenden Blätter in seinem EZG und deren Besonderheiten in der Regel sehr genau kennt. Für überregional oder bundesweit operierende Filialisten mit zentraler Mediaplanung stellt die automatische generierte Kandidatenliste allerdings eine sehr hilfreiche Unterstützung dar. Es sei hier nochmals ausdrücklich betont, daß die Software nicht automatisch - ‚auf Knopfdruck' - den Mediaplan festlegt, sondern lediglich ein leistungsfähiges Werkzeug für den Anwender darstellt, der die Entscheidung über die in den Mediaplan zu integrierenden Titel aber letztendlich selbst trifft.

Der Haushaltsindex läßt sich für jeden Titel auf der räumlichen Basis von Gemeinden oder PLZ-Regionen relativ einfach in Form von thematischen Karten darstellen, wobei die Teilregionen anhand der Höhe des Indexes unterschiedlich intensiv eingefärbt werden. Blendet man im GIS zusätzlich die äußere Grenze des EZG ein, erhält der Entscheidungsträger einen sehr guten visuellen Eindruck von der Leistungsfähigkeit des Blattes für seinen aktuellen oder potentiellen Mediaplan.

Auch die unterschiedlichen Formate der Zeitungen (Seitenspiegel) fließen in die Entscheidungskriterien der Mediaanalyse ein. Unterschiedliche Seitenspiegel - wie z.B. ‚Berliner Format', ‚Rheinisches Format' und ‚Nordisches Format' - beeinflussen jeweils die Größe der Anzeigen bzw. die Milimeter-Preise, dadurch kommt es bei mehreren Belegungen unterschiedlicher Formate und analogem Druckverfahren zu einer höheren Zahl der benötigten Druckplatten. Da die Herstellung der Filme und Druckplatten einen wesentlichen Teil des finanziellen Aufwandes einer Kampagne darstellt, ist es aus diesem Grunde ökonomisch sinnvoll, die Zahl der benötigten Druckplatten und somit die Kosten zu minimieren. Bei einer großflächigen, z.b. bundesweiten Belegung kann es durch diese Form der Optimierung bei einer gleichwertigen Reichweite zu beträchtlichen Einsparungen kommen.

Durch die Kandidatenliste sowie durch die Berücksichtigung der Seitenspiegel bei flächenmäßig sehr ausgedehnten Kampagnen steht den Entscheidungsträgern schon eine Fülle von Informationen zur Verfügung. Um nicht nur quantitative Aussagen über die erreichten Haushalte treffen zu können, sondern auch qualitative Bewertungen der vorher definierten Zielgruppe des Handelsbetriebes vornehmen zu können, ist jedoch die Beachtung demographischer und ökonomischer Aspekte notwendig.

Mediaanalysen (MA) stellen wichtige Befragungsergebnisse über die demographischen, ökonomischen und psychographischen Strukturen der Leser bestimmter Titel zusammen. Die bekannteste und am weitesten verbreite MA erstellt die ARBEITSGEMEINSCHAFT MEDIA-ANALYSE (AG.MA), ein loser Zusammenschluß von werbetreibenden Medien in der BRD, deren Mitglieder sich aus den bedeutendsten kommerziellen Hörfunk- und Fernsehveranstaltern, bedeutenden Tageszeitungs- und Zeitschriftenverlagen sowie Werbeagenturen rekrutieren.

Die AG.MA ermittelt u.a. Daten über die Leserschaft von Zeitungen und Zeitschriften. Für die zweimal jährlich erscheinende MA im Bereich Printmedien werden bei ca. 26.000 Personen von Marktforschungsinstituten[26] Interviews durchgeführt, die repräsentative Ergebnisse zur Wahrscheinlichkeit der Mediennutzung für die Bevölkerung ab 14 Jahren in Deutschland liefern und auch Daten zum Freizeitverhalten und zur technischen Ausstattung der Haushalte sowie Angaben zum Alter, Geschlecht, Einkommen, Bildungsabschluß etc. der befragten Personen liefern. Diese Daten können ebenfalls zur Mediaplanung herangezogen werden, indem sie auf der räumlichen Basis der PLZ in die bestehenden Datenbanken des GIS eingebunden werden. Hier zeigt sich wiederum der wichtige Aspekt des räumlichen Bezuges von Daten als Möglichkeit zur Integration verschiedener Datensätze unterschiedlichster Herkunft.

7.2.3 Der Beitrag von GIS und Geomarketing

Bei einer kritischen Analyse der aktuell verwendeten Daten, Methoden und Anwendungen unter Berücksichtigung der oben genannten Einschränkungen läßt sich ableiten, daß die Integration von entscheidungsrelevanten Indizes und Kennwerten der

---

[26] IFAK, INFRATEST, MARPLAN, BASISRESEARCH, MMA, GFM-GETAS, EMNID, INRA, GFK-MARKTFORSCHUNG

Printmedien mit den üblicherweise im Geomarketing verwendeten ökonomischen und sozio-demographischen Daten noch nicht sehr weit fortgeschritten ist. Diese These wird durch das fehlende Angebot von raumbezogenen Medientranchen bei den Geodaten-Anbietern unterstützt. Dies ist verwunderlich, denn die Mehrzahl der im Bereich Geomarketing tätigen Unternehmen betrachtet die Optimierung der Mediaselektion als einträgliches Geschäft und betreibt diesbezüglich auch intensive Akquisitionen. Bis auf wenige Ausnahmen steht hier der erhobene Anspruch der erbrachten Leistung besonders unvereinbar gegenüber, da oft lediglich die bisherigen Werbeaktivitäten kartographisch dargestellt und mit dem EZG verglichen werden. Dabei wird weder Wert auf die räumlich exakte Definition des EZG gelegt (statt dessen werden Pufferzonen gebildet), noch wird die sozio-demographische Struktur der Teilgebiete des EZG besonders berücksichtigt.

Die bisherigen Lösungen stellen zwar einfache Tools für die Entscheidungsträger der Handelsunternehmen dar, sie schöpfen jedoch das in GIS und Geomarketing vorhandene Potential nur zu einem Bruchteil aus. Erst wenn die Integration von Mediaanalysen (z.B. von der AG.MA), Verbreitungskarten (z.B. der ZMG) und sozio-demographischer Daten (z.B. der GFK) auf der Basis einer räumlichen Bezugseinheit (möglichst auf der Basis der fünfstelligen Postleitzahl) erfolgt, steht den Entscheidungsträgern in den Handelsunternehmen ein vollständiger Datensatz zur Planung und Steuerung ihrer Medienpräsenz zur Verfügung.

Erst dann können Geographische Informationssysteme wirkungsvoll zum Einsatz gebracht werden und dienen nicht bloß als Instrumente zur Visualisierung der Verbreitungskarten. Bislang ist diese Integration noch nicht vollständig erfolgt, erste Ansätze sind jedoch zu erkennen.[27]

7.3 Database Marketing (DBM)

7.3.1 Grundlagen des Database Marketing

‚Database Marketing' (DBM) ist heute ein unverzichtbarer Teil des professionellen Direktmarketings, das auf einzelne Wirtschaftssubjekte oder kleine, überschaubare Gruppen ausgerichtet ist. Eine in Deutschland häufig anzutreffende Definition des DBM beschreibt dessen Intention: „Database Marketing zielt darauf ab, Kunden oder potentiellen Kunden individuelle Leistungen zu offerieren, sie individuell zu informieren, den jeweils geeigneten Zeitpunkt für Marketingaktivitäten zu wählen usw., also insgesamt alle Marketinganstrengungen auf die Bedürfnisse des einzelnen Nach-

---

[27] Insbesondere die Software REGIOMDS bietet ein Potential zur praxisgerechten Mediaanalyse.

fragers abzustimmen" (GIERL 1999A: 5). Somit wird die in Kapitel 2 dieser Arbeit vorgenommene Definition des Begriffes ‚Marketing' erweitert, indem explizit einzelne Individuen als Ziel der unternehmerischen Aktivitäten benannt werden. Bei Anwendungen des DBM handelt es sich in der Regel um softwarebasierte IT-Systeme, die personenbezogenes Datenmaterial verwalten und analysieren, um „mit den Adressaten der Marketing-Aktivitäten einen möglichst individuellen Dialog aufzubauen" (DILLER 1994: 164). Der kleinste Markt, das kleinste Segment eines Marktes ist somit bei diesem Ansatz nicht mehr eine Grundgesamtheit, ein Segment, eine PLZ oder eine Zielgruppe, sondern die einzelne Person oder der einzelne Haushalt.

DBM besitzt sowohl Entscheidungs- als auch Steuerungscharakter, so daß es sowohl für Aufgaben der Planung als auch zur Umsetzung konkreter absatzpolitischer Maßnahmen dient (DATABASE MARKETING FORUM 1999: o. S.). Als Gründe für die Entwicklung und den Einsatz von DBM gelten die allgemeinen Ursachen für die Entstehung von Geomarketing (vgl. Kapitel 2), sowie die zunehmende Fragmentierung der Märkte und der Absatzkanäle, die Individualisierung der Nachfrage und hohe Streuverluste bei der bisherigen Werbetätigkeit der Unternehmen durch schwindende Markentreue und veränderte Medien- und Informationsangebote. Die Konzentration auf die Interessenten mit der höchsten Kaufwahrscheinlichkeit bzw. mit dem höchsten Kaufvolumen ist eine logische Konsequenz dieser Entwicklung.

JACKSON & WANG nennen fünf Gründe, die für die Einführung von DBM in Unternehmen sprechen (JACKSON & WANG 1997: 14 f.). Der wichtigste Grund ist demnach die durch DBM entstehende Möglichkeit, alle geplanten Aktivitäten genau auf die potentiellen Interessenten auszurichten. Zweitens könne durch DBM eine langfristige Beziehung zum Kunden aufgebaut werden, indem entsprechend des Kundenverhaltens individuelle Maßnahmen erfolgten (‚Event Based Marketing', EBM). Ferner könnten unterschiedlich gestaltete Werbenachrichten an verschiedene Kunden gesendet werden, was die Effektivität der Werbung gegenüber Massensendungen deutlich erhöhe. Zum vierten werde die physische Distribution (vgl. Kapitel 5) erleichtert, indem die gewünschten Produkte direkt versendet werden könnten und die kostenaufwendige Lagerhaltung durch eine bessere Kontrolle über den Einkauf zumindest teilweise entfalle. Schließlich sei die durch DBM generell verbesserte Information über die Kunden eine wichtige Grundlage für das Verständnis der Belange der Kunden.

Direkte Wettbewerbsvorteile gegenüber den Mitbewerbern können immer seltener durch das Produkt und seinen direkten Nutzen gewonnen werden, statt dessen spielen innovative Kommunikations- und Kundenbindungsmechanismen und serviceorientierte Zusatzleistungen eine immer bedeutendere Rolle (DATABASE MARKETING FORUM 1999: O. S.).

7.3.2 Anwendungen von Database Marketing im Einzelhandel

In diesem Abschnitt werden zunächst einige Anwendungen des DBM vorgestellt, ohne auf deren räumliche Implikationen oder das Potential von GIS und Geomarketing einzugehen. Diese Umsetzung erfolgt in Abschnitt 7.3.3. Viele weitere Anwendungen des DBM sind realisierbar. JACKSON & WANG (1997: 40) benennen insgesamt 15 DBM-Applikationen, die generell von Unternehmen eingesetzt werden können. Sie reichen von der Identifikation der besten Kunden und Cross-Selling über die Steigerung der Effizienz von Distributionskanälen bis zur Generierung eines Management-Informationssystemes. In den folgenden Abschnitten wird lediglich auf die Aspekte eingegangen, die für Einzelhandelsunternehmen relevant und im Rahmen des Geomarketing von Interesse sein können.

Scoring-Modelle

Scoring-Modelle dienen im Einzelhandel vorrangig dazu, für jeden in der internen Kundendatenbank enthaltenen Kunden eine Kennzahl zu ermitteln, die den Wert dieses Kunden für das Unternehmen widerspiegelt. Die Anforderung an das DBM-System bzw. ein integriertes GI-DBM-System besteht somit darin, die qualitative Aussage ‚Kundenwert' in eine quantitativ meß- und vergleichbare Größe zu transferieren.

In anderen Wirtschaftsbereichen werden Scoring-Modelle zur Prognose des zukünftigen Kundenverhaltens aus den bestehenden Kundendaten eingesetzt, so z.B. im Versandhandel oder im Telekommunikationssektor. Kreditinstitute, Versicherungen und Finanzdienstleister setzen Scoring-Methoden zur Kreditwürdigkeitsprüfung, Risikofrüherkennung im Privatkundengeschäft und im Firmenkundengeschäft ein (NITSCHE 1998: 97, POHL 1998: 7 ff., KATHMEYER UND REIHER 1998: 5 ff., KÜHNE 1999: 54 ff.).

KOTLER ET AL. definieren den Begriff des Kundenwertes zunächst rein qualitativ über dessen Einschätzung des Produktes: „The consumer's assessment of the product's overall capacity to satisfy his or her needs" (KOTLER ET AL. 1999: 1000). Um zu einer Quantifizierung zu gelangen, werden als Bestandteile des Kundenwertes laut GIERL (1998a: 6) drei Faktoren genannt: der Wert des Kunden wegen dessen eigener Nachfrage, der Wert des Kunden für die Unterstützung des Unternehmens bei der Akquisition neuer Kunden und schließlich der Wert der Kunden bezüglich der Unterstützung des Unternehmens bei der Verhinderung von Abwanderungen bestehender Kunden.

Der tatsächliche Wert des Kunden ergibt sich durch die Saldierung des Kundenerlöses mit den Kosten, die der Kunde verursacht hat. Es existieren darauf aufbauende komplexe statistische und mathematische Methoden zur Ermittlung des Kundenwertes, die aber aufgrund ihrer mangelnden Praktikabilität nicht umgesetzt werden können. Diese sind jedoch keineswegs nutzlos, da deren Wert auch in der Definition wichtiger Bestandteile des Kundenwertes besteht (GIERL 1998a: 6).

Als hilfreicher und praktikabler Ansatz hat sich laut GIERL (1998a: 7) die Vorgehensweise herausgestellt, den Wert eines Kunden zu einem bestimmten Zeitpunkt durch die Addition gewichteter Ausprägungen einer Reihe von Merkmalen zu bestimmen (vgl. nachfolgende Formel).[28]

$$w^{kt} = \sum g^{ij} x^{ijkt}$$

mit: w^{kt} = Wert des Kunden k zum Zeitpunkt t

g^{ij} = Gewicht von Ausprägung j bei Merkmal i

x^{ijkt} = Ausprägung j von Merkmal i bei Kunde k zum Zeitpunkt t

Die Analyse der Kundendaten in Verbindung mit externen Markt- und Demographiedaten ergibt Ausprägungen von Merkmalen, die für die Charakterisierung der Zielgruppe von großer Bedeutung sind, z.B. ‚mittleres Alter', ‚hohes Einkommen' und ‚städtisches Wohnumfeld'.[29] Sind hinreichend viele für den Absatz des Unternehmens bedeutsame Faktoren ermittelt worden, wird das Scoring-Modell aufgebaut, indem einzelnen Werteklassen positive oder negative Punktewerte zugewiesen werden (vgl. Tabelle 7.2).

Durch die Berücksichtigung der für die Kunden anfallenden Kosten werden nicht nur positive, sondern - z.B. bei häufigen Retouren - auch negative Werte vergeben. Für jeden Kunden kann nun anhand dieser Score-Karte durch Addition der relevanten Werte ein Gesamtwert gebildet werden. Hat ein Kunde etwa zuletzt vor acht Monaten gekauft (25 Punkte), insgesamt vier Käufe seit 18 Monaten getätigt (24 Punkte), bei den letzten drei Käufen im Schnitt DM 320,- ausgegeben (40 Punkte), zwei Aufträge nachträglich storniert (- 5 Punkte) und seit dem letzten Kauf drei Mailings sowie einen Hauptkatalog erhalten (- 18 Punkte), ergibt sich ein indizierter Kundenwert von 66.

Dieser individuelle Gesamtwert kann beispielsweise darüber entscheiden, ob der Kunde bei der nächsten Mailing-Aktion berücksichtigt wird oder nicht. Dabei trifft der Anwender die Entscheidung, bei welcher Punktzahl zwischen ‚Berücksichtigung' und ‚Nicht-Berücksichtigung' differenziert wird. Beschließen die Entscheidungsträger des Handelsunternehmens etwa, das ‚wertvollste' Drittel der in der Kundendatenbank enthaltenen Kunden mit einem besonderen Angebot zu kontaktieren, so können nur durch den Vergleich der Kundenwerte alle Kunden ermittelt werden, die diesem Drittel angehören.

---

[28] Zur weiteren Vorgehensweise vgl. z.B. KOTLER ET AL. (1999: 514)

[29] z.B. über den Bestandsindex (vgl. Kapitel 6) oder über Cluster- und Faktoranalysen.

Tabelle 7.2: Beispiel für ein Scoring-Modell

Einflußgröße	Punktwert					
Letztes Kaufdatum:	Bis 6 Mon.: +40	Bis 9 Mon.: +25	Bis 12 Mon.: +15	Bis 18 Mon.: +5	Bis 24 Mon.: -5	Früher: -15
Häufigkeit der Käufe in den letzten 18 Mon.:	Anzahl der Aufträge multipliziert mit dem Faktor 6					
Durchschn. Umsatz der letzten 3 Käufe:	Bis 50 DM: +5	Bis 100 DM: +15	Bis 200 DM: +25	Bis 300 DM: +35	Bis 400 DM: +40	> 400 DM: +45
Anzahl der Retouren:	0 bis 1: 0	2 bis 3: -5	4 bis 6: -10	7 bis 10: -20	11 bis 15: -30	Über 15: -40
Anzahl d. Werbesend. seit d. letzten Kauf:	Hauptkatalog: Je -12	Sonderkat.: Je -5	Mailing: Je -2			

Quelle: GIERL 1998a: 7

Das oben vorgestellt Scoring-Modell basiert auf der Basis des Kundenwertes. Es ist jedoch durchaus praktikabel, weitere Scoring-Modelle auf der Grundlage anderer Zielgrößen zu bilden. So kann etwa die Bindung des Kunden an das Unternehmen, die Bonität des Kunden oder der Grad der Meinungsführerschaft des Kunden in einem solchen Modell abgebildet werden. Alle Ansätze haben jedoch gemeinsam, daß anhand geeigneter Merkmale ein ‚Gesamtscore' gebildet wird, der eine Unterscheidung zwischen ‚guten' und ‚schlechten' Kunden ermöglicht (KÜHNE 1999: 54).

NITSCHE (1998: 98 F.) unterscheidet fünf Anwendungsmöglichkeiten von Scoring-Methoden im Bereich Marketing und Vertrieb, die sich nach dem aktuellen Stadium der Kundenbeziehung richten (vgl. Abbildung 7.4). Bei der Akquisition neuer Kunden kann diese Methodik z.B. zur Auswahl geeigneter Kunden verwendet werden, wenn neben den eigenen Kundendaten externe Adressen hinzugezogen werden. Oft akkumulieren sich Adressen von Interessenten für ein neues Produkt, die gemäß ihrer Kaufwahrscheinlichkeit klassifiziert und beworben werden können. Im Stadium der höchsten Kundenaktivität können Verfahren des Cross-Selling eingesetzt werden, bei denen entsprechend der jüngsten Kaufaktivitäten der Kunden Produkte oder Dienstleistungen angeboten werden, die den Neigungen des Kunden mit hoher Wahrscheinlichkeit entsprechen (z.B. verbundene Güter wie Schuhe und Ledercreme oder Sofas und Beistelltische). Sinkt die Intensität der Kundenbeziehung (‚letztes Kaufdatum vor X Monaten'), kann dies mittels einer Abwanderungsprognose rechtzeitig erkannt werden. Wenn einige Indikatoren darauf hindeuten, daß der Kunden zu Mitbewerbern gewechselt haben, können entsprechende Aktivitäten zur Reaktivierung der Beziehung durchgeführt werden.

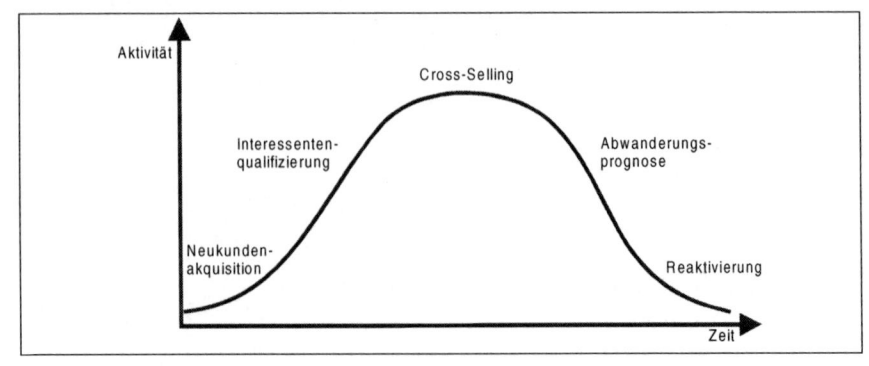

Abbildung 7.4: Einsatz von Scoringtechniken im Kundenlebenszyklus

[Diagramm: Aktivitätsverlauf über Zeit mit den Phasen Neukundenakquisition, Interessentenqualifizierung, Cross-Selling, Abwanderungsprognose, Reaktivierung]

Quellen: eigene Darstellung, nach NITSCHE 1998: 98 und KÜHNE 1999: 55

Zielgruppenspezifisches DBM

Beim zielgruppenspezifischen DBM wird der Ansatz der Scoring-Modelle variiert. Statt die geeigneten Adressaten hinsichtlich einer Marketingaktion zu bewerten und anschließend auszuwählen, wird hier der umgekehrte Weg eingeschlagen: bezüglich einer definierten und klar umrissenen Zielgruppe wird das Marketing auf deren Bedürfnisse, Anforderungen und Eigenheiten abgestimmt. Es erscheint durchaus plausibel, gute Kunden - z.b. Singles mit hohem Kaufvolumen - anders zu bewerben oder andere Waren anzubieten, als Neukunden mit mittlerer Kaufkraft, z.B. Familien mit mehr als zwei Kindern. Hingegen können offensichtlich abwanderungswillige Kunden, bei denen ein Umsatzrückgang festgestellt wurde, aus der Datenbank selektiert und mit einer speziell auf diese Gruppe abgestimmten Aktion bedacht werden.

Event Based Marketing (EBM)

Beim ‚Event Based Marketing' (EBM) steuern feste Regeln spezielle Marketingmaßnahmen, die nur dann durchgeführt werden, wenn ein bestimmtes Ereignis beim Kunden eintritt. So können Kunden mittleren und hohen Wertes eine Geburtstagskarte erhalten, oder nach dem Erwerb eines technischen Gerätes erhalten die Käufer Informationen über Zusatzleistungen. Wird zum Beispiel eine Fotokamera verkauft, wird der Kunde nach seiner Adresse gefragt und anschließend auf postalischem Wege automatisch mit dazugehörigen Unterlagen über passende Objektive oder Filter versorgt.

7.3.3 GIS und Geomarketing im Database Marketing

Der bedeutendste Beitrag von GIS und Geomarketing im Bereich Database Marketing besteht darin, daß raumbezogene Parameter, die aus GI-Systemen stammen, als Variable in die Datenbank aufgenommen und in Scoring-Modellen zur Ermittlung des Kundenwertes herangezogen werden können.

Den Einfluß der Wohngebietstypen auf den Kundenwert sowie die Optimierung von Scoring-Modellen durch die Verwendung raumbezogener Daten stellt POHL (1998) für ein deutsches Touristikzentrum (CENTERPARC BISPINGER HEIDE) ausführlich dar.[30] Das Scoring hatte in diesem Falle die Aufgabe, Adressen aus der betriebsinternen Interessentendatenbank zu qualifizieren, um die Auflage des jährlichen Katalog-Mailings bei gegebenem Budget zu optimieren (POHL 1998: 6). Zunächst fließt das jeweilige Bundesland des Wohnortes des Interessenten in das Scoring ein, indem für jedes Bundesland entsprechend der bisherigen Kundenverteilung ein positiver, neutraler oder negativer Wert vergeben wird. So bekommen Interessenten aus Baden-Württemberg oder Berlin eine positive Zensur, während solche aus Sachsen oder Thüringen neutral und Adressen aus Bayern oder Rheinland-Pfalz negativ bewertet werden. Diese Vorgehensweise wird verfeinert, indem einzelnen PLZ-Regionen Scorepunkte zugeordnet werden. Nun erfolgt die Optimierung des unter Zuhilfenahme weiterer Kundendaten gebildeten Modells durch MOSAIC-Typen auf Straßenbasis (vgl. Kapitel 2.4). Den einzelnen MOSAIC-Typen (Kapitel 2.4) wurden positive, neutrale oder negative Scorepunkte zugewiesen.

Tabelle 7.3: MOSAIC-Typen und Scorepunkte

Scorepunkte	MOSAIC-Typ	Beispiel
++ (sehr positiv)	24, 25, 31	‚Familien in kleinstädtischen, gehobenen Vororten' (Typ 24), ‚Junge und wohlhabende städtische Familien' (Typ 25)
+ (positiv)	23, 26, 27, 28, 29, 32, 33, 37	‚Wohlhabende Kleinstädter in individuellen Häusern' (Typ 26), ‚Junge Kleinstädter in durchschnittlichen Wohnungen' (Typ 32)
0 (kein Einfluß)	1, 2, 3, 4, 5, 9, 12, 14, 15, 17, 18, 19, 21, 22, 30, 34, 35	‚Gutsituierte, ältere Städter' (Typ 1), ‚Der großstädtische Normalbürger' (Typ 5)
- (negativ)	6, 7, 8, 10, 11, 13, 16, 20, 36	‚Ältere Arbeiter in verkehrsreichen Gegenden' (Typ 7), ‚Dorfbewohner/Kleinstädter an Ausfallstraßen' (Typ 36)

Quelle: POHL 1998: 27

Nach der Verbesserung des Scoring-Modelles durch die von externen Anbietern hinzugezogenen geodemographischen Spezialdaten wurde nach der erfolgten Marketingaktion eine sehr erfolgreiche Bilanz derselben gezogen: „Aufgrund der Verwendung

---

[30] Bei der CENTERPARK GMBH handelt es sich zwar nicht um ein Handels-, sonder um ein Touristikunternehmen, die Methoden des Database Marketing und des Scoring eines Kundenwertes sind in diesem Falle jedoch direkt miteinander vergleichbar.

der MOSAIC-Typologie konnte die Reagierer-Quote bei gleichem Adressen-Volumen um 9 Prozent gesteigert werden" (POHL 1999: 37).

HÜBNER (1998) stellt die Wechselwirkung zwischen der räumlicher Entfernung zu einer Reisebürofiliale und der Ausgestaltung des Kundenwertes ebenfalls am Beispiel eines Touristikunternehmens dar (Tabelle 7.4, Abbildung 7.5). In den Spalten der Tabelle sind die entsprechend des Kundenwertes gebildeten Gruppen 1 bis 5 dargestellt. Diese sind gemäß der Entfernung zwischen Kunden und Outlet in unterschiedliche Distanzkategorien aufgeteilt. So erzielt die Gruppe 1 in einer Entfernung von bis zu 3 km einen durchschnittlichen Kundenwert von 433 Punkten, während die gleich Gruppe in über 15 km Entfernung nur noch einen Kundenwert von 143 Punkten erreicht. Auffällig ist hier, daß die Punktwerte der fünf Gruppen innerhalb einer Distanzzone permanent abnimmt, innerhalb einer Gruppe aber mit zunehmender Distanz nicht immer niedrigere Punktwerte ermittelt wurden. Die ist ein klares Indiz dafür, daß die Intensität der Kundenbeziehung nicht kontinuierlich nach außen abnimmt, sondern z.b. durch die Verkehrssituation oder lokale Mitbewerber beeinflußt wird. Natürlich wird das betreffende Touristikunternehmen in einer Marketingaktion zunächst strikt nach den Punktewerten vorgehen. Allerdings liefern die oben angesprochenen Deformationen evtl. wichtige Hinweise bezüglich der Ausgestaltung und der Charakteristik des Einzugsgebietes.

Bezüglich des Database Marketing ist festzustellen, daß die Einbeziehung geographischer Daten in Datenbanken im allgemeinen und in Scoring-Modelle im speziellen in der Regel einen deutlichen Qualitätssprung im Hinblick auf die Entscheidungen eines Handelsunternehmens darstellt. Komplexe GIS-Methoden kommen auch hier nicht zum Einsatz, da es sich hier um Datenbankanwendungen handelt, die lediglich die Integration mittels GIS erzeugter Daten oder unternehmensexterner Geodaten beinhaltet.

Tabelle 7.4: Integration von Zielgruppen- und Zielgebietsanalyse zur Entscheidungsmatrix

	Gruppe 1	Gruppe 2	Gruppe 3	Gruppe 4	Gruppe 5
< 3 km	433	272	232	207	187
3 – 5 km	196	166	148	144	130
5 – 10 km	194	155	150	128	105
10 – 15 km	186	144	128	115	107
> 15 km	143	134	84	78	67

Quelle: HÜBNER 1998B: 14

Abbildung 7.5: Integration von Zielgruppen- und Zielgebietsanalyse

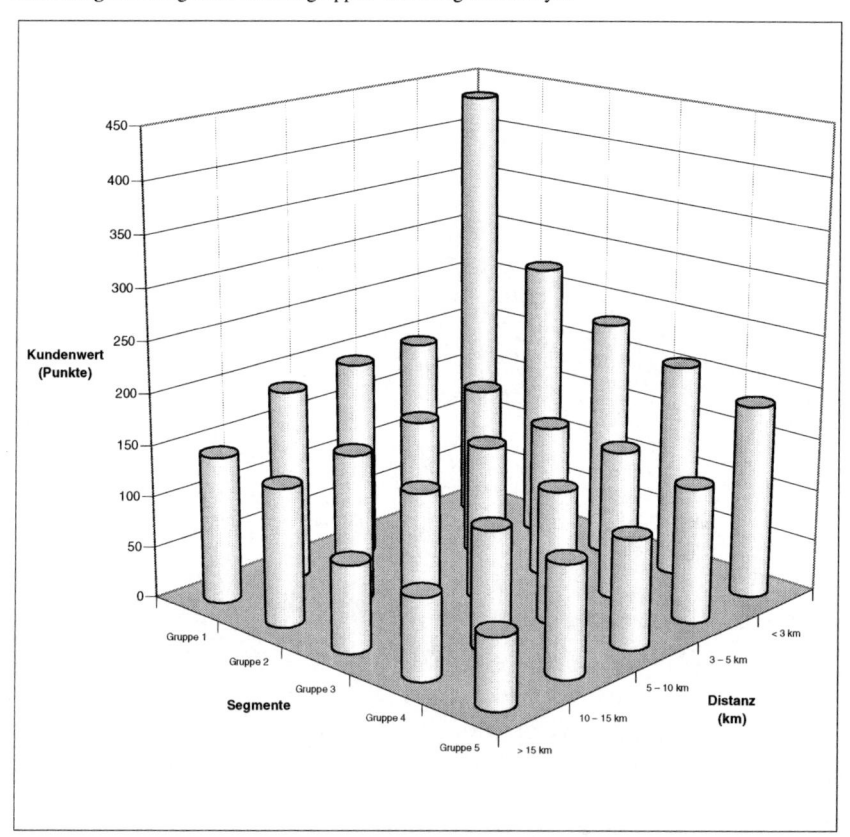

Quelle: eigene Darstellung nach HÜBNER 1998b: 14

8. Geomarketing in der Vertriebs- und Serviceoptimierung

8.1 Betriebswirtschaftliche Grundlagen

Als Gegenstand der Produktpolitik wird allgemein nicht nur die technische Entwicklung und Anpassung von Produkten verstanden, sondern darüber hinausgehend die „Orientierung aller Produkteigenschaften an den Bedürfnissen der relevanten Nachfrage" (WÖHE 1996: 636). In der Literatur zum Thema Marketing besteht ein Dissens bezüglich der Frage, ob auch Serviceleistungen als Teil der Produktpolitik angesehen werden sollen (KOPPELMANN 1997: 103) oder ob die Servicepolitik keinem der vier Marketingbereiche konkret zugeordnet werden kann und sich auf alle Aktivitäten des Marketing bezieht (DILLER 1994: 1049).

In der vorliegenden Arbeit wird der These gefolgt, daß sich der Nutzen eines Produktes nicht allein durch seinen ‚Grundnutzen' ergibt, sondern darüber hinaus auch durch seinen ‚Zusatznutzen'; es wird also bezüglich des Wertes eines Produkts zwischen einem Kernbereich und einem Nebenbereich unterschieden. Den Kernbereich bilden im Handelsbetrieb sämtliche Aufgaben der Produktinnovation, -variation und -eliminierung, hingegen werden im Nebenbereich Aspekte der Programm- und Sortimentspolitik, Verpackungs- und Markenpolitik sowie der Kundendienstpolitik zusammengefaßt.

Im Mittelpunkt der Betrachtung steht in den folgenden Abschnitten der Service in seiner Funktion als produktbezogene Dienstleistung (KOPPELMANN 1997: 103). Dabei ist zunächst zwischen selbständigem und produktbegleitendem Service zu unterscheiden. Während der selbständige Service zeitlich und räumlich nicht mit dem Produktverkauf zusammenfällt und nicht unbedingt vom verkaufenden Einzelhändler sondern von eigenständigen Serviceunternehmen angeboten werden kann, tritt der produktbezogene Service automatisch mit dem Produktkauf in Kraft und wird direkt vom Einzelhändler geleistet.

Als Beispiel für den selbständigen Service sind die freien Kfz-Werkstätten zu nennen, während der produktbezogene Service sich als Zusatz- oder Nebenleistung zum Beispiel bei Automobilhändlern auf zeitlich befristete Fahrgarantien, Kilometergarantien oder kostenlose Inspektionen bezieht. Ferner wird zwischen internem Service, der am Ort der Verkaufsstelle erfolgt, und externem Service am Wohnort des Kunden unterschieden. Die Betrachtung ist nachfolgend auf den externen, produktbegleitenden Service fokussiert, der direkt von verkaufenden Einzelhändlern geleistet wird.

Des weiteren ist zwischen unfreiwilligen und freiwilligen Serviceleistungen zu differenzieren. Unter die unfreiwilligen Serviceleistungen fallen gesetzlich geregelte Mindeststandards, die beim Verkauf jedes Produktes gelten, wie z.b. eine Mindestgarantie von sechs Monaten, die Gewährung des Umtauschrechtes und die Erstinspektion, z.B. vor der Zulassung von Neuwagen. Unter die freiwilligen Serviceleistungen fallen alle Formen der Kulanz, z.B. eine Garantieausdehnung über den gesetzlich vorgeschriebenen Rahmen hinaus, Produktschulungen, Auslieferungen oder Montageleistungen.

Ein leistungsfähiger, produktbezogener Service wird in der gegenwärtigen Situation des Einzelhandels (vgl. Kapitel 4) als Bestandteil des Warenangebots zunehmend wichtiger (BBE 1999: C-6). Dabei stehen zwei Funktionen im Mittelpunkt: das Abheben des Händlers von Mitbewerbern durch seine besseren Serviceleistungen und eine Erhöhung des betrieblichen Informationsniveaus durch die „Sensorfunktion" des Service, die durch intensiveren Kontakt mit Nachfragern und Kunden entsteht (DILLER 1994: 1049).

Innerhalb der Servicepolitik werden drei Teilgebiete unterschieden: Lieferpolitik, Kundendienst und Garantiebestimmungen. Die Lieferpolitik beschäftigt sich mit die Zustellung von Konsumgütern. Speziell im Einzelhandel geht es um den Transport von Waren zum Kunden, zumeist nach erfolgtem Kaufabschluß. So werden sperrige oder schwere Möbel oft gegen geringes Entgelt oder kostenlos zur Wohnung des Kunden ausgeliefert. Dabei ist ein Konflikt zwischen permanenter Lieferbereitschaft und einer hochgradigen Individualisierung der Anforderungen erkennbar, die sich auf Qualität, Zuverlässigkeit und Flexibilität der Lieferung erstreckt.

Der Kundendienst ist auf unterschiedliche Stadien der Produktnutzung fixiert. Nach dem Kauf finden Installation, Montage und Produktanpassung an individuelle Gegebenheiten besondere Beachtung, während der Produktnutzung werden Aufgaben der Wartung, Pflege und Inspektion durchgeführt. Im Schadensfall müssen Dienstleistungen wie Reparatur oder Ersatzteilbeschaffung sowie Nachkaufmöglichkeiten geboten werden. Am Ende des Produktlebenszyklus bestehen besondere Anforderungen an die Entsorgung von Waren. Diese gewinnen infolge restriktiver Verwertungsbestimmungen zunehmend an Bedeutung, insbesondere bei der kostenintensiven Rücknahme von Altautos oder Elektronikschrott. Die Garantiepolitik beschäftigt sich mit Umfang, Dauer, Organisation und Abwicklung der freiwillig oder unfreiwillig zu leistenden Gewähr.

Auf den nächsten Seiten wird vertiefend dargestellt, in welcher Form Geomarketing mit GIS durch sorgfältige räumliche Planung zur Effektivität des Service beitragen kann. Dies bezieht sich in erster Linie auf die effektive Organisation der Servicepolitik im Rahmen der angestrebten Kostenminimierung. Dabei handelt es sich zunächst um die Optimierung von Marktverantwortungsregionen der Serviceteams (Abschnitt 8.2), bevor anschließend Aspekte der Tourenplanung erläutert werden (Abschnitt 8.3).

8.2 Optimierung von Marktverantwortungsregionen (MVR)

8.2.1 Service und Vertrieb in MVR

Im Rahmen der Servicepolitik von Einzelhandelsunternehmen stellt die schnelle und gleichzeitig effektive Bereitstellung von Montage-, Wartungs- und Reparaturdienstleistungen im Hause des Kunden je nach Branche eine wichtige Zusatzleistung dar. Nach wie vor schrecken viele Konsumenten davor zurück oder sind nicht in der Lage, kompliziertere elektrische Geräte selbst zu installieren (z.b. Waschmaschinen, Elektroherde, Sprechanlagen), sperrige Gegenstände zu transportieren (z.b. Möbel, Fernseher oder Kühltruhen) oder komplexe Produkte zu reparieren (z.b. Computer, Telefonanlagen etc.). Die entsprechende Anforderung an die Handelsunternehmen besteht nun darin, schnellen und kompetenten Service bereitzustellen und gleichzeitig die dabei anfallenden Kosten zu minimieren.

Durch wachsende Marktwiderstände war in vielen Unternehmen während der letzten Jahre eine stagnierende, teils sogar sinkende Produktivität der Außendienstmitarbeiter zu beobachten (KAMM 1997: 160). Um diesen Trend zu stoppen, wurden auch in Deutschland Prinzipien umgesetzt, die in stärker serviceorientierten Ländern wie den USA oder Großbritannien entwickelt wurden und mittlerweile verbreitet eingesetzt werden. Dabei werden Außendienstmitarbeiter nicht mehr bis in alle Details zentral vom Unternehmen gesteuert, sondern agieren als ‚Gebietsunternehmer' mit stark erfolgsorientierter Entlohnung.

Laut KAMM (1997: 161) ist der Außendienstmitarbeiter ist nicht länger ‚Vollzugsperson' einer Organisation, sondern hat sich zu einem ‚selbständigen Unternehmertyp' entwickelt. Um dabei ein hohes Maß an Effektivität zu erreichen, muß in den meisten Fällen der Außendienst reorganisiert werden, denn nur durch ein geschicktes Außendienstsystem kann bei gegebenem Absatzmarkt die Marktausschöpfung erhöht werden. In diesem Zusammenhang muß eine Regionalisierung von Leistungen und Potentialen bzw. Marktvolumen erfolgen (LATZ 1997: 186). Dies bedeutet, daß bestimmten Servicemitarbeitern oder -teams räumlich abgegrenzte Gebiete zugewiesen werden, in denen sie einen hohen Grad an Verantwortung für den Kundendienst tragen. Diese Gebiete werden nachfolgend als ‚Marktverantwortungsregionen' (MVR) bezeichnet.

Ob MVR gebildet werden sollen, hängt vor allem von der Größe des Einzugsgebietes ab. In vielen Fällen ist die Bildung von MVR nicht zwingend notwendig. Die Alternative zur Aufteilung des Einzugsgebietes in MVR stellt gerade in kleineren und mittleren Unternehmen mit überschaubarer regionaler Ausbreitung die auftragsbezogene Ausrichtung des Kundendienstes dar. Dabei werden die Mitarbeiter des Kundendienstes entsprechend des Auftragseinganges oder der Priorität im gesamten Operationsgebiet eingesetzt, ohne raumbezogene Aspekte zu berücksichtigen.

8.2.2 Anforderungen und Kriterien zur Bewertung von MVR

Marktverantwortungsregionen werden in der Regel häufig aktualisiert, denn im Falle des angestrebten Wachstums oder der steigenden Effizienz des Unternehmens werden oft neue Zielgruppen aufgenommen. Um eine bessere Potentialausschöpfung zu erreichen, kommt es zu einer Intensivierung der Kundenbetreuung. Eine Ausweitung des Artikelsortimentes sowie die zunehmende Wettbewerbsintensität verschärfen nochmals den Druck auf die Anpassung von MVR an die veränderten Rahmenbedingungen. Die Bildung oder Reorganisation von MVR stellt somit eine sehr anspruchsvolle Aufgabe für die Geschäftsleitung dar, da sich in der Regel viele Schwierigkeiten bei deren Planung einstellen.

In vielen handels- oder vertriebsorientierten Unternehmungen wurde vor der Einführung stärker objektivierter Planungsmethoden nach dem Prinzip ‚trial and error' vorgegangen. Hier sei nochmals an Wandkarten erinnert, auf welchen mittels Stecknadeln und Wollfäden Kunden und MVR veranschaulicht wurden.

Eine der mühsamsten und kompliziertesten Aufgaben besteht zunächst darin, die über viele Jahre aufgebauten „Fürstentümer" einzelner Mitarbeiter in die Betrachtung einzubeziehen. (KAMM 1997: 168). Diese hatten durch langjährige Zugehörigkeit zum Unternehmen und die daraus resultierenden Privilegien solche Gebiete zu betreuen, die durch ihren Zuschnitt je nach Veranlagung entweder die höchste Provision, die wenigste Arbeit oder die günstigste Relation zwischen Provision und Arbeit bescherten.

Um effektive MVR zu erhalten ist es jedoch notwendig, möglichst gleiche Ausgangsbedingungen für jeden Mitarbeiter zu schaffen. Jeder Mitarbeiter sollte die gleiche Arbeitslast tragen und darüber hinaus auch das gleiche Marktpotential wie sein Kollege vorfinden. Erst dann ist es möglich, die Mitarbeiter anhand ihrer Arbeitsleistung objektiv zu beurteilen und erfolgsorientiert zu entlohnen.

Die verbreitetsten Beurteilungskriterien im Bereich Service können gemäß LATZ (1997: 185) in leistungs- und aktivitätsbezogener Merkmale unterschieden werden. Zu den leistungsbezogenen Kriterien gehört beim regionalen Vertrieb von Waren oder Dienstleistungen die Ermittlung des betrieblichen Ergebnisses in jeder MVR oder jedes Mitarbeiters im Außendienst. Hier wird in der Regel in einer Ergebnisliste der erzielte Umsatz oder der Deckungsbeitrag aufgeführt. Demgegenüber wird bei aktivitätsbezogenen Kriterien die Quantität der Durchführung einer bestimmten Anzahl von

Aktionen gemessen, so etwa die Häufigkeit der Kundenbesuche, die Summe neu gewonnener Kunden oder die Zahl erfolgreich bearbeiteter Reklamationen.

Wie lassen sich folglich Leistungen im Kundendienst messen, in dessen Zusammenhang nichts direkt verkauft wird und es dementsprechend keine meßbaren Marktanteile oder Deckungsbeiträge gibt? In diesem Zusammenhang treten die aktivitätsbezogenen gegenüber den leistungsbezogenen Kriterien eindeutig in den Vordergrund. Um optimale Kostenstrukturen durch effiziente Marktausschöpfung zu erreichen und um Gerechtigkeit bei der Arbeitsbelastung der Mitarbeiter herzustellen, ist auch hier der optimale regionale Zuschnitt der MVR erforderlich.

Dadurch kann gleichzeitig ein äußerst positiver Nebeneffekt erreicht werden: der Anteil der Aktivitäten im einzelnen Gebiet an allen Aktivitäten im Einzugsgebiet des Außendienstgebietes (sozusagen der ‚Marktanteil der Aktionen') ist aufgrund des gleichen Potentials nun gleichzeitig das bedeutendste Leistungskriterium zur Beurteilung der Mitarbeiter (LATZ 1997: 186). Da in jeder MVR die gleiche Ausgangsbasis besteht, werden die Aktionen vergleichbar, somit ist entsprechend der aktivitätsbezogenen Kriterien die Durchführung von 20 % der Aktionen in Region A höher zu bewerten als der Anteil von 18 % in Region B. Ein solcher Vergleich war vor der Bildung ausgewogener MVR nicht möglich.

8.2.3 Planung von MVR mittels GIS-Software

Den üblichen, vereinfachten Ablauf der Planung von Marktverantwortungsregionen erläutert Abbildung 8.1. Den Ausgangspunkt zur Planung der neuen Regionalstruktur bilden zumeist die alten MVR. Diese Vorgehensweise erscheint sinnvoll, da die Mitarbeiter des Außendienstes in der Regel einen möglichst großen Teil ihres alten Gebietes beibehalten sollen. Aus diesem Grunde wird eine kartographische Darstellung benötigt, auf der die Gliederung der bisherigen Marktregionen visualisiert ist. Oft ergeben sich hier die ersten Schwierigkeiten, da entweder keine genaue Abgrenzung vorgenommen wurde, Zonen als ‚Niemandsland' existieren oder starke Überschneidungen bestehen. In diesem Stadium sollte daher lediglich versucht werden, die bisherige Zonierung möglichst realitätsnah - wenn auch nicht in allen Details - in Form einer IST-Karte abzubilden.

Anschließend erfolgt die Konkretisierung der Zielsetzung des Vorhabens. Hier werden Bedingungen vorgegeben, mit deren Erfüllung eine optimale Regionalstruktur gewährleistet wird. Eine der Vorgaben besteht zumeist darin, gleiche Potentiale für alle Regionen herzustellen. Dafür werden die in Abschnitt 8.2.2 genannten Kriterien eingesetzt, sofern sie anhand bestehender Daten quantifizierbar sind.

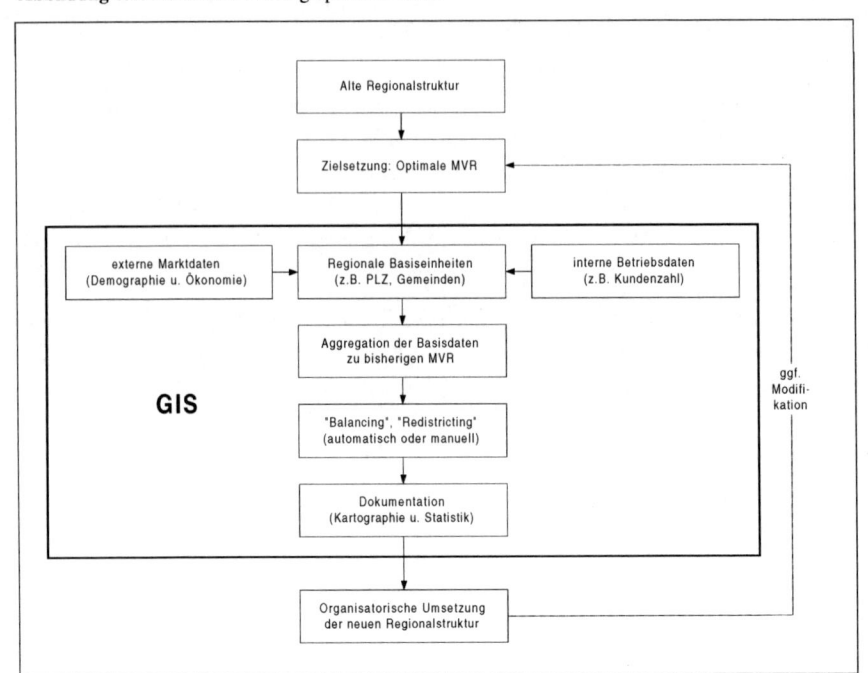

Abbildung 8.1: Ablauf der Planung optimaler MVR

```
┌─────────────────────────────────────────────────────────────────┐
│                    Alte Regionalstruktur                        │
│                            │                                    │
│                            ▼                                    │
│              Zielsetzung: Optimale MVR  ◄──────────────┐        │
│                            │                           │        │
│   ┌──────────────┬─────────┼─────────┬──────────────┐  │        │
│   │  externe     │ Regionale Basis-  │  interne     │  │        │
│   │  Marktdaten  │ einheiten         │  Betriebs-   │  │        │
│   │ (Demographie │ (z.B. PLZ,        │  daten       │  │        │
│   │ u. Ökonomie) │  Gemeinden)       │ (z.B.        │  │        │
│   │              │                   │ Kundenzahl)  │  │        │
│   │              │        ▼          │              │  │        │
│   │              │ Aggregation der   │              │  │ ggf.   │
│   │    GIS       │ Basisdaten zu     │              │  │ Modi-  │
│   │              │ bisherigen MVR    │              │  │ fika-  │
│   │              │        │          │              │  │ tion   │
│   │              │        ▼          │              │  │        │
│   │              │ "Balancing",      │              │  │        │
│   │              │ "Redistricting"   │              │  │        │
│   │              │ (automatisch oder │              │  │        │
│   │              │  manuell)         │              │  │        │
│   │              │        │          │              │  │        │
│   │              │        ▼          │              │  │        │
│   │              │  Dokumentation    │              │  │        │
│   │              │ (Kartographie     │              │  │        │
│   │              │  u. Statistik)    │              │  │        │
│                            │                           │        │
│                            ▼                           │        │
│              Organisatorische Umsetzung  ──────────────┘        │
│              der neuen Regionalstruktur                         │
└─────────────────────────────────────────────────────────────────┘
```

Quelle: eigene Darstellung

Nach der Festlegung der Kriterien sollte die Wahl der räumlichen Bezugsbasis erfolgen (z.B. PLZ oder Gemeinden). Diese ist in starkem Maße von der aktuellen Datenbasis abhängig, die während des vorigen Schrittes festgelegt wurde.[31] Die Bezugseinheiten werden durch den kleinsten gemeinsamen räumlichen Nenner definiert, d.h. durch die Art von Regionen, mit denen sich die vorhandenen internen und externen Daten möglichst feinräumig verknüpfen lassen.

Die bedeutendsten räumlichen Bezugseinheiten stellen in diesem Zusammenhang die Gemeinden sowie postalische Regionen unterschiedlicher Genauigkeit dar, hier insbesondere die fünfstelligen Postleitzahlgebiete. Diese sind den Attributdaten ohne Schwierigkeiten zuzuordnen, wenn in den betriebsinternen Daten - beispielsweise in Kundendaten - Adressen vorgehalten werden. Diese enthalten zumeist Postleitzahlen, die einfach als Schlüssel zur Geocodierung benutzt werden können.

---

[31] Vgl. auch Kapitel 2.4

In der überwiegenden Mehrzahl der Anwendungen werden flächenhafte Objekte zur Zuordnung der Attributdaten benötigt. Dies hat drei Gründe. Erstens ist es bislang in den GIS-Softwarepaketen nicht oder nur mit unverhältnismäßig hohem Aufwand möglich, linien- oder punktförmige Geometrien zur Gebietsplanung zu verwenden, wie z.b. Straßen- oder Hausdaten. Die entsprechenden Algorithmen (‚Balancing‘, ‚Redistricting‘, s. u.) sind in den verbreiteten Systeme nicht integriert. Zweitens sind die vorhandenen linien- und punktförmigen Daten externer Datenanbieter wesentlich teurer als die herkömmlichen PLZ- oder Gemeindedaten. Schließlich ist die Zuordnung der Attributdaten zu den flächenhaften Daten oft wesentlich einfacher, da gerade durch die Postleitzahl ein gebräuchlicher Schlüssel vorhanden ist, den die Anbieter von Marktdaten verwenden.

Hat man sich für eine räumliche Bezugsbasis entschieden, werden im Geographischen Informationssystem die benötigten externen Marktdaten mit den Geometrien verknüpft; das gleiche gilt für die internen Betriebsdaten. Diese Datenstruktur bildet den Ausgangspunkt für die anschließende Aggregation der Basisdaten zu den bisherigen MVR. Dabei werden anhand der vorliegenden IST-Karte die aktuellen MVR durch die Aggregation der regionalen Grundeinheiten (z.B. PLZ) zusammengefaßt. Für jede MVR kann nun deren gegenwärtige Struktur einfach dargestellt oder abgelesen werden.

Abbildung 8.2 zeigt eine solche Bestandskarte der Gebietsoptimierung in dem Geographischen Informationssystem MAPINFO PROFESSIONAL. Für ein bundesweit operierendes Unternehmen wurden die Postleitgebiete (zweistellige Postleitzahlen) zu den existierenden MVR zusammengefaßt. Die Karte samt nebenstehender Legende verdeutlicht die existierenden Ungleichgewichte. Während Mitarbeiter Schmidt im norddeutschen Raum große Distanzen zurücklegen muß, um seine Kunden zu erreichen, kann Mitarbeiter Schnell wesentlich mehr Kunden auf engstem Raum betreuen.

Geomarketing in der Vertriebs- und Serviceoptimierung 181

Abbildung 8.2: Die Bestandskarte als Basis der Gebietsoptimierung in MAPINFO PROFESSIONAL

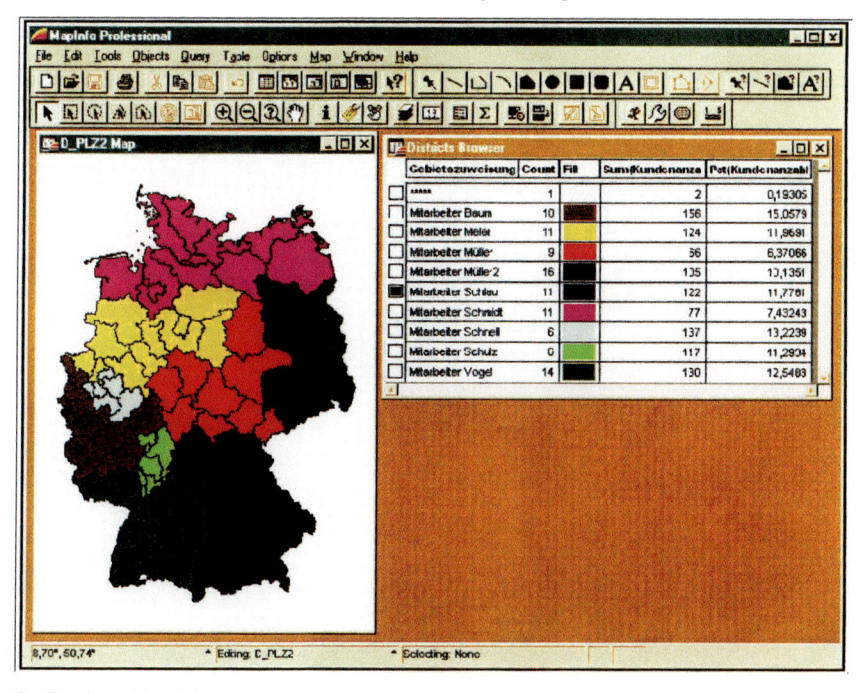

Quelle: eigene Darstellung

Das Optimieren der bestehenden Regionalstruktur wird wegen der Zielsetzung des Ausgleichs der regionalen Potentiale auch als ‚Balancing' oder ‚Redistricting' bezeichnet.[32] Auf dem expandierenden Markt für Geographische Informationssysteme findet sich Software, die speziell für diese Aufgabe ausgerichtet ist (wie z.B. DISTRICT von MACON und DISTRICT MANAGER von LUTUM+TAPPERT). Darüber hinaus verfügen einige der verbreiteten Allround-GIS über Districting-Funktionen (z.B. MAPINFO PROFESSIONAL und MANIFOLD SYSTEM), bzw. lassen sich mit optionalen Tools um diese Funktionalität erweitern (z.B. ARCVIEW). Somit sind reine Districting-Systeme generell von universellen Desktop-GIS mit Districting-Funktionen zu unterscheiden.

Die Districting-Algorithmen sind im GIS-Umfeld weit verbreitet, weil sie in der einfachsten Form - der manuellen Planung - lediglich ein Zuweisen regionaler Basiseinheiten zu MVR und die gleichzeitige Aggregation der diesbezüglichen Kennzahlen darstellen. Diese Zuordnung erfolgt durch den Anwender mittels eines Menüs und ist in Abbildung 8.3 durch einen Pfeil dargestellt. Das Balancing läßt sich jedoch nicht nur manuell, sondern auch halbautomatisch nach Vorgaben oder automatisch mit anschließender manueller Korrekturmöglichkeit durchführen.

---

[32] Im englischen Sprachgebrauch wird ‚Redistricting' allerdings auch im Zusammenhang mit der Neuorganisation von Wahlbezirken verwendet.

Abbildung 8.3: Manuelle Gebietszuweisung in MAPINFO PROFESSIONAL

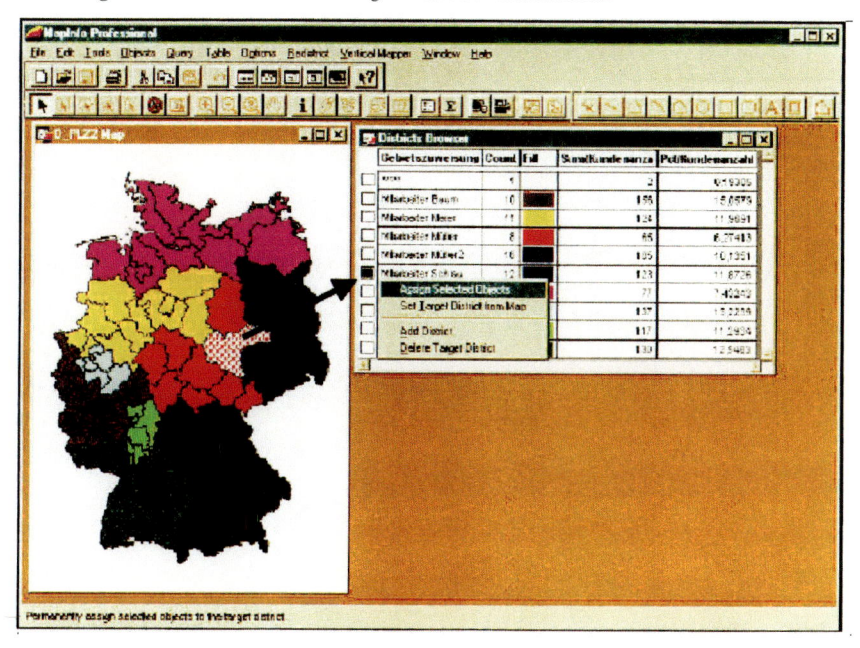

Quelle: eigene Darstellung

Beim automatischen Planen nach Vorgaben wird lediglich die Anzahl der zu ermittelnden Gebiete angegeben, die Aufteilung der Gebiete erfolgt anschließend durch die Software. In diesem Falle wird nicht von der bestehenden Gebietsstruktur ausgegangen, sondern die MVR werden komplett neu ermittelt. In den meisten Programmen ist es jedoch möglich, die vorgeschlagene Struktur manuell zu editieren. Manche Softwareanwendungen erstellen umfangreiche Vorschlagslisten mit diversen Planungsvarianten, wobei jeder Vorschlag akzeptiert, verworfen oder editiert werden kann.

Darüber hinaus ermöglichen es einige Programme, für die Planung spezielle Optimierungskriterien einzugeben. Diese werden vom Anwender in Form von Variablen definiert, die einzeln gewichtet werden können und auf deren Basis das Balancing erfolgt. Ist es für ein Unternehmen beispielsweise besonders wichtig, daß die Zahl der bestehenden Kunden und der erfolgten Aktivitäten in den MVR möglichst ausgeglichen sein soll, können diese beiden Variablen aus der betriebsinternen Datenbank in das GIS überführt und als Kriterien zur Gebietsoptimierung verwendet werden.

Des weiteren ist die Sperrung und Aktivierung von Gebieten möglich. Da in der Regel die Wohnorte der Außendienstmitarbeiter in deren MVR fallen sollen, können diese als ‚gesetzt' definiert werden. Auch begründeten Wünschen der Servicemitarbeitern kann auf diese Weise stattgegeben werden.

In großen Vertriebs- und Serviceorganisationen gibt es meist auch eine hierarchische Gebietsorganisation mit zwei oder mehr Stufen. So gibt es in bundesweit agierenden Handelsketten oft Gebietsverkaufsleiter (z.B. für einzelne Bundesländer), welche die Außendienstmitarbeiter in deren kleineren MVR steuern. Auch die Planung solcher hierarchischer Gebiete ist kann in einigen GIS berücksichtigt werden.

Ohne Zweifel steht mit diesen Systemen ein komplexes und gleichzeitig flexibles Werkzeug zur Gebietsplanung bereit. Dabei erscheint ein psychologischer Faktor besonders wichtig: „Die Neueinteilung von Gebieten durch ein ‚neutrales System' trägt wesentlich zur Akzeptanzsteigerung bei" (MACON 1997: o. S.). Diese Aussage eines Herstellers verdeutlicht, daß viele Unternehmen nach einer Rechtfertigung der Zuschneidung neuer MVR gegenüber ihren Mitarbeitern suchen und dies in dem scheinbar ‚neutralen System' finden. Eine Objektivität ist jedoch nicht per se gegeben, da jede Software durch den Anwender und seine Vorgaben beeinflußt wird. Eine gewisse Transparenz herrscht nur, wenn die verwendeten Vorgaben angegeben und genaue Dokumentationen in Form von Karten samt Kennzahlen der MVR erstellt und an die Mitarbeiter weitergereicht werden. Dieser Schritt ist sehr wichtig zur Überzeugung der Mitarbeiter und zum Kennenlernen ihrer neuen Gebiete.

Anschließend ist es oft ratsam, das Feedback der Außendienstler auf einer Planungskonferenz zu überprüfen und gegebenenfalls in einer neuen Planung zu berücksichtigen. Durch den Einsatz dieses Ansatzes kann die Effizienz des Außendienstes erheblich gesteigert werden, wobei gleichzeitig die Kosten stark reduziert werden. So wurde durch Redistricting bei KRAFT-JACOBS-SUCHARD ein Kapazitätsgewinn von 10 % erzielt (WEBER 1996: 13).

8.3 Tourenplanung

8.3.1 Zielsetzung der Tourenplanung

Tourenplanungs-Systeme oder GIS mit Routing-Funktionen haben das Ziel, die Planung von Servicetouren zu optimieren. Dabei werden Erkenntnisse der Graphentheorie angewendet, die auf Studien LEONHARD EULERS zurückgeführt wird. Dieser unternahm im 18. Jahrhundert diverse Versuche, das Problem der Brücken von Sankt Petersburg zu lösen. Die Bewohner der russischen Stadt an der Newa beschäftigten sich seinerzeit mit der Frage, ob es möglich sei, die sieben Brücken der Stadt zu überqueren, ohne eine davon doppelt passieren zu müssen. EULER bewies, daß dies nicht möglich ist und legte mit der dabei eingesetzten Methodik den Grundstein zur Graphentheorie.

Selbst erfahrene Außendienstmitarbeiter fahren die Touren in ihrem Gebiet in Anbetracht der Wahl der Route häufig nicht optimal (WEBER 1996: 8). Aus diesem Grunde werden heute leistungsfähige PC-Systeme zur Tourenplanung eingesetzt. Mit der dadurch erzielten Kostensenkung durch die eingesparte Kilometerleistung sowie den verringerten Zeitaufwand ist eine Steigerung der Wettbewerbsfähigkeit verbunden. Darüber hinaus verringern eingesparte Fahrkilometer den Schadstoffausstoß sowie den Ressourcenverbrauch. Bedenkt man die allgemein verbreitete Regel, daß es immer billiger ist, einen bestehenden Kunden durch Zufriedenheit mit Produkt und Service zu halten, als einen neuen Kunden zu akquirieren, so kommt hinzu, daß bei vielen Produkten die Schnelligkeit des Service eine bedeutende Rolle spielt. Dies gilt laut QUITTER insbesondere bei Produkten, die der Mobilität des Kunden dienen, z.B. bei Autos oder Geräten der Telekommunikation (QUITTER 1997: 200).

8.3.2 Strategische und operative Tourenplanung mittels GIS

Die Zielsetzung der strategischen Tourenplanung besteht im Rahmen der Servicepolitik darin, durch zentrale Steuerung alle Kundentermine so auf einzelne Mitarbeiter und Touren zu verteilen, daß die Gesamtzeit oder -strecke des Serviceteams minimiert wird (LEIDIG 1997: 230). Somit handelt es sich dabei um die Aufgabe, einen vorhandenen Flottenpark - evtl. unter der Berücksichtigung von Vertriebsgebieten - optimal mit Kundenaufträgen zu versorgen. Für jeden Mitarbeiter des Außendienstes muß ein Tages-, Wochen- oder Monatsplan erstellt werden, auf dem seine Aufgaben eingetragen sind. Diese Anforderung wird in der Regel nicht mit GIS-Software gelöst, sondern mit speziellen Flottenmanagement-Tools.

Im Gegensatz dazu besteht die Aufgabe der operativen Tourenplanung vorrangig darin, die Optimierung von Strecken oder Fahrtzeiten für ein einzelnes Fahrzeug oder einen einzelnen Mitarbeiter vorzunehmen. In diesem Zusammenhang kommen auch GIS zur Anwendung, die über Routing-Funktionen verfügen.

Die Verfahren zur Lösung von Routingproblemen innerhalb der Graphentheorie sind derart komplex, daß für viele Aufgaben keine Algorithmen zur exakten Lösung besteht, sondern lediglich mit heuristischen Lösungsansätzen gearbeitet werden kann. Diese Heuristiken zeichnen sich dadurch aus, daß keine optimalen Lösungen ermittelt werden, sondern Näherungslösungen, die allerdings in der Regel gute Ergebnisse liefern.

Die wohl einfachste Aufgabe einer Routenplanung besteht darin, den kürzesten Weg zwischen zwei Orten zu ermitteln. Dabei kann in den meisten GIS nicht nur die Fahrtstrecke minimiert werden, sondern alternativ dazu auch eine beliebige andere Variable. Sind z.B. mit jedem Streckenabschnitt Überwindungskosten verbunden (vgl. Kapitel 3.3.3), kann auch eine Minimierung auf der Basis dieser Kosten erfolgen.

Eine der bekanntesten Aufgaben im Rahmen der Routenplanung stellt die Lösung des ‚Travelling-Salesman-Problems' dar. Dieses ist auch als ‚Rundreiseproblem' bekannt und bezeichnet den Fall eines Handelsreisenden, der eine bestimmte Anzahl von Kunden aufzusuchen hat, bevor er an den Ausgangspunkt der Reise zurückkehrt. Dabei soll er durch die geschickte Wahl der Kundenreihenfolge seine zurückgelegte Wegstrecke minimieren.

In einem routenfähigen GIS - hier am Beispiel von MANIFOLD SYSTEM - stellt sich die Aufgabe wie folgt dar vgl. (Abbildung 8.4): Voraussetzung ist eine komplett topologische und netzwerkfähige Datenstruktur, die als ‚Net Source' angegeben wird. Darin sind eine Reihe von Punkten zu selektieren (‚Nodes to Visit') und über die enthaltenen Linien zu erreichen. Zunächst müssen also die angestrebten Kundenpositionen selektiert werden, was entweder manuell durch Anklicken von Punkten geschehen kann, oder über attributbezogene Abfragen geschieht[33]. Anschließend wird die Variable spezifiziert, auf deren Basis die Optimierung vorgenommen werden soll (‚Link Value'), also in der Regel Fahrtdistanz, Fahrtdauer oder Fahrtkosten. Erst danach wird der Befehl zur Optimierung der Route für die gewählten Punkte gegeben.

---

[33] vgl. Kapitel 2

Abbildung 8.4: Eingabeparameter zur Travelling-Salesman-Berechnung in MANIFOLD SYSTEM

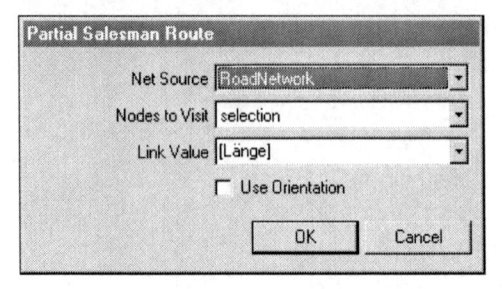

[Screenshot: Partial Salesman Route dialog with Net Source: RoadNetwork, Nodes to Visit: selection, Link Value: [Länge], checkbox Use Orientation, OK/Cancel buttons]

Quelle: eigene Darstellung

Da es bisher keinen mathematischen Algorithmus zur exakten Lösung dieser Aufgabe gibt, müssen von der Software alle möglichen Lösungen ermittelt und verglichen werden, wobei anschließend die günstigste Variante ausgewählt wird. Allerdings ergeben sich bei n Kunden n! mögliche Lösungen: Tabelle 8.1 zeigt die Summe der Lösungen für diverse Kundenzahlen. Schon für wenige Kunden steigt die Zahl der Rechenoperationen sehr stark an und kann selbst mit den leistungsfähigsten PC zur Zeit nicht in einem vertretbaren Zeitrahmen gelöst werden. In den gängigen Softwarepaketen verwendet man daher heuristische Näherungsverfahren (z.B. Simulated Annealing, Threshold Accepting oder den sog. Sintflut-Algorithmus), die nur marginal vom Optimum abweichen.

Manche GIS unterscheiden diverse Salesman-Applikationen. So wird in MANIFOLD SYSTEM zwischen dem ‚klassischen‘, ‚partiellen‘ und ‚multiplen‘ Salesman-Problemen unterschieden. Beim klassischen Fall wird davon ausgegangen, daß alle Punkte des Netzwerkes erreicht werden sollen, bei der partielle Anwendung jedoch lediglich die selektierten Kunden. Schließlich kann bei der multiplen Analyse zusätzlich angegeben werden, auf wie viele Serviceteams die Routen aufgeteilt werden sollen (vgl. Abbildung 8.5). Das Travelling-Postman-Problem ähnelt dem vorigen, weist jedoch einen bedeutenden Unterschied auf: statt einzelne Kunden (geometrische Punkte) zu besuchen, muß der Servicemitarbeiter (der ‚Postman‘) nun Straßenabschnitte (geometrische Linien) befahren. Diese Aufgabe spielt bei Unternehmen des Einzelhandels keine große Rolle. Auch hier wird in Analogie zum Salesman-Problem zwischen ‚klassischer‘, ‚partieller‘ und ‚multipler‘ Methode unterschieden.

Geomarketing in der Vertriebs- und Serviceoptimierung

Tabelle 8.1: Anzahl der potentiellen Lösungen des Travelling-Salesman-Problemes

Anzahl Kunden	Anzahl potentieller Lösungen
2	2
4	24
6	720
8	40.320
10	3.628.800
50	3,04 [64]

Quelle: eigene Zusammenstellung

Abbildung 8.5: Eingabeparameter zur Multiple-Salesman-Berechnung in MANIFOLD SYSTEM

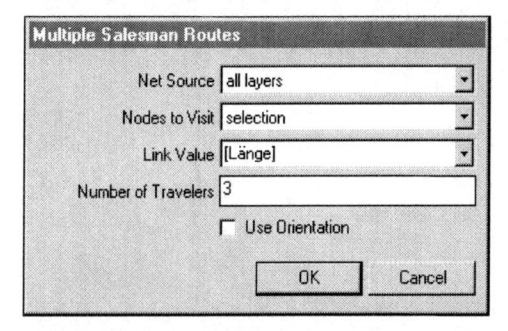

```
Multiple Salesman Routes

        Net Source  [all layers       ▼]
      Nodes to Visit [selection       ▼]
         Link Value  [[Länge]         ▼]
   Number of Travelers [3]

              ☐ Use Orientation

                    [  OK  ]  [ Cancel ]
```

Quelle: eigene Darstellung

Eine weitere Aufgabenstellung in diesem Zusammenhang ist die Planung neuer Basisstandorte von Außendienstmitarbeitern, die anhand einer vorgegebenen Menge an Kundenpositionen ermittelt wird. Diese ist als Emergency-Center-Methode bekannt, da sie in Nordamerika vor allem zur Ermittlung günstiger Standorte von Rettungsdiensten verwendet wird. Sind z.B. alle Wohnorte von Kunden bekannt, die in einem vorgegebenen Turnus besucht werden müssen, so kann von einer leistungsfähigen Software ein anhand der zurückzulegenden Entfernungen optimaler Standort ermittelt werden. Abbildung 8.6 zeigt das entsprechende Eingabefeld in MANIFOLD SYSTEM. Als geometrische Basis dient hier eine Datei namens ‚RoadNetwork', die zu besuchende Menge der Kunden wird unter dem Eintrag ‚Service Clients' angegeben. Zusätzlich erfolgt eine inhaltliche Gewichtung der Kunden entsprechend der in einer bestimmten Periode verbuchten Umsätze. Wie bei den vorangegangenen beiden Methoden kann auch hier unter ‚Link Value' das Kriterium eingegeben werden, nach dem die Position optimiert wird, in diesem Falle ist es die Streckenlänge. Anschließend wird noch spezifiziert, wo die möglichen Zentren plaziert werden dürfen, in diesem Beispiel ist es lediglich gestattet, neue Zentren innerhalb des bestehenden Straßennetzes zu errichten (‚Possible Centers'). Letztlich wird die Zahl der zu planenden Zentren eingegeben und daraufhin der Algorithmus gestartet, worauf kurz darauf der optimale Standort angezeigt wird.

Abbildung 8.6: Eingabeparameter zur Emergency-Center-Berechnung in MANIFOLD SYSTEM

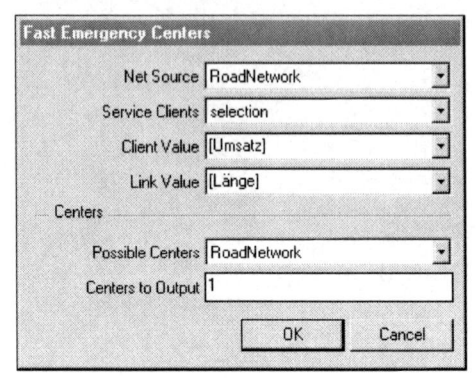

```
Fast Emergency Centers
         Net Source  | RoadNetwork |
     Service Clients | selection   |
         Client Value| [Umsatz]    |
           Link Value| [Länge]     |
  Centers
       Possible Centers | RoadNetwork |
       Centers to Output| 1           |
                    [ OK ]  [ Cancel ]
```

Quelle: eigene Darstellung

8.3.3 In-Car-Navigation

Die Routenplanung ist nicht ausschließlich auf GIS und Personal Computer beschränkt, sondern geschieht immer häufiger direkt in den Fahrzeugen. Dabei kommen sogenannte ‚In-Car-Navigationssysteme' unterschiedlichster Art zum Einsatz. Meist erkennen die Geräte den aktuellen Standort des Fahrzeuges mittels GPS-Navigation und erwarten die Eingabe des Fahrzieles, worauf der Fahrer mittels Displayanzeigen oder akustischer Durchsage dorthin geführt wird. Zwar können vom Fahrer in der Regel auch wenige Zwischenziele definiert werden, dieses Verfahren läßt sich jedoch nicht mit einer Travelling-Salesman- oder Travelling-Postman-Anwendung vergleichen. Diese Art von Navigationssystemen ist gegenwärtig besonders für die individuelle Tourenplanung in Regionen geeignet, die dem Fahrer nicht bekannt sind.

Einen Schritt weiter als diese einfachen Geräte gehen Systeme, die Fähigkeiten von Netzwerk-GIS, GPS, Navigationssystemen und Verkehrsleitsystemen integrieren. So ist es z.B. möglich, einen Notebook-PC mit einer GPS-Karte im PCMCIA-Format auszustatten oder über eine Schnittstelle mit einem GPS-Receiver zu verbinden. Durch diese Verbindung kann die aktuelle Position in einem routenfähigen GIS angezeigt werden und mit Hilfe von digitalen Straßenkarten auf alle o. g. Methoden zugegriffen werden. Dabei findet das System immer die Straße, auf der sich das Fahrzeug bewegt (Map-Snapping-Verfahren) und gibt rechtzeitig über Sprache die nächste Abbiegeinformation. Nach einem möglichen Verlassen der vorgesehenen Wegstrecke berechnet das System automatisch eine neue Route, die nicht auf die alte Route zurückgeführt wird, sondern auf dem schnellsten Wege zum nächsten Zielpunkt führt. Einige Systeme sind mittlerweile in der Lage, Stauinformationen online zu verarbeiten. Dabei werden aktuelle Verkehrsmeldungen (z.B. die der MANNESMANN AUTOCOM) via Datenfernübertragung in das Navigationssystem übernommen und ausgewertet. Das Rückgrat dieses Verkehrsführungssystems bilden etwa 2000 an Autobahnbrücken montierte graue Kästen. Sie registrieren mittels Infrarotsensoren, wie viele Autos mit welcher Geschwindigkeit welche Fahrspuren befahren. Die Daten gelangen über Mobilfunk in die Zentrale der privaten GESELLSCHAFT FÜR VERKEHRSDATEN in Düsseldorf. Die aufbereiteten Informationen werden nun nahezu ohne Zeitverzögerung ebenfalls über Mobilfunk in die Navigationssysteme der Autos gefunkt - vorausgesetzt, der Fahrer hat den entsprechenden Dienst für derzeit etwa 80 DM im Monat abonniert. Sobald das System eine aktuelle Staumeldung erhält, welche die geplante Route betrifft, wird gegebenenfalls automatisch eine alternative Route ermittelt, die den Benutzer um den Stau herumführt.

9. ERGEBNISSE

Der folgende Abschnitt (9.1) faßt die wesentlichen Ergebnisse der vorliegenden Arbeit in komprimierter Form zusammen und dient gleichzeitig als Vorbereitung für die daran anschließenden und darauf aufbauenden Schlußfolgerungen (9.2) sowie den Ausblick auf zukünftige Entwicklungen (9.3).

9.1 Zusammenfassung

Im einleitenden Kapitel wurden Fragestellung, Methodik und Struktur der Arbeit erläutert. In Kapitel 2 (Geomarketing) erfolgte zunächst eine interdisziplinär ausgerichtete Festlegung des Begriffes ‚Geomarketing'. Diese bezeichnet Geomarketing als Planung, Koordination und Kontrolle kundenorientierter Marktaktivitäten von Unternehmen mittels Geographischer Informationssysteme, wobei Methoden angewendet werden, die den räumlichen Bezug der untersuchten unternehmensinternen und -externen Daten herstellen, analysieren und visualisieren sowie sie schließlich zu entscheidungsrelevanten Informationen aufbereiten. Nachfolgend wurden die beteiligten Disziplinen Geographie, Informatik, Statistik, Ökonomie, Soziologie und Psychologie hinsichtlich ihrer methodik- und anwendungsbezogenen Beiträge klassifiziert. Anschließend stand die Entstehung des Geomarketing im Blickpunkt. In diesem Zusammenhang wurden vier wesentliche Tendenzen ermittelt, welche die Entwicklung des Geomarketing initiierten: die zunehmende Marktsättigung aus ökonomischer Perspektive, veränderte Bevölkerungsstrukturen in den Industrieländern als demographische Einflußgröße, die quantitative Revolution der geographischen Wissenschaftsdisziplin und schließlich die rasante Entwicklung leistungsfähiger Hard- und Software seit Anfang der 80er Jahre.

Im Anschluß an die Feststellung, daß Geomarketing zwingend mit dem Einsatz Geographischer Informationssysteme (GIS) verbunden sein muß, wurde das primäre Ziel des Geomarketing definiert: die Verbesserung der Qualität der marktrelevanten Maßnahmen von Entscheidungsträgern. Dieses Ziel basiert auf der These, daß in Betrieben des Einzelhandels relevante Marktinformationen als Mittel zur Entscheidungsfindung und somit auch als „corporate or institutional resource" angesehen werden (LONGLEY & CLARKE 1995: 4). Raumbezogene Informationen sind eine geschäftsmäßige und strategische Handelsleistung, da sie als ein Schlüssel zur weiteren Verbesserung der Managementaktivitäten und somit zur Verbesserung des betrieblichen Ergebnisses dienen. Da alle Geomarketing-Aktivitäten die Existenz und Verfügbarkeit von Daten voraussetzen, wurden diese zunächst in raum- und attributbezogene Daten (Geometrien und Sachdaten) unterteilt, bevor sie eingehend dargestellt wurden. Bezüglich der

Attributdaten konnte nochmals zwischen unternehmensinternen und -externen Daten unterschieden werden. Anschließend leitete sich die These ab, daß aufgrund des Einsatzes leistungsfähiger digitaler Systeme (GIS und Datenbanken) zumindest im Bereich der Attributdaten neue, entscheidungsrelevante Geodaten entstanden sind.

In Kapitel 3 (Geographische Informationssysteme) wurde zunächst eine Definition des Begriffes ‚GIS' vorgenommen. Anschließend erfolgte die Erörterung von drei Ansätzen, die jeweils unterschiedliche und oft gegensätzliche Sichtweisen der Anwendung von GIS verdeutlichen (‚Database View', ‚Analysis View', ‚Map View'). Als wesentlicher Vorteil von GIS konnte die Möglichkeit zur simultanen Integration dieser drei Ansätze ausfindig gemacht werden. Nach einem kurzen Abriß der Geschichte von GIS erfolgte die Vorstellung typischer GIS-Methoden, die für Geomarketing im Einzelhandel eine besonders hohe Relevanz aufweisen. Entsprechend wurden Generalisierungen, Abfragen, Analysen, Visualisierung und sonstige Methoden klassifiziert. Diese GIS-Methoden werden benötigt, um integrierten Geodaten so zu nutzen, daß GIS und Geomarketing zu stärker anwendungsorientierten Instrumenten der unternehmerischen Entscheidungsunterstützung werden. In diesem Zusammenhang wurde zunächst festgestellt, daß einzelne Methoden lediglich die elementaren Bausteine einer komplexen Geomarketing-Analyse bilden, da jede Untersuchung aus einer sequentiellen Kombination dieser methodischen Bausteine besteht. Darüber hinaus stimmte der Autor der These von OPENSHAW zu, daß in der betrieblichen Praxis vorzugsweise einfache anstatt komplexe Methoden eingesetzt werden, wodurch das analytische Leistungsspektrum von GIS und Geomarketing nicht annähernd ausgeschöpft wird.

Kapitel 4 (Einzelhandel) stellte die aktuelle Situation des deutschen Einzelhandels dar, die durch Konzentrationsprozesse und den damit zusammenhängenden Verdrängungswettbewerb geprägt ist. Der dadurch hervorgerufene Strukturwandel im Einzelhandel zeigt sich auch in dessen Standortentscheidungen, die durch einen ungebrochenen Trend zur räumlichen Dezentralisierung des Einzelhandels und zur Bildung immer größerer Handelsbetriebe auf der verkehrsgünstigen ‚Grünen Wiese' charakterisiert sind. Auf der Nachfrageseite gibt es eine Tendenz zu einer erhöhten räumlichen Mobilität bei gleichzeitigem Wunsch nach erlebnisorientierten Einkaufsstätten; dies ist offenbar eine der wesentlichen Ursachen für eine wachsende Instabilität des Käuferverhaltens. Anhand der aufgezeigten strukturellen Entwicklungen des Angebots und der Nachfrage läßt sich die These ableiten, daß die Einzelhändler in einer Situation scharfen Wettbewerbes und individualisierter Nachfrage jedes geeignete Mittel nutzen müssen, um sich gegenüber den Mitbewerbern zu behaupten. Die in diesem Zusammenhang verstärkt notwendige Kundenorientierung basiert auf entscheidungsrelevanten, quantifizierten Informationen. Diese können auch mittels GIS und Geomarketing aus den vorhandenen internen und externen Daten herausgefiltert werden.

Kapitel 5 (Geomarketing in der Standortplanung) zeigte die Anwendungsfelder von GIS und Geomarketing im Bereich der Standortplanung auf, die sich aus den beiden Zweigen Standortbewertung und Standortsuche zusammensetzt. Dabei handelte es sich jeweils um die Beurteilung des bestehenden oder potentiellen Marktgebietes bezüglich dessen Nachfragestruktur und Mitbewerbersituation. Im Blickpunkt der vorliegenden Untersuchung stand dabei insbesondere das methodische Problem der Abgrenzung von Einzugsgebieten, einerseits mittels vorhandener (Standortbewertung), andererseits bei nicht vorhandenen unternehmensinternen Daten (Standortsuche). Nachdem das Potential von GIS zur Ermittlung von Einzugsgebieten dargelegt und kritisch analysiert wurde, richtete sich die Untersuchung auf die Lage der Standorte der wichtigsten Wettbewerber und die Quantifizierung der Höhe des Umsatzpotentials. Diese Aufgabe erforderte zunächst zielgruppenspezifische Selektionen innerhalb des Einzugsgebietes, anschließend Aggregationen soziodemographischer und sozioökonomischer Daten sowie daraus abgeleitete Analysen, die letztlich in diversen Arealitäts-Indizes mündeten. Abschließend wurde eine ad-hoc-Lösung der GFK AG für die Analyse von Marktgebiete gezeigt und beurteilt. Deren Produkt ‚Standortatlas' trägt eine Vielzahl einzelhandelsrelevanter Daten zusammen und erlaubt die schnelle Abgrenzung potentieller Einzugsgebiete. Dadurch stellt er für Einzelhändler ein ausreichendes, da einfach anwendbares Instrument zur Entscheidungsunterstützung dar.

In Kapitel 6 (Geomarketing in der Zielgruppen-Analyse) wurde zunächst die Notwendigkeit zur Festlegung möglichst optimale Preise für die in Einzelhandels-Outlets angebotenen Produkte erörtert. Dazu erfolgt bei der Anwendung von Segmentierungsstrategien die Aufteilung des Marktes in Gruppen von Konsumenten mit möglichst gleichen oder ähnlichen Bedürfnissen. Die geographische Segmentierung basiert auf dem Nachbarschaftsprinzip und stellt in Verbindung mit sozioökonomischen und demographischen Daten eine einfache und wirkungsvolle Strategie dar. Die typische Methodik einer Zielgruppen-Analyse mittels geographischer Marktsegmentierung wurde schematisiert und analysiert; nachfolgend wurde aufgrund der extrem hohen Datenmengen die Forderung nach einem wirkungsvollen betrieblichen Informationsmanagement erhoben. Ein diesbezüglich weit verbreiteter Ansatz stellt das Data Warehouse dar. In dessen Datenbasis fließen vielfältige marketingrelevante Größen wie Kundendaten, Marktzahlen und Mitbewerberverhalten aus diversen betrieblichen Datenquellen ein. Eine solch strukturierte und konsistente Datenhaltung bringt deutliche Vorteile für den Einsatz von GIS, da diese Systeme anhand leistungsfähiger Abfragetechnologien auf die benötigten Daten zugreifen können und keinen wesentlich komplexeren Zugriff auf operative Systeme benötigen. Hinsichtlich der Segmentierungsstrategie erfolgte zunächst die Differenzierung zwischen einer individuellen, für das entsprechende Unternehmen entwickelten Segmentierung und einer vorgefertigten

Klassifizierung spezialisierter Datenanbieter. Werden nach der Segmentierung die betriebsinternen Kundendaten mit externen Daten zur demographischen und ökonomischen Struktur des Einzugsgebietes kombiniert, können aussagekräftige Hinweise zur Penetration und Marktdurchdringung des jeweiligen Einzelhändlers vorgenommen werden.

Als wichtigste Bedeutung der Zielgruppen-Analyse für die preispolitischen Entscheidungen der Einzelhändler wurde die Aufbereitung von Daten zu Informationen identifiziert. Dadurch können in vielen Fällen bislang verborgene Strukturen und Zusammenhänge sichtbar gemacht und objektiviert werden. Mittels verschiedener Indizes und Karten läßt sich die betriebliche Strategie an die vorhandene Nachfragestruktur auf regionaler differenzierter Basis analysieren und anpassen.

In Kapitel 7 (Geomarketing in Mediaselektion und Database Marketing) wurde anfangs die Bedeutung der Tageszeitung als wichtigster Werbeträger für Einzelhandelsunternehmen unterstrichen. Ferner wurde auf die Möglichkeit hingewiesen, durch intelligente Mediaselektion ein Einsparpotential von 20 bis 25 Prozent des Werbeetats zu erreichen (GRAF 1997: 296). Die Aufgabe der Mediaselektion besteht somit darin, die Zielgruppe der Einzelhändler mit einer ausreichenden Anzahl Werbeanstöße zu kontaktieren, und zwar zum richtigen Zeitpunkt und zu möglichst geringen Kosten. Die erste Aufgabe bestand somit darin, einen Mediaplan zu erstellen, indem die im jeweiligen Einzugsgebiet erscheinenden Zeitungstitel ausfindig gemacht und entsprechend Ihrer Leistung zu analysiert wurden. Zu diesem Zweck wurde eine Reihe von Kennzahlen vorgestellt, mit denen sich die Eignung der vorkommenden Zeitungen quantifizieren lässt. Auch die Bedeutung von Mediaanalysen wurde diskutiert; diese dienen im wesentlichen als Instrumente zur Beurteilung der demographischen und ökonomischen Strukturen der Leserschaft. Bei der Analyse der zur Mediaanalyse eingesetzten Informationssysteme und Datenpakete zeigte sich daß, die Integration soziodemographischer Marktdaten und entscheidungsrelevanter Medienkennwerte erst wenig fortgeschritten ist. Bislang sind zwar einfache Tools erhältlich, diese schöpfen jedoch das in GIS und Geomarketing vorhandene Analysepotential nicht annähernd aus. Aus diesem Grunde besteht aus der Perspektive von Unternehmen des Einzelhandels ein klares Defizit bei der Integration von Mediaanalysen (z.B. von der AG.MA), Verbreitungskarten (z.B. der ZMG) und soziodemographischer Daten (z.B. der GFK) auf der Basis einer räumlichen Bezugseinheit.

Im zweiten Teil des siebten Kapitels wurden zunächst Begriff und Zielsetzung des Database Marketing bestimmt. Database Marketing als innovatives Marketinginstrument zielt darauf ab, auf den einzelnen Kunden zugeschnittene Leistungen anzubieten und somit alle Marketinganstrengungen auf die individuellen Bedürfnisse des Nachfragers abzustimmen (GIERL 1999A: 5). Anhand von Scoring-Modellen zur Ermittlung des Kundenwertes konnte gezeigt werden, daß die Integration raumbezogener Daten zumeist eine erhebliche Verbesserung bezüglich der Qualität der Analyse darstellt, obwohl auch hier der Einsatz sehr komplexer GIS-Methoden überflüssig ist.

Anfangs des achten Kapitels (Geomarketing in Vertriebs- und Serviceoptimierung) wurde aufgezeigt, daß ein effektiver Service je nach Einzelhandelsbranche eine bedeutende Zusatzleistung für die Kundschaft darstellt. Aus diesem Grunde wurden vielen betrieblichen Serviceteams räumlich klar definierte Gebiete zugewiesen, in denen sie ein hohes Maß an Eigenverantwortung tragen. Diese sogenannten ‚Marktverantwortungsregionen' (MVR) setzen eine sorgfältige Planung voraus, um annähernd gleiche Ausgangsbedingungen für jeden Mitarbeiter zu schaffen. Werden diese geschaffen, so ist es darüber hinaus möglich, die Arbeitsleistung der Außendienstmitarbeiter zu beurteilen und erfolgsorientiert zu entlohnen. Viele GIS sind speziell auf die Optimierung der bestehenden Regionalstruktur ausgerichtet, wobei reine Districting-Systeme von universellen Desktop-GIS mit Districting-Funktionen zu unterscheiden sind. Hier zeichnen sich GIS als äußerst hilfreiche und daher besonders verbreitete Tools zur Entscheidungsunterstützung aus.

Im letzten Abschnitt wurden Navigationssysteme und GIS mit Routing-Funktionen vorgestellt, die zur strategischen oder operativen Tourenplanung zur Verfügung stehen. Die strategische Tourenplanung dient der zentralen Steuerung aller Kundentermine und kann sich auf einen kompletten Fahrzeugpark beziehen; hier werden zumeist spezielle Flottenmanagement-Systeme eingesetzt. Dagegen besteht die Aufgabe der operativen Tourenplanung darin, Strecken oder Fahrtzeiten für ein einzelnes Servicefahrzeug zu optimieren. Hier werden auch GIS mit Routing-Funktionen eingesetzt, jedoch wird die Routenplanung immer häufiger direkt in den Fahrzeugen durch ‚In-Car-Navigationssysteme' vorgenommen. Insbesondere die geplante Verschmelzung von routenfähigen GIS, satellitengestützten Positionierungssystemen wie GPS und Verkehrsleitsystemen zu einem leistungsfähigen Navigationssystem im Fahrzeug wird eine große Nutzensteigerung für alle Serviceteams bedeuten.

9.2 Geomarketing und GIS im Einzelhandel

In diesem Abschnitt soll die Beantwortung der eingangs gestellten Fragestellung der vorliegenden Arbeit erfolgen: In welcher Form und in welchem Ausmaß kann der Einsatz Geographischer Informationssysteme (GIS) im Geomarketing einen Beitrag zur Verbesserung der Entscheidungssituation von Einzelhandelsunternehmen leisten?

Abbildung 9.1 faßt die entsprechenden Ergebnisse schematisch zusammen. Im linken Teil der Grafik sind die in Kapitel 2 ermittelten Einflußfaktoren für die Entstehung von Geomarketing dargestellt. Dabei handelt es sich einerseits um den erhöhten Wettbewerbsdruck, der im Einzelhandel zu verschärftem Preiswettbewerb und Kostendruck führt (Kapitel 4). Zweiter Faktor ist der demographische Wandel mit dem daraus abgeleiteten Wunsch nach mehr Serviceleistungen. Die beiden wesentlichen Einflussfaktoren auf der technisch-methodischen Seite sind die technologische Revolution durch die Einführung von Personal Computern und die quantitative Revolution in der Geographie. Diese vier Faktoren begünstigten die Entstehung von Geomarketing, das aufgrund der enormen Datenmengen, die es zu verarbeiten gilt, unmittelbar mit dem Einsatz Geographischer Informationssysteme verbunden ist und im Spannungsfeld zwischen betriebswirtschaftlichen Anforderungen und technischen Limitationen liegt. Die wichtigsten Fähigkeiten von Geomarketing und GIS liegen in der Entscheidungsunterstützung; diese erfordert eine flexible Integration unterschiedlichster Datensätze, eine abgesicherte Methodik und zielgerichtete Anwendungen. Die Resultate des Einsatzes von Geomarketing und GIS im Einzelhandel sind auf der rechten Seite der Grafik dargestellt und erstrecken sich auf vier Bereiche, die nachfolgend ausführlicher dargestellt werden.

Abbildung 9.1: Geomarketing im Einzelhandel

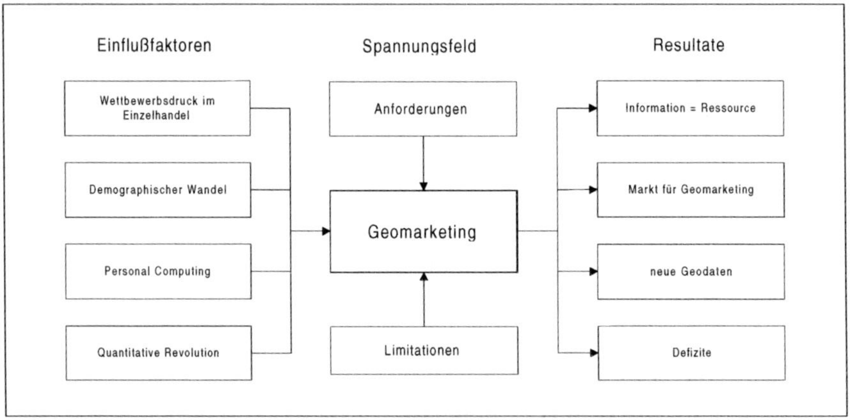

Einflußfaktoren	Spannungsfeld	Resultate
Wettbewerbsdruck im Einzelhandel	Anforderungen	Information = Ressource
Demographischer Wandel	Geomarketing	Markt für Geomarketing
Personal Computing		neue Geodaten
Quantitative Revolution	Limitationen	Defizite

Quelle: eigene Zusammenstellung

- **Information = Ressource:** Der gestiegene Preis- und Kostendruck im Einzelhandel bewirkt einen verstärkten Handlungsbedarf seitens der Unternehmensführungen, um im Wettbewerb bestehen zu können. Die Anstrengungen richten sich einerseits auf Maßnahmen zur stärkeren Orientierung an den Bedürfnissen der Kunden, andererseits auf innerbetriebliche Effizienzsteigerungen. Beide Bereiche setzen möglichst umfassende Kenntnisse der Kunden, der Marktstruktur und betriebsinterner Aktivitäten voraus. Falsche oder unvollständige Informationen können zu fatalen Managementfehlern führen. Aus dieser Einsicht entsteht der Bedarf nach fundierten, zuverlässigen Informationen. Aufgrund der steigenden betrieblichen Datenflut und der Notwendigkeit zur Aufbereitung von Daten zu entscheidungsrelevantem Wissen ist der Einsatz digitaler Informationstechnologie erforderlich. Dieser Trend belegt, daß sich die schnelle Verfügbarkeit von Informationen zu einer bedeutenden betrieblichen Ressource entwickelt hat. Geographische Informationssysteme können im Geomarketing aufgrund ihrer Fähigkeiten zur Datenintegration, Analyse und Visualisierung einen bedeutenden Beitrag zur Verbesserung der Entscheidungssituation leisten.

Markt für Geomarketing: Parallel zu den gestiegenen Ausgaben des Einzelhandels für IT-Systeme verzeichnete der Markt für Geomarketing auch auf der Angebotsseite einen deutlichen Umsatzanstieg: LEIBERICH (1997: 6) beziffert einen Anstieg des Marktvolumens für Geographische Informationssysteme in Deutschland von 60 Mio. DM (1990) auf 292 Mio. DM (1997). Davon wir etwa ein Drittel den Anwendungen in Marketing zugeschrieben, dies entspricht einem Marktvolumen von rund 100 Mio. DM im Jahre 1997 (LEIBERICH 1997: 6). Von einer nochmaligen deutlichen Steigerung in den vergangenen drei Jahren kann man ausgehen. Dabei ist festzuhalten, daß Ende der achtziger Jahre einige der kommerziell erfolgreichsten Desktop-GIS ursprünglich für Aufgaben des Business Mapping entwickelt wurden. Dies gilt sowohl für ATLASGIS von ESRI, was jedoch mittlerweile weitestgehend durch ARCVIEW abgelöst wurde, als auch für MAPINFO. Diese Produkte decken heute den weitaus größten Teil der Software für Geomarketing ab und werden auch in vielen anderen Anwendungsbereichen eingesetzt.[34] Neben der Produktion geeigneter Software haben sich immer mehr Unternehmen darauf spezialisiert, die standardisierten Anwendungen durch selbst programmierte Erweiterungen (Add-Ins oder Add-Ons) an die Bedürfnisse der Benutzer anzupassen. Diese werden von den Softwareherstellern als Value-Adding-Resellers (VAR) bezeichnet. Hierdurch ist neben der reinen Softwareerstellung ein großer Sekundärmarkt entstanden. Schließlich wird die Angebotsseite des Marktes für Geomarketing durch Dienstleistungen ergänzt. Viele Unternehmen gerade des mittleren und kleinen Einzelhandels verzichten aus Kostengründen darauf, im eigenen Haus Geomarketing-Systeme einzurichten. Statt dessen ziehen sie es vor, Analysen an externe Gutachter zu vergeben, wodurch ein schneller Transfer von Wissen in die Betriebe vollzogen wird. Innerhalb dieses Angebotsdreiecks zwischen Softwareherstellern, VAR und Dienstleistern (vgl. Abbildung 9.2) ist es Einzelhandelsun-

---

[34] Leider existieren keine verläßlichen Zahlen über die Anzahl der eingesetzten GIS. Angaben der Hersteller ESRI und MAPINFO CORP. erscheinen tendenziell zu hoch zu sein.

ternehmen aller Größenklassen nun möglich, sich zu positionieren und unternehmensspezifische Geomarketing-Lösungen zu finden.

Abbildung 9.2: Angebotsstruktur des Geomarketing

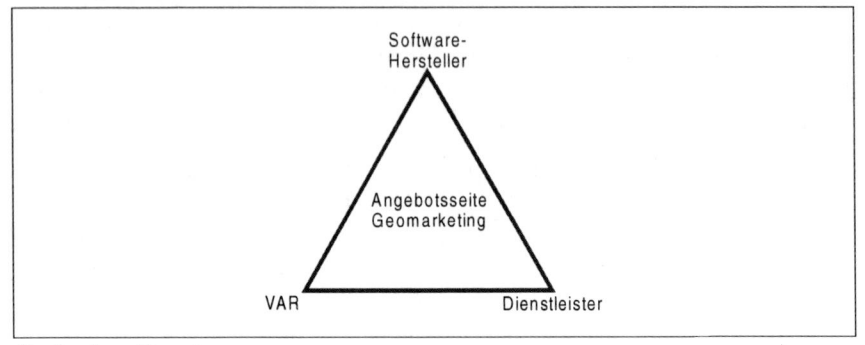

```
              Software-
              Hersteller
                 /\
                /  \
               /    \
              /      \
             / Angebotsseite \
            /  Geomarketing   \
           /                   \
          /_____\
        VAR                  Dienstleister
```

Quelle: eigene Darstellung

- **Neue Geodaten:** Die Situation bezüglich der für Geomarketing notwendigen geometrischen und attributären Daten wurde in diesem Abschnitt bislang ausgeklammert, da sie einen eigenen Schwerpunkt in Bezug auf die eingangs erhobene Fragestellung bildet. Durch den massiven Einsatz digitaler Systeme (GIS und Datenbanken) im Bereich der Attributdaten sind vielfältige neue Geodaten entstanden. So ist auch im Geomarketing der kontinuierliche Trend zu einer höheren räumlichen Auflösung unverkennbar. Dies offenbart der vermehrte Einsatz von Straßendaten, Hausnummernbereichen und Mikrozellen als räumliche Bezugsbasis. Selbst für diese kleinräumigen Geometrien sind inzwischen unterschiedlichste soziodemographische Attributdaten erhältlich. Aufgrund dieser neuen Qualität und Quantität an Geodaten sind die Preise für herkömmliche Geometrie- und Attributdaten, wie z.B. für fünfstellige Postleitzahlbereiche, in den letzten Jahren gesunken. Dabei reichen diese Daten für einen Großteil der Anwendungen bereits völlig aus. Einzelhandelsunternehmen bietet sich dadurch die Möglichkeit, bei nur geringem finanziellem Aufwand aus einem umfassenden Datenangebot die für eigene Zwecke benötigten Daten herauszufiltern und in unternehmenseigene Systeme zu integrieren. Wegen des unübersichtlicheren Marktes ist dies jedoch kaum noch ohne Unterstützung externer Berater möglich.

- **Defizite:** Neben den oben genannten positiven Rahmenbedingungen, die sich für Einzelhändler für den Einsatz von Geomarketing ergeben, sind auch einige negative Aspekte zu nennen. Zunächst ist eine Diskrepanz zwischen den Bedürfnissen der Anwender und den Leistungen der Softwarehersteller festzustellen. Diese Unstimmigkeit läßt sich zum Teil auf die mangelnden Kenntnisse der Softwareentwickler im Hinblick auf unternehmerische Entscheidungsprozesse zurückführen. In diese Lücke sind jedoch größtenteils VAR und Geomarketing-Dienstleister getreten. Aus wissenschaftlicher Perspektive ist kritisch anzumerken, daß die integrierten Methoden oft nicht zu einer sinnvollen und angemessenen Entscheidungsgrundlage führen. Den größten Nutzen erhalten die Einzelhändler zumeist bereits durch die Integration betriebsinterner und -externer Daten auf räumlicher Ebene sowie durch einfache Visualisierung von Daten mittels thematischer Karten. Komplexere Analysemethoden kommen (bisher) kaum zum Einsatz. Auch methodisch völlig falsche Ansätze sind in vielen Anwendungen nicht selten, so z.b. die Verwendung von Pufferzonen zur Abgrenzung von Einzugsgebieten. Hinsichtlich der eingesetzten Analytik besteht noch ein deutlicher Entwicklungsbedarf seitens der Softwarehersteller. Gleichzeitig besteht hier für die quantitative Wirtschaftsgeographie eine große Chance, sich durch ein intensiveres Engagement bei der methodischen Weiterentwicklung von Geomarketing-Instrumenten auch im kommerziellen Bereich günstig zu positionieren.

9.3 Ausblick

Die Entwicklung von Geomarketing und GIS ist durch eine enorme Dynamik geprägt. Diese ist einerseits auf Innovationen in Hard- und Software, andererseits auf den sich rasch entwickelnden Markt für Geoinformation zurückzuführen. Die nachfolgend skizzierten Tendenzen und Entwicklungsanstrengungen können und werden in den nächsten Jahren für die Anwender von Geomarketinginstrumenten zu Veränderungen führen; dies gilt insbesondere für den Bereich des Einzelhandels...

- Zunächst stellt sich die Frage, ob Geographische Informationssysteme in den kommenden Jahren zu einer betrieblichen Standardanwendung werden, wie dies für Textverarbeitungen, Tabellenkalkulationen und Datenbanksystemen bereits zutrifft, oder ob GIS nicht doch einige Besonderheiten der Anwendung aufweisen (BIRKIN, CLARKE & CLARKE 1999: 709). GOULD geht davon aus, daß die Integration mit betrieblichen Informationssystemen in den nächsten Jahren erheblich vorangetrieben werden wird (GOULD 1999: 20). Dafür spricht auch die Tatsache, daß Ansätze von GIS und Business Mapping inzwischen auch in betriebliche Anwendungen von SAP (R/3) und MICROSOFT (OFFICE 2000, MAPPOINT) eingebettet werden. Durch die Harmonisierung betrieblicher Einzelanwendungen zu umfassenden Lösungen werden zwar Schnittstellenprobleme im Datenaustausch vermieden, ob das Niveau im Umgang mit raumbezogenen Daten dadurch ansteigt oder zumindest konstant bleibt, muß hingegen ernsthaft bezweifelt werden.

- Neue Datenquellen werden das Erscheinungsbild des Geomarketing stark verändern. Durch die Kombination von anonymisierten, betriebsexternen Adreß- und

Zellendaten mit betrieblichen Kundendaten können viele Indizes auf kleinster räumlicher Bezugsebene gebildet werden. Es ist absehbar, daß in naher Zukunft die gegenwärtig dominierenden PLZ-Daten durch preiswerte Straßendaten oder sogar Hausnummernbereiche abgelöst werden. Dennoch bleibt die vordringliche Aufgabe des Geomarketing bestehen, aus den zunehmenden Datenfluten diejenigen Informationen herauszufiltern, welche für die Entscheidungen der Anwender relevant sind (CUTHBERT 1999: 23). An dieser Situation wird sich auch durch neue Daten nichts Generelles ändern. Prinzipiell erhöht sich hierdurch lediglich die räumliche Auflösung der Analysen in Unternehmen, deren Informationssysteme auf einem ‚sauberen' Umgang mit Daten aufbauen (z.b. in Form eines Data Warehouse). Auch die Unterscheidung zwischen Branchen, die gut mit internen Daten ausgestattet sind (Auto-, Möbelhäuser) und solchen, die kaum regelmäßig repräsentative Kundendaten erheben (Lebensmittel-, Drogeriehandel) wird vermutlich weiterhin bestehen bleiben.

- Die Zukunft von GIS wird zunächst durch einige neue Standards gekennzeichnet: OPENGIS und VML (‚Vector Markup Language') werden für eine verbesserte Austauschbarkeit von Daten sorgen. Die Funktionalität wird stärker auf die jeweiligen Anwendungsbereiche ausgerichtet werden, was sich schon jetzt in einer zunehmenden Zahl von Spezialanwendungen und Fachschalen manifestiert. Gleichzeitig wird GIS nicht mehr ausschließlich EDV-Experten vorbehalten bleiben, sondern es wird zu einer gewissen Arbeitsteilung kommen: Anwender im Einzelhandel wünschen sich einen Kern von Experten, welche die Informationssysteme managen und entwickeln sowie Datenpflege betreiben, die Anwender selbst werden sich hingegen mehr auf das sogenannte ‚Front End' konzentrieren. Front Ends sind übersichtliche Benutzeroberflächen, die den Anforderungen und Qualifikationen der Anwender entsprechen und alle für seine Zwecke notwendigen Operationen ermöglichen (PALLAGE 1999: 24). GIS müssen somit mehr in Sachen Entscheidungsunterstützung bieten, z.B. Fuzzy Logic, Machine Learning, Data Mining, neuronale Netze und andere Funktionen der künstlichen Intelligenz (TAYLOR & HÄNNI 1998: 22). Die Forschungsbereiche der amerikanischen USGIS richten sich daher auch vornehmlich auf Aspekte der Interoperabilität, der Benutzerschnittstellen, der Datenqualität und der räumlichen Analyse (LONGLEY ET AL. 1998: 1010).

- Seit Juli 1995 verkauft der amerikanische Konzern AMAZON.COM Bücher über das Internet und spielt dabei eine Vorreiterrolle für unzählige erfolgreiche Firmen, die ihre Waren ebenfalls mittels eCommerce vertreiben. Bei den Einkaufsmöglichkeiten fallen dabei sowohl räumliche Begrenzungen (Einzugsgebiete) sowie zeitliche Limitationen (Öffnungszeiten) völlig weg. Von dieser Vorgehensweise geht ein wesentliches Bedrohungspotential für den stationären Handel aus - auch wenn viele

Einzelhändler oder deren Verbände dies noch nicht eingestanden haben (NILSSON 1997: 4). Die Entwicklung vom einfachen Online-Schaufenster, das lediglich der Präsentation von Firmen und Produkten diente, zum kompletten Online-Shop mit vielfältigen Bestellmöglichkeiten ist bereits vollzogen. Zwar planen einzelne Unternehmen, wie z.b. der amerikanische Jeanshersteller LEVIS, gegenwärtig die Schließung ihrer Online-Shops, um die Kooperation mit dem stationären Handel nicht zu gefährden (HANDELSBLATT ONLINE 1999: o. S.). Die Tendenz zum Einkauf via Internet hat sich jedoch mittlerweile über die Gruppe der ‚early adopters' hinaus entwickelt (TER-NEDDEN 1997: 2). Durch die Deregulierung des Marktes für Telekommunikation durch das Telekommunikationsgesetz vom Juli 1996 führen geringere Online-Kosten zu mehr Internet-Nutzern. Deren Zahl ist in Deutschland gemäß einer repräsentativen Umfrage auf mittlerweile 9,9 Millionen Menschen zwischen 14 und 59 Jahren (22 Prozent dieser Altersgruppe) angestiegen (GFK 1999B: 14). Immerhin 30 Prozent der Online-Nutzer, das sind etwa 3 Millionen Menschen, haben in den letzten 12 Monaten online eingekauft; die beliebtesten Produkte sind Bücher, CDs und Software (GFK 1999B: 27). Die Vorteile einer Internet-Präsenz liegen dabei in der Erhöhung des Bekanntheitsgrades, der breiteren Marktabdeckung und in der direkten Kommunikation mit dem Kunden (TER-NEDDEN 1997: 3). Welche Konsequenzen das zunehmende Online-Shopping für die Standortanforderungen des Einzelhandels haben wird, wurde bislang nicht hinreichend untersucht. Es ist jedoch anzunehmen, daß der Flächenbedarf des Einzelhandels in den nächsten 10 Jahren deutlich abnehmen wird (FRANCICA 1999: o. S.).

- Hinsichtlich des Verbraucherverhaltens können aus heutiger Sicht zwei Tendenzen prognostiziert werden. Einerseits führt die weitere Individualisierung der Lebensstile und des Konsums zu einer ‚Atomisierung der Zielgruppen' (EGGERT 1997: D3). Das Verhalten der Konsumenten zeichnet sich dadurch aus, daß Geld strategisch eingesetzt wird: bei bestimmten Produkten zu sparen (z.B. Lebensmitteleinkauf bei Disountern) bedeutet, mehr Spielraum beim Kauf von Luxusprodukten. Die zweite Prognose betrifft den gegenwärtig einzigen erkennbaren Wachstumsmarkt der Zukunft: die Senioren. Seniorengerechte Produkte sind oft auch an Dienstleistungen gebunden, so etwa die Lieferung frei Haus. Deshalb zieht EGGERT die Konsequenz, daß zukünftig nur Discounter ‚handeln' werden, alle anderen ‚dienen': die begriffliche Trennung von Produkt und Dienstleistung wird obsolet (EGGERT 1997: F8). Um der steigenden Anforderung nach Kundennähe gerecht zu werden, wird die Kenntnis des betrieblichen Umfeldes und der eigenen Kunden noch wichtiger sein als heute.

Es bleibt zu hoffen, aber auch zu bezweifeln, daß die Prognose von V.W. LAURSEN bezüglich des Einsatzes von GIS und Geomarketing in zehn Jahren zutreffen wird:

„The Geographic aspect is no longer special, but just another - important - way of looking at society. People using GIS are no longer specialists." (LAURSEN 1999: 20).

10. SUMMARY

Essentially, this thesis investigates the impact of Geographical Information Systems (GIS) and Geomarketing on decision making processes in the retail industry. The Geomarketing approach consists of the collection, management and analysis of economical data in a spatial context. Therefore, its objectives include the integration of internal and external company data, the translation of these 'mountains of data' to information, and finally the visualisation of information providing a basis for reliable decision making. This thesis is based on an inter-disciplinary framework involving aspects of geography, economy, statistics, information technology and of psychology.

The purpose of the dissertation is outlined in chapter 1 (`Introduction'). In addition, it gives an overview of its structure and explains its methodology.

Chapter 2 ('Geomarketing') compiles, analyses and improves existing definitions of the term 'Geomarketing'. In conclusion, a new inter-disciplinary definition is developed: 'Geomarketing' describes the preparation, co-ordination and review of customer-oriented activities within enterprises, using methods which constitute, analyse and visualise its spatial surroundings for the purpose of providing vital decision support information. Subsequently, the contributing disciplines are classified according to their type of contribution. While information technology, quantitative geography and statistics provide a methodological framework for Geomarketing, economic geography, psychology and management economy provide their qualitative knowledge. The advance of Geomarketing is powered by four independent evolutions: the market saturation for most consumer goods in developed countries, the changing population structure as a demographic factor, the so-called 'quantitative revolution' in geography during the 1960s, and finally, the development of PC-based hardware and software technology since the 1980s. It is presumed that Geomarketing is closely connected with the application of computerised GIS, because huge data volumes may only be managed using digital technology. As already mentioned, the primary goal of Geomarketing consists of improving decision support for managers. This goal is based on the proposition that "information" can be regarded as tool for decision support, and furthermore, as a corporate or institutional resource (LONGLEY & CLARKE 1995: 4). Due to the fact that spatial information is a key factor for management decision making, it can contribute to the improvement of retail success. All activities related to Geomarketing require the presence of data which are distinguished in spatial and attribute data. The latter are again categorised in internal and external company data. Following an introduction of the most important data sets for Geomarketing, it is concluded that through the implementation of digital storage technologies and database management new kinds of attribute data suited for decision making and Geomarketing have evolved.

In chapter 3 ("Geographical Information Systems"), a definition of Geomarketing is developed, before three approaches relating to the application of GIS are presented (database, analysis and map view). A major advantage of GIS includes the ability to simultaneously integrate these three approaches. After a brief history of GIS, the major scientific methods relevant to Geomarketing and the retail industry are described. The methods are divided into generalisation, queries, analyses, visualisation, and other tools. What they have in common is that they are needed to prepare the GIS-inherent data for retail decision making. In general, the individual methods are just components of more complex Geomarketing analyses, because most investigations are based on sequential combinations of GIS operations. The author fully concurs with the thesis of OPENSHAW who declares that few organisations "have made much money out of applying sophisticated rather than simple spatial analysis technology in a marketing context" (OPENSHAW 1995: 150).

Chapter 4 ("Retail") gives a short overview of the current situation in the German retail industry whose supply side is tagged by concentration processes and strong pressure on most individual outlets. A structural change in the retail industry is manifested by its location decisions. There is an ongoing trend towards a spatial clustering of shops in large suburban shopping centres with good traffic network connections ("Grüne Wiese"). Simultaneously, it is very difficult to hold up compete for small outlets in rural regions. As far as retail demand is concerned, two important tendencies have emerged over the past few years. Firstly, the geographical mobility of customers has increased. Secondly, the attitude of customers can be described as an increasingly fun-oriented shopping behaviour. Both factors have led to a decreased continuity of return business. Thus, retailers are forced to use all available marketing instruments to increase their customer orientation. Paying close attention to the customers must be based on sound quantitative information about the present and potential customers. Geomarketing can play a vital role in providing such information.

Chapter 5 ("Geomarketing in location planning") describes applications of Geomarketing linked to location planning, which consists of the evaluation of existing outlets and the search for new locations. In both cases, the aim is to examine the trade area with regards to its demand and competition framework. A major task is to define the actual trade area, using existing internal and external data (location evaluation) or using only external data (location search). GIS provides powerful instruments for this task. In addition, market potential and market share of the outlets can be estimated for different regional entities, e.g. for postcode areas or municipalities. Finally, a ready-to-use solution for the German company GFK AG is discussed. Its location atlas compiles information for retailers and defines trade areas for most German cities. Hence, it is a useful and practical tool for spatial decision support.

In chapter 6 ("Geomarketing in customer targeting"), the need for appropriate product prices according to the structure of retail trade areas is emphasised. Suitable charges can be determined by segmenting customers into various groups with similar needs. There are many different segmentation strategies. Geographic segmentation is based on the so called 'neighbourhood effect': people living spatially close to one another are more similar than people living further apart. For example, the distribution of singles, pensioners or families with more than 3 children concentrate in specific urban or rural areas. In the course of chapter 6, the methodology of geographic segmentation processes is outlined. It emerges - due to the large data volumes - a well-structured database approach is needed. An appropriate software model may be the 'data warehouse' concept, whose consistent data management implies numerous advantages for and from GIS. For instance, GIS can directly and easily access relevant data from the data warehouse - instead of using troublesome and complex interfaces to miscellaneous operative data systems. Segmentation strategies help to analyse market penetration of retailers and enable them to discover previously unknown relationships. Merchants can shift their business strategy towards their customers and trade areas.

Newspapers are the most important advertisement media for the retail industry. Chapter 7 ("Geomarketing in media selection and database marketing") describes the huge potential for savings possible from newspaper advertising. In Germany, approximately 20 - 25 % of these funds may be saved, because retailers generally expect a too large distribution area (GRAF 1997: 296). The goal of GIS-based media selection is to contact the retailers' customers with an adequate number of advertisements for the lowest expenditure possible. The first assignment is to find and evaluate all newspapers that are published in the retailers' trade area. Some special media indices support this decision making process, such as subscriber numbers and readership. Likewise, the potential of a qualitative media analysis is displayed, which gives details about demographic and economic characteristics of each paper's readers. It is concluded that the

integration of all the above-mentioned data types is not integrated enough to establish easy-to-use information systems. The second part of chapter 7 deals with 'database marketing'. It is defined as a marketing instrument that is targeting individual customers by offering products and services according to the customer's requirements (GIERL 1999A: 5). Using so-called 'scoring models' to predict customer values, spatial approaches may easily increase the performance of marketing activities.

Chapter 8 ("Geomarketing in distribution and service") shows that a convenient service policy of retailers is an important extra value for customers. Thus, many companies constitute 'market responsibility regions' (MRR). In each MRR, a service team is provided with considerable independence. MRR have to be arranged carefully, because they should provide the same preconditions for each team. It is shown that GIS are effective instruments for 'balancing' these regions according to their market potential. Finally, in-car navigation systems and GIS with routing capabilities are investigated. They can assist the operative or strategic route planning for service vehicles. Especially the combination of GIS, satellite-based positioning systems (like GPS or GLONASS) and traffic management systems promises to be an attractive tool for retail service teams.

In chapter 9 ("Results") the most important findings of this thesis are summarised. In conclusion, major future developments in Geomarketing, GIS and retail are forecasted.

LITERATURVERZEICHNIS

AANGEENBRUG, R. T. (1991): A critique of GIS. In MAGUIRE, D. J., GOODCHILD, M. F. & RHIND, D. (Hrsg.): Geographical Information Systems. Principles and Applications. Band 1, S. 101 – 107. Longman: Harlow, New York.

ADRIAN, H. (1995): Stadt und Handel – Einsichten und Modellvorstellungen. In: BAG – Bundesarbeitsgemeinschaft der Mittel- und Großbetriebe des Einzelhandels (Hg.): Standortfragen des Handels, 5. Auflage, Selbstverlag: Köln. S. 14-21.

AGERGARD, A., OLSEN, P. A. & ALLPASS, J. (1970): The interaction between retailing and the urban centre structure: a theory of spiral movement. In: Environment and Planning 2/70, S. 55-71.

AG.MA - ARBEITSGEMEINSCHAFT MEDIAANALYSE (1995): Die Media-Analyse der Arbeitsgemeinschaft Media-Analyse e.V. (AG.MA). Informationsblatt. AG.MA: Frankfurt.

AG.MA - ARBEITSGEMEINSCHAFT MEDIAANALYSE (1999): Methodensteckbrief MA 99. Informationsblatt. AG.MA: Frankfurt.

ALBRECHT, J. (1996): Universal GIS-Operations. A Task-Oriented Systematization of Data Structure-Independent GIS Funcionality Leading Towards a Geographic Modeling Language. Mitteilungen des Instituts für Strukturforschung und Planung in agrarischen Intensivgebieten, Heft 23. Vechta.

ARONOFF, S. (1989): Geographical Information Systems. A Management Perspective. WDL Publications: Ottawa.

BACKHAUS, K. (1987): Multivariate Analysemethoden. Eine anwendungsorientierte Einführung. Springer: Berlin.

BAG – BUNDESARBEITSGEMEINSCHAFT DER MITTEL- UND GROßBETRIEBE DES EINZELHANDELS (1995): Standortfragen des Handels. 5. Auflage. Selbstverlag: Köln.

BAG - BUNDESARBEITSGEMEINSCHAFT DER MITTEL- UND GROßBETRIEBE DES EINZELHANDELS (1998): Vademecum des Einzelhandels 1998. Selbstverlag: Köln.

BÄHR, J. (1992): Bevölkerungsgeographie. Verteilung und Dynamik der Bevölkerung in globaler, nationaler und regionaler Sicht. UTB: Stuttgart.

BAHRENBERG, G. (1973): Einige raum-zeitliche Aspekte der Diffusion von Innovationen - Am Beispiel der Ausbreitung des Fernsehens in Polen. In: Geographische Zeitschrift, Jg. 61, S. 165-194.

BAHRENBERG, G., GIESE, E. & NIPPER, J. (1992): Statistische Methoden in der Geographie. Band 2: Multivariate Statistik. Teubner: Stuttgart.

BAHRENBERG, G., GIESE, E. & NIPPER, J. (1999): Statistische Methoden in der Geographie. Band 1: Univariate und bivariate Statistik. Teubner: Stuttgart.

BARR, R. (1998): Putting the G back in GIS. In: GISEurope 7/99, S. 14-15.

BARR, R. (1999): Super Storage. In: GEOEUROPE 7/99, S. 18-19.

BARTELME, N (1995): Geoinformatik. Modelle, Strukturen, Funktionen. Springer: Berlin, Heidelberg, New York.

BARTELS, D. (1968): Die Zukunft der Geographie als Problem ihrer Standortbestimmung. In: Geographische Zeitschrift, Jg. 56, S. 124-142.

BARTELS, D. (1969): Türkische Gastarbeiter aus der Region Izmir. Zur raumzeitlichen Differenzierung der Bestimmungsgründe ihrer Aufbruchsentschlüsse. In: Erdkunde, Bd. 22, S. 313-324.

BARTELS, D. (1970): Geographische Aspekte sozialwissenschaftlicher Innovationsforschung. In: Tagungsberichte und wissenschaftliche Abhandlungen des Deutschen Geographentages in Kiel 1969. Wiesbaden, S. 283-296

BARTH, K. (1996): Betriebswirtschaftslehre des Handels. 3. Auflage. Gabler: Wiesbaden.

BATEY, P. & BROWN, P. (1995): From human ecology to customer targeting: the evolution of geodemographics. In: LONGLEY, P. & CLARKE, G.(HRSG.): GIS for business and service planning, S. 77 - 103. GeoInformation International: Cambridge.

BAUER, M. (1999): Vom Data Warehouse zum Wissensmanagement. In: COMPUTERWOCHE FOCUS 1/99, Blickpunkt Wissensmanagement, S. 4-6.

BAUMANN, J. (1999): The GIS crystal ball. In: GEOEUROPE 8/99, S. 32-34.

BBE-UNTERNEHMENSBERATUNG GMBH (1999): Der Handel: Strategie-Outlook '99. Köln.

BEAUMONT, J. R. (1991): GIS and market analysis. In MAGUIRE, D. J., GOODCHILD, M. F. & RHIND, D. (Hrsg.): Geographical Information Systems. Principles and Applications, S. 139 - 151. Longman: Harlow, New York.

BEREKOVEN, L. (1990): Erfolgreiches Einzelhandelsmarketing. Grundlagen und Entscheidungshilfen. Beck: München.

BERNDT, R. (1992): Marketing 2 – Marketing-Politik. 2. Auflage. Springer: Berlin u.a..

BERNHARDSEN, T. (1992): Geographic Information Systems. Asplan Viak: Arendal.

BERNHARDSEN, T. (1999): Choosing a GIS. In: LONGLEY, P. A. ET AL. (Hg.): Geographical Information Systems. Principles and Technical Issues. Wiley & Sons: New York, Chichester et al. Vol. 2, S. 589-600.

BERRY, B. J. L. & MARBLE, D. F. (1968): Spatial analysis: a reader in statistical geography. Englewood Cliffs: Prentice-Hall.

BERRY, J. K. (1998): Continued analysis of In-Store Movement and Sales Patterns. In: GIS WORLD 4/98, S. 26-28.

BIELERT, W. (1994): Spreading the news: using GIS to enhance the profitability of local newspapers. In GIS EUROPE 6-94, S. 29-31.

BIRKIN, M. (1995): Customer targeting, geodemographics and lifestyle approaches. In: LONGLEY, P. & CLARKE, G.(HRSG.): GIS for business and service planning, S. 104 - 149. GeoInformation International: Cambridge.

BIRKIN, M. ET AL. (1996): Intelligent GIS. Location decisions and strategic planning. GeoInformation International: Cambridge.

BIRKIN, M., CLARKE, G. P. & CLARKE, M. (1999): GIS for business and service planning. In: LONGLEY, P. A. ET AL. (Hg.): Geographical Information Systems. Principles and Technical Issues. Wiley & Sons: New York, Chichester et al. Vol. 2, S. 709-722.

BORSDORF, A. (1999): Der ‚Wandel im Handel'. Die Innsbrucker Konzeption eines ‚trade-monitoring'-Systems. In: DIE ERDE 1/99, S. 67-79.

BRAKE, L. (1999): Gießen – eine Standortbestimmung. Internet-URL: http://www.hessennet.de/giessen/stadtinformation/Geschichte/Geschichte.htm.

BROWN, P. J. B. (1991): Exploring Geodemographics. In MASSER, I. & BLAKEMORE , M. (Hrsg.): Handling geographical information. Longman: London.

BURROUGH, P. A. (1986): Principles of Geographical Information Systems for Land Resources Assessment. Claredon Press: Oxford.

BURROUGH, P. A. & MCDONNELL, A. (1998): Principles of Geographical Information Systems. Spatial Information Systems and Geostatistics. Oxford University Press: Oxford.

BUSINESS GEOMATICS (1999): Diskussion um eine der größten Bilddatenbanken der Welt. Neues von Tele-Info. In: BUSINESS GEOMATICS 01/99, S. 9.

BUTTENFIELD, B.P. & MACKANESS, W.A. (1991): Visualization. In: MAGUIRE, D. J., GOODCHILD, M. F. & RHIND, D. (Hrsg.): Geographical Information Systems. Principles and Applications. Band 1, S. 427 – 443. Longman: Harlow, New York.

CATHELAT, B. (1993): Socio-styles. Kogan Page: London.

CCN DEUTSCHLAND (1995, 1997): Produktbroschüren. Hamburg.

CHORLEY, R. (1988): Some reflections on the handling of geographic information. In: INTERNATIONAL JOURNAL OF GEOGRAPHICAL INFORMATION SYSTEMS, Vol. 2, S. 3-9.

CHOU, Y.H. (1996): Exploring Spatial Analysis in Geographic Information Systems. OnWord Press, Santa Fe.

CHRISTALLER, W. (1933): Die zentralen Orte in Süddeutschland. Eine ökonomisch-geographische Untersuchung über die Gesetzmäßigkeit der Verbreitung und Entwicklung der Siedlungen mit städtischen Funktionen. Jena.

CHRISTIANSEN, T. (1998): Geographical Information Systems for Regional Rural Development Projects in Developing Countries. Band 75 der Giessener Geographischen Schriften, Gießen.

CHURCH, R. L. (1999): Location Modelling and GIS. In: LONGLEY, P. A. ET AL. (Hg.): Geographical Information Systems. Principles and Technical Issues. Wiley & Sons: New York, Chichester et al. Vol. 1, S. 293-303.

CLARKE, A. L. (1991): GIS Specification, Evaluation and Implementation. IN: MAGUIRE, D. J., GOODCHILD, M. F. & RHIND, D. (Hrsg.): Geographical Information Systems. Principles and Applications. Longman: Harlow, New York.

CLARKE, G. P. & CLARKE, M. (1995): The development and benefits of customised spatial decision support systems. In: LONGLEY, P. & CLARKE, G. (Hrsg.): GIS for business and service planning, S. 227 - 245. GeoInformation International: Cambridge.

CLARKE, G. P. (1999): Methoden der Standortplanung im Wandel. In: HEINRITZ, G. (HRSG.): Die Analyse von Standorten und Einzugsbereichen: methodische Grundlagen der Geographischen Handelsforschung. LIS-Verlag, Passau. S. 9 – 32.

CONVERSE, P. D. (1949): New Laws of Retail Gravitation. In: JOURNAL OF MARKETING, 14 (October), S. 379 - 384.

COPPOCK, J. T. & RHIND, D. W. (1991): The history of GIS. IN: MAGUIRE, D. J., GOODCHILD, M. F. & RHIND, D. (Hrsg.): Geographical Information Systems. Principles and Applications. Band 1, S. 21 – 43. Longman: Harlow, New York.

COUCLELIS, H. (1999): Space, time, geography. In: LONGLEY, P. A. ET AL. (Hg.): Geographical Information Systems. Principles and Technical Issues. Wiley & Sons: New York, Chichester et al. Vol. 1, S. 29-38.

COWEN, D. J. (1988): GIS versus CAD versus DBMS: what are the differences? In Photogrammetric Engineering and Remote Sensing, H. 54, S. 1551 - 1554.

CRESCENTI, M. & ROSMAITH, U. (2000): Ladenschluss: Trennung zwischen Gut und Böse. In: Der Handel, H. 2/2000, S. 12 – 15.

CREDITREFORM (1999): Wirtschaftslage Groß- und Einzelhandel, Spätsommer 1999. Internet-URL http://www.alleco.de/konjunkturbarometer/990824/akt07.htm.

CRESSWELL, P. (1995): Customised and proprietary GIS: past, present and future. In: LONGLEY, P. & CLARKE, G.(HRSG.): GIS for business and service planning, S. 192 - 226. GeoInformation International: Cambridge.

CURRY, M. R. (1999): Rethinking privacy in a geocoded world. In: LONGLEY, P. A. ET AL. (Hg.): Geographical Information Systems. Principles and Technical Issues. Wiley & Sons: New York, Chichester et al. Vol. 2, S. 757-766.

CUTHBERT, A. (1999): What are the most important user / customer trends for GIS and related applications? In: GEOEUROPE 2/99, S. 23.

CZERANKA, M. & EHLERS, M. (1997): GIS als Instrument zur Entscheidungsunterstützung. In GEO-INFORMATIONS-SYSTEME 2/97, S. 9 - 17.

DDS – DIGITAL DATA SERVICE GMBH (1998): Routing- und Gebietsplanunstools. In: DESKTOP DATA NEWS 1/98, S. 1.

DEITERS, J. (1975): Räumliche Muster und stochastische Prozesse – Lokalisationsanalyse zentraler Orte. Gießener Geographische Schriften, Heft 32, S. 122-140.

DEMMLER, H. (1991): Einführung in die Volkswirtschaftslehre. Elementare Preistheorie. 2. Auflage. Oldenbourg: München, Wien.

DENSHAM, P. J. (1995): Spatial Decision Support Systems. In MAGUIRE, D. J., GOODCHILD, M. F. & RHIND, D. (Hrsg.): Geographical Information Systems. Principles and Applications. Longman: Harlow, New York.

DIERCKS, J. (1996): Vom Datengrab zur sprudelnden Informationsquelle: Bestens im Bilde. In: IX 4/96, S. 122-128.

DIEHL, A. (1996): Qualitätssicherung bei der Haushaltswerbung. In: INSTITUTE FOR INTERNATIONAL RESEARCH (Hrsg.): Unveröffentlichte Tagungsunterlagen zur Konferenz "Geomarketing" in Frankfurt am Main, 15.-16.4.96.

DILLER, H. (1992): Vahlens Großes Marketing-Lexikon. DTV: München.

DOMSCHKE, W. (1990): Logistik: Rundreisen und Touren. 3. Auflage. Oldenbourg: München.

DOWNS, R. M. & STEA, D. (1982): Kognitive Karten: Die Welt in unseren Köpfen. Harper & Row: New York.

DRUCKER, P. (1964): Managing for Results. Economic Tasks and Risk-taking Decisions. Heinemann: London.

DUKAT, R. (1996): Einsatz von GIS in der Händlerentwicklung und Händlerplanung der Adam Opel AG. In: INSTITUTE FOR INTERNATIONAL RESEARCH (Hrsg.): Unveröffentlichte Tagungsunterlagen zur Konferenz "Geomarketing" in Frankfurt am Main, 15.-16.4.96.

EGGERT, U. (1997): Der Handel im 21. Jahrhundert – Technische und andere Trends und ihre Konsequenzen. In: Unveröffentlichte Tagungsunterlagen der 44. BAG-Tagung für Unternehmensführung in Baden-Baden, o. S..

EHI – EUROHANDELSINSTITUT E.V. (1998): Handel aktuell '98. Selbstverlag: Köln.

ENGLISH, C.W. (1998): MapInfo in Marketing: location, location, location. In: MAPWORLD MAGAZINE, Volume 3, Number 1.

ERB, W.-D. (1990): Anwendungsmöglichkeiten der linearen Diskriminanzanalyse in Geographie und Regionalwissenschaft. Band 39 der Schriften des Zentrums für regionale Entwicklungsforschung der Justus-Liebig-Universität Gießen. Verlag Weltarchiv: Hamburg.

ERB, W.-D. (1997): Die Industrie im Kammerbezirk nach 1950 - Struktur, Entwicklung und Wandel. In: HELMUT BERDING (Hrsg.): 125 Jahre Industrie- und Handelskammer Gießen. Schriften zur Hessischen Wirtschafts- und Unternehmensgeschichte, Band 2. Hessisches Wirtschaftsarchiv: Darmstadt.

ESRI – ENVIRONMENTAL SYSTEMS RESEARCH INSTITUTE (1997, 1998, 1999): Produktbroschüren. Kranzberg bei München.

ESCH, F.-R. (1996): Skriptum zur Vorlesung "Strategisches Marketing". Gießen.

FAZ – FRANKFURTER ALLGEMEINE ZEITUNG (1999): Mikromarketing wird zum Instrument der Außenwerbung. FAZ vom 10.12.1999, S. 28.

FLETCHER, S. (1999): A wholesale look at retail. In: GEOEUROPE 8/99, S. 28 – 30.

FOOTE, K. E. & KIRVAN, A. P. (1997): Web GIS. In: NCGIA: Core Curriculum in Geographic Information Science, Internet-URL http://www.ncgia.ucsb.edu/giscc/units/u133/u133_f.html.

FRANCICA, J. (1993): The geographically rooted and the geographically challenged have similar needs. In: BUSINESS GEOGRAPHICS 1/93, S. 23-24.

FRANCICA, J. (1999): eCommerce and the new era of Virtual Retailing. In: DIRECTIONS MAGAZINE, Internet-URL http://www.directionsmag.com/features.asp.

FRÜHLING, J. M. & STEINGRUBE, W. (1995): Geomarketing: Neue Begriffe = neue Methoden? In ZEITSCHRIFT FÜR WIRTSCHAFTSGEOGRAPHIE, Jg. 39, Heft 3-4, S. 184 - 194. Frankfurt a. M.

FRÜHLING, J.M. & STEINGRUBE, W. (1997): Hinweise zur Konzeption, Gestaltung und Interpretation der Karten. In: LEIBERICH, P. (Hrsg.): Business Mapping im Marketing. Wichmann: Heidelberg. S. 117-134.

FRY, C. (1996): Searching for a place to eat out. In: GIS EUROPE 12/96, S.28-30.

FRY, C. (1999): GIS in telecommunications. In: LONGLEY, P. A. ET AL. (Hg.): Geographical Information Systems. Principles and Technical Issues. Wiley & Sons: New York, Chichester et al. Vol. 2, S. 819-826.

GABLER WIRTSCHAFTS-LEXIKON (1988). Gabler: Wiesbaden.

GEOEUROPE MAGAZINE (1999): What are the most important trends for GIS and related products and services? In: GEOEUROPE 2/99, S. 19-27.

GERICK, T. (1999): Wissen ist Macht. Eine ganz neue Softwareklasse steht an. In: COMPUTERWOCHE FOCUS 1/99, Blickpunkt Wissensmanagement, S. 6-7.

GETIS, A. (1999): Spatial statistics. In: LONGLEY, P. A. ET AL. (Hg.): Geographical Information Systems. Principles and Technical Issues. Wiley & Sons: New York, Chichester et al. Vol. 1, S. 239-251.

GFK – GESELLSCHAFT FÜR KONSUMFORSCHUNG (1997, 1998): Informationsbroschüren. Nürnberg.

GFK – GESELLSCHAFT FÜR KONSUMFORSCHUNG (1998): Informationsforum Geomarketing. Wieviel "Geo" braucht das Marketing? Unveröffentlichte Tagungsunterlagen.

GFK - GESELLSCHAFT FÜR KONSUMFORSCHUNG (1999A): Standortatlas Deutschland. Informationsbroschüre. Nürnberg.

GFK - GESELLSCHAFT FÜR KONSUMFORSCHUNG (1999B): GFK-Online-Monitor. 4. Untersuchungswelle – Präsentation der zentralen Ergebnisse. Internet-URL: http://www.gfk.de. Nürnberg.

GFK – GESELLSCHAFT FÜR KONSUMFORSCHUNG (1999C): Pressemitteilungen. Internet-URL: http://www.gfk.de.

GIERL, H. (1998A): Kunden qualifizieren mit Database Marketing. Entwicklung eines Scoring-Modells zur Kundenwertermittlung. In: DATABASE MARKETING 4/98, S. 5-9.

GIERL, H. (1998B): Identifikation von Kundenmerkmalen am Beispiel eines Automobilhändlers. In: DATABASE MARKETING 4/98, S. 18-20.

GIESE, E. (1975): Vorwort. In GIESE, E. (Hrsg.): Symposium "Quantitative Geographie" Gießen 1974. Möglichkeiten und Grenzen der Anwendung mathematisch-statistischer Methoden in der Geographie. Gießener Geographische Schriften, Heft 32, S. 5-8..

GIESE, E. (1982): Entwicklung und Forschungsstand der „Quantitativen Geographie" im deutschsprachigen Bereich. In: Geographische Zeitschrift, Heft 3/82, S. 256-283.

GIESE, E. (1996): Die Einzelhandelszentralität westdeutscher Städte. Ein Beitrag zur Methodik der Zentralitätsmessung. In: ERDKUNDE, Bd. 50, S. 46-59

GIESE, E. (1997A): Die Bedeutung der Stadt Gießen als Einkaufs- und Einzelhandelszentrum. In: HELMUT BERDING (Hrsg.): 125 Jahre Industrie- und Handelskammer Gießen. Schriften zur Hessischen Wirtschafts- und Unternehmensgeschichte, Band 2. Hessisches Wirtschaftsarchiv: Darmstadt.

GIESE, E. (1997B): Das Gießener Geschäftszentrum: Entwicklung und Entwicklungsperspektiven. In: HELMUT BERDING (Hrsg.): 125 Jahre Industrie- und Handelskammer Gießen. Schriften zur Hessischen Wirtschafts- und Unternehmensgeschichte, Band 2. Hessisches Wirtschaftsarchiv: Darmstadt.

GIESE, E. (1999): Bedeutungsverlust innerstädtischer Geschäftszentren in Westdeutschland. In. Berichte zur deutschen Landeskunde, Bd. 72, Heft 1, S. 33 - 66.

GIESE, E. & SEIFERT, V. (1989): Die Entwicklung innerstädtischer Geschäftszentren in Mittelhessen unter besonderer Berücksichtigung des Einzelhandels. In: Geographische Zeitschrift, Jg. 77, Heft 1, S. 1 – 21.

GIETZ, M (1994): Computergestützte Tourenplanung mit zeitkritischen Restriktionen. 1. Auflage. Heidelberg: Physika-Verlag.

GÖPFERT, W. (1991): Raumbezogene Informationssysteme: Grundlagen der integrierten Verarbeitung von Punkt-, Vektor- und Rasterdaten. Wichmann: Karlsruhe.

GOODCHILD, M. F. & LONGLEY, P. A. (1999): The future of GIS and spatial analysis. In: LONGLEY, P. A. ET AL. (Hg.): Geographical Information Systems. Principles and Technical Issues. Wiley & Sons: New York, Chichester et al. Vol. 1, S. 567-580.

GOSSMANN, H. (1989): GIS in der Geographie. In Geo-Informations-Systeme, Heft 2/89. Wichmann: Karlsruhe. S. 2-4.

GOULD, M. (1999): What are the most important trends for GIS and related products and services? In: GEOEUROPE 2/99, S.20.

GRAF, J. (1996): Kostenmanagement in der Media-Planung und Werbeerfolgsoptimierung mit Einsatz von GIS. In: INSTITUTE FOR INTERNATIONAL RESEARCH (Hrsg.): Unveröffentlichte Tagungsunterlagen zur Konferenz "Geomarketing" in Frankfurt am Main, 15.-16.4.96.

GRAF, J. (1997): Optimierung des Werbeerfolgs. In: LEIBERICH, P. (Hrsg.): Business Mapping im Marketing. Wichmann: Heidelberg. S. 285-303.

GRIMSHAW, D. J. (1994): Bringing Geographical Information Systems into Business. Longman: Harlow.

GUNN, M. (1999): Squarely at the Center of MapInfo's Vision: Taking leadership in Internet-based mapping solutions. In: MAPWORLD MAGAZINE 1/99, S.10.

GUPTIL, S. C. (1999): Metadata and data catalogues. In: LONGLEY, P. A. ET AL. (Hg.): Geographical Information Systems. Principles and Technical Issues. Wiley & Sons: New York, Chichester et al. Vol. 2, S. 677-692.

GÜßEFELD, J. (1975): Zu einer operationalisierten Theorie des räumlichen Versorgungsverhaltens von Konsumenten. Gießener Geographische Schriften, Heft 34.

HAKE, G. (1982): Kartographie I. Allgemeines, Erfassung der Informationen, Netzentwürfe, Gestaltungsmerkmale, topographische Karten. 6. Auflage. De Gruyter: Berlin, New York.

HALK, K. & TÄGER, U. C. (1999): Wie wirkt das neue Ladenschlußgesetz auf den Einzelhandel? Erste Ergebnisse einer Befragung des IFO-Instituts. Ifo-Schnelldienst 1-2/99, Internet-URL: http://www.ifo.de/publika/schnelld/1999/SD1-2_1.htm.

HAMBLOCH, H. (1969): Wachstum und Mobilität der Bevölkerung im Westen der Vereinigten Staaten. In: Tagungsbericht und wissenschaftliche Abhandlungen, Deutscher Geographentag Bad Godesberg 1967. S. 274-289.

HAMMANN, P. & ERICHSON, B. (1994): Marktforschung. G. Fischer Verlag: Stuttgart, Jena, New York.

HANDELSBLATT ONLINE (1999): Konflikte mit den Händlern. Jeansikone Levis schließt seinen Online-Shop. Artikel vpm 03.11.1999, Internet-URL: http://www.handelsblatt.de.

HATZFELD, U. (1995): Strukturveränderungen im Einzelhandel. In: BUNDESARBEITSGEMEINSCHAFT DER MITTEL- UND GROßBETRIEBE DES EINZELHANDELS (BAG): Standortfragen des Handels. 5. Auflage, S. 22-27. Köln.

HEIDER, M. (1997): Einzelhandel im Umbruch. Neue Perspektiven der Standortberatung für die Stadt- und Regionalentwicklung – dargestellt am Wirtschaftsraum Augsburg. Band 36 der Reihe Angewandte Sozialgeographie im Selbstverlag des Lehrstuhls für Sozial- und Wirtschaftsgeographie der Universität Augsburg.

HEINEBERG, H. (1980): Einkaufszentren in Deutschland. Entwicklung, Forschungsstand und -probleme. Münstersche Geographische Arbeiten, Bd. 5. Paderborn.

HEINEBERG, H. & MAYR, A. (1986): Neue Einkaufszentren im Ruhrgebiet. Vergleichende Analysen der Planung, Ausstattung und Inanspruchnahme der 21 größten Shopping-Center. Münstersche Geographische Arbeiten, Bd. 24. Paderborn.

HEINEBERG, H. & DELANGE, N. (1982): Gefährdung des Oberzentrums Bremen durch Umlandzentren? Eine sozialgeographische Untersuchung des Konsumentenverhaltens im Jahr 1982. Münster.

HEINES, S. (1999): Die Distributionssituation im Handel. In: BBE-UNTERNEHMENSBERATUNG GMBH: Der Handel: Strategie-Outlook '99. Köln, S. C9-C11.

HEINRITZ, G. (1981): Strukturwandel im Einzelhandel als raumrelevanter Prozeß. MÜNCHENER GEOGRAPISCHE HEFTE, Bd. 46.

HEINRITZ, G. (1989): Der 'Wandel im Handel' als raumrelevanter Prozeß. MÜNCHENER GEOGRAPHISCHE HEFTE, Bd. 63, S. 15-128.

HEINRITZ, G. (1991): Nutzungsabfolgen an Einzelhandelsstandorten in Geschäftsgebieten unterschiedlicher Wertigkeit. In: ERDKUNDE 45/91, S. 119-127.

HEINRITZ, G. (1997): Veränderte Ladenschlußzeiten – veränderte Einzelhandelsstrukturen? In: GEOGRAPHISCHE RUNDSCHAU 49, Heft 9, S. 506-510.

HEINRITZ, G. (1999a): Vorwort des Herausgebers. In: HEINRITZ, G. (HRSG.): Die Analyse von Standorten und Einzugsbereichen: methodische Grundlagen der Geographischen Handelsforschung. LIS-Verlag, Passau. S. 7 - 8.

HEINRITZ, G. (1999b): Methodische Probleme von Einzugsbereichsmessungen. In: HEINRITZ, G. (HRSG.): Die Analyse von Standorten und Einzugsbereichen: methodische Grundlagen der Geographischen Handelsforschung. LIS-Verlag, Passau. S. 33 - 44.

HEINRITZ, G. & ROCHELT, C. (1999): Geographische Beiträge zur Bewertung potentieller Standorte des Einzelhandels – oder: Ist der Umsatz an neuen Standorten vorhersagbar? In: Geographische Handelsforschung, Nr. 4, S. 4 – 7.

HENDRY, F. (1993): Geomarketing takes hold at IBM France. In GIS EUROPE 5/93, S. 18-20.

HESSISCHES STATISTISCHES LANDESAMT (1997): Statistik Regional. PC-Datenbank. Wiesbaden.

HODGKINSON, M. & POWER, T. (1993): Managing market share with geodemographic information. In GIS EUROPE 11/93, S. 30-31.

HOFFBAUER, M. & SPIELMANN, C. (1996): Das Access 7 für Windows 95 Buch. Sybex: Düsseldorf

HÜBL, L. & MÖLLER, K.-P. (1999): City, Grüne Wiese oder Internet. Die Zukunft der Handelsimmobilien. Deutsche Siedlungs- und Landesrentenbank, Bonn.

HÜBNER, W. (1996): Zielgruppen-Marketing mit GIS. In: INSTITUTE FOR INTERNATIONAL RESEARCH (Hrsg.): Unveröffentlichte Tagungsunterlagen zur Konferenz "Geomarketing" in Frankfurt am Main, 15.-16.4.96.

HUFF, D.L. (1963): A probabilistic analysis of shopping center trade areas. In: Land Economics, Bd. 39, S. 81 – 91.

HUFF, D. L. & BATSELL, R. R. (1977): Delimiting the Areal Extent of a Market Area. In: Journal of Marketing Research, 14 (November), S. 581 – 585.

HUFF, D. L. & RUST, R. T. (1984): Measuring the Congruence of Market Areas. In: Journal of Marketing, 48 (Winter), S. 68 – 74.

IDW – INSTITUT DER DEUTSCHEN WIRTSCHAFT (1999): Zahlen zur wirtschaftlichen Entwicklung der Bundesrepublik Deutschland. Deutscher Instituts-Verlag: Köln.

IFO – INSTITUT FÜR WIRTSCHAFTSFORSCHUNG (1999): IFO-Schnelldienst. Internet-URL: http://www.ifo.de.

IHLE, J. (1997): Regional-Controlling im Vertrieb. In: LEIBERICH, P. (Hrsg.): Business Mapping im Marketing. Wichmann: Heidelberg. S. 243-260.

INFAS (1996, 1997, 1998): Informationsbroschüren. Bonn.

INMON, W. H. (1995): What Is A Data Warehouse? Prism Solutions Inc., 1995. Internet-URL: http://www.cait.wustl.edu/cait/papers/prism/.

INSTITUTE FOR INTERNATIONAL RESEARCH (1996): Unveröffentlichte Tagungsunterlagen zur Konferenz "Geomarketing" in Frankfurt am Main, 15.-16.4.96.

INTERNATIONALE KARTOGRAPHISCHE VEREINIGUNG (1973): Mehrsprachiges Wörterbuch kartographischer Fachbegriffe. Wiesbaden.

IRELAND, P. (1994): GIS: another sword for St. Michael? In: MAPPING AWARENESS 4/94.

JACKSON, P. & TAYLOR, J. (1996): Geography and the cultural politics of advertising. In PROGRESS IN HUMAN GEOGRAPHY 20, 3, p. 356-371.

JACKSON, R. & WANG, P. (1997): Strategic Database Marketing. NTC Business Books: Lincolnwood.

JÄGER, H. H. (1996): Regionale Media-Planung mit Tageszeitungen - die Erfahrungen bei Axel Springer. In: INSTITUTE FOR INTERNATIONAL RESEARCH (Hrsg.): Unveröffentlichte Tagungsunterlagen zur Konferenz "Geomarketing" in Frankfurt am Main, 15.-16.4.96.

JÄGER, H. H. (1997): Die Selektion von Tageszeitungen für die Werbung. In: LEIBERICH, P. (Hrsg.): Business Mapping im Marketing. Wichmann: Heidelberg. S. 261-284.

JAHNKE, B. & GROFFMANN, H.-D. & VOGEL, E. (1993): Konzeption von Marketing-Informationssystemen. In: HMD 173/1993, S. 9-25.

JAMES, G. (1997): Digitale Elite. 34 Management-Strategien für das 21. Jahrhundert. Midas Management Verlag: St. Gallen, Zürich.

JANSING, F. & KUMPF, M. (1997): Standortplanung im großflächigen Einzelhandel. In: LEIBERICH, P. (Hrsg.): Business Mapping im Marketing. Wichmann: Heidelberg. S. 321-338.

JASPERSEN, T. (1997): Computergestütztes Marketing: controllingorientierte DV-Verfahren für Absatz und Vertrieb. 2. Auflage. Oldenbourg: München und Wien.

KAGERMEIER, A. (1991): Versorgungszufriedenheit und Konsumentenverhalten. Bedeutung subjektiver Einstellungen für die Einkaufsorientierungen. In: ERDKUNDE 45/91, S. 127-134.

KAMM, V. (1997): Die Planung optimaler Verkaufsregionen. In: LEIBERICH, P. (Hrsg.): Business Mapping im Marketing. Wichmann: Heidelberg. S. 159-172.

KATHMEYER, U. & REIHER, B. (1998): Einsatz von Marketing-Scoring-Verfahren im Privatkundengeschäft des Konzerns Bankgesellschaft Berlin. In: UEBERREUTHER MANAGERAKADEMIE (Hrsg.): Unveröffentlichte Tagungsunterlagen der Konferenz "Mikromarketing und Business Mapping", Leipzig 1998.

KILCHENMANN, A. (1968): Untersuchungen mit quantitativen Methoden über die fremdenverkehrs- uns wirtschaftsgeographische Struktur der Gemeinden im Kanton Graubünden (Schweiz). Zürich.

KILCHENMANN, A. (1975): Zum gegenwärtigen Stand der "Quantitativen und und Theoretischen Geographie". In GIESE, E. (Hrsg.): Symposium "Quantitative Geographie" Gießen 1974. Möglichkeiten und Grenzen der Anwendung mathematischstatistischer Methoden in der Geographie. Gießener Geographische Schriften, Heft 32, S. 194-208.

KLEIN, K. (1992): Potential for Retail Location: Theoretical Estimation and Empirical Evidence. In: HEINRITZ, G. (HRSG.): The Attraction of Retail Locations. Münchener Geographische Hefte 69, S. 91-110.

KLEIN, K. (1995): Die Raumwirksamkeit des Betriebsformenwandels im Einzelhandel. Untersucht an Beispielenaus Darmstadt, Oldenburg und Regensburg. Beiträge zur Geographie Ostbayerns. Regensburg.

KLEIN, K. (1997): Wandel der Betriebsformen im Einzelhandel. In: GEOGRAPHISCHE RUNDSCHAU 49, Heft 9, S. 499-504.

KLEIN, K. (1998): Workshop „Abgrenzung von Einzugsbereichen". Bericht zur Sitzung am 5. März 1998 in Würzburg. In: Geographie und Einzelhandel, Nr. 3, S. 13 – 16.

KLEMMER, W. & SPRANZ, R. (1997): GIS-Projektplanung und Projektmanagement. Theorie und Praxis. Verlag Klemmer und Spranz: Bonn.

KÖHLER, F. W. (1990): Die Dynamik der Betriebsformen des Handels. Bestandsaufnahme und Modellerweiterung. In: MARKETING – ZEITSCHRIFT FÜR FORSCHUNG UND PRAXIS 12/90, S. 59-64.

KÖHLER, P., MEIER, R. & BOEHMER, V. (1999): Factory Outlet Center. HerstellerDirektverkaufszentren im Regierungsbezirk Arnsberg. Hrsg.: Bezirksplanungsrat, Arnsberg.

KOPPELMANN, U. (1997): Marketing: Einführung in die Entscheidungsprobleme des Absatzes und der Beschaffung. 5. Auflage. Werner: Düsseldorf.

KOTHE, P. (1996): Integration Geographischer (Markt-) Informationssysteme in unternehmerische Entscheidungsprozesse. In: INSTITUTE FOR INTERNATIONAL RESEARCH (Hrsg.): Unveröffentlichte Tagungsunterlagen zur Konferenz "Geomarketing" in Frankfurt am Main, 15.-16.4.96.

KOTHE, P. (1995): Geomarketing und GIS: Einsatz von GIS als Analyse- und Bewertungsinstrument zur Steuerung von Marketingstrategien. In: Unveröffentlichte Tagungsunterlagen der Konferenz „GIS", Bad Homburg 1995.

KOTHE, P. (1996): Geomarketing & GIS. Einsatz Geographischer (Markt-) Informationssysteme in Unternehmen. In: ARC AKTUELL 4/96, S. 2-4.

KOTHE, P. (1998): Mikromarketing als Basis von Kundenanalysen: Von der Kundenverteilung und struktur zur Zielgruppenlokalisation und –potentialbestimmung. In: UEBERREUTHER MANAGERAKADEMIE (Hrsg.): Unveröffentlichte Tagungsunterlagen der Konferenz "Mikromarketing und Business Mapping", Leipzig 1998.

KOTLER, P. ET AL. (1999): Principles of Marketing. 2. Europäische Ausgabe. Prentice-Hall: New Jersey.

KOTLER, P. & BLIEMEL, F. W. (1992): Marketing-Management: Analyse, Planung, Umsetzung und Steuerung. Poeschel: Stuttgart.

KPMG (2000): Strukturveränderungen im Deutschen Einzelhandel. Internet-URL: http://www.kpmg.de/industries/retail/strukturaenderung.htm.

KRAAK, M.-J. (1999): Visualising spatial distributions. In: LONGLEY, P. A. ET AL. (Hg.): Geographical Information Systems. Principles and Technical Issues. Wiley & Sons: New York, Chichester et al. Vol. 1, S. 157-173.

KROEBER-RIEHL, W. & WEINBERG, P. (1996): Konsumentenverhalten. 6. Auflage. München.

KREUTZWALD, L. (1996): Mit Gebietsanalysen zum Erfolg in Außendienst und Franchising. In: GEOBIT 4/96, S. 18-20.

KÜHNE, O. (1999): Das Einsatzspektrum von Scoring im Kundenkartengeschäft. In: CARD-FORUM 7-8/99, S. 54-56.

KULKE, E. (1992): Veränderungen in der Standortstruktur des Einzelhandels: untersucht am Beispiel Niedersachsen. Lit-Verlag: Münster, Hamburg.

KULKE, E. (1994): Auswirkungen des Standortwandels im Einzelhandel auf den Verkehr. In: GEOGRAPHISCHE RUNDSCHAU 46, Heft 5, S. 290-296.

KULKE, E. (1997): Einzelhandel in Europa. Merkmale und Entwicklungstrends des Standortsystems. In: GEOGRAPHISCHE RUNDSCHAU 9/97, S. 478-483.

KULKE, E. (1998): Wirtschaftsgeographie Deutschlands. Perthes: Gotha.

KULKE, E., BAUMGART, S. & BUSSE, P. (1989): Analyse der Entwicklungen im Einzelhandel – insbesondere neuer großbetrieblicher Einzelhandelsformen (Fachmärkte) – in Hannover. Geographische Arbeitsmaterialien, Bd. 11. Hannover.

KUNERT, A. H. (1999): Multichannel Marketing. In: DATABASE MARKETING 4/99, S.12-14.

LAMBERTI, H.-J. (1997): Neuer Wettbewerb durch Technologie. In: Unveröffentlichte Tagungsunterlagen der 44. BAG-Tagung für Unternehmensführung in Baden-Baden, o. S..

LANGE, S. (1972): Die Verteilung von Geschäftszentren im Verdichtungsraum – ein Beitrag zur Dynamisierung der Theorie der Zentralen Orte. In: ARL FORSCHUNGS- UND SITZUNGSBERICHTE, Bd. 72, S. 7-49.

LAULAJAINEN, R. (1987): Spatial Strategies in Retailing. Reidel Publishing Company: Dordbrecht.

LAULAJAINEN, R. & STAFFORD, H. (1995): Corporate Geography. Business Location Principles and Cases. Kluwer Academic Publishers: Dordbrecht, Boston, London.

LAURINI, R. & THOMPSON, D. (1998): Fundamentals of Spatial Information Systems. Academic Press: London, San Diego u.a.

LAURSEN, V. W. (1999): What are the most important trends for GIS and related products and services? In: GEOEUROPE 2/99, S.20.

LATZ, J. (1997): Außendienstreorganisation als Voraussetzung für die Marktausschöpfung. In: LEIBERICH, P. (Hrsg.): Business Mapping im Marketing. Wichmann: Heidelberg. S. 173-198.

LEIBERICH, P. (1996): Einführung in die Thematik. In: INSTITUTE FOR INTERNATIONAL RESEARCH (Hrsg.): Unveröffentlichte Tagungsunterlagen zur Konferenz "Geomarketing" in Frankfurt am Main, 15.-16.4.96.

LEIBERICH, P. (1997): Business Mapping im Marketing. Wichmann: Heidelberg.

LEIDIG, R. (1997): Tourenplanung und Routenoptimierung. In: Leiberich, P. (Hrsg.): Business Mapping im Marketing. Wichmann: Heidelberg. S. 219-242.

LICHTENBERGER, E. (1978): Klassische und theoretisch-quantitative Geographie im deutschen Sprachraum. In: Berichte zur Raumforschung und Raumplanung, Jg. 22, Heft 1, S. 9-20.

LILGE, H. (1984): Hessen in Geschichte und Gegenwart. Steiner: Stuttgart.

LÖFFLER, G. (1999): Marktgebiet und Einzugsbereich – mathematisch-statistische Modellansätze zu ihrer Abgrenzung. In: HEINRITZ, G. (HRSG.): Die Analyse von Standorten und Einzugsbereichen: methodische Grundlagen der Geographischen Handelsforschung. LIS-Verlag, Passau. S. 45 - 63.

LONGLEY, P. A. ET AL. (1999, Hg.): Geographical Information Systems. Principles and Technical Issues. Wiley & Sons: New York, Chichester et al.. Second Edition, Vol. 1 + 2.

LONGLEY, P. A. ET AL. (1999): Epilogue. In: LONGLEY, P. A. ET AL. (Hg.): Geographical Information Systems. Principles and Technical Issues. Wiley & Sons: New York, Chichester et al. Vol. 2, S. 1009-1021.

LONGLEY, P. & CLARKE, G. (1995): Applied geographical information systems: developments and prospects. In LONGLEY, P. & CLARKE, G.(Hrsg.): GIS for business and service planning, S. 3 - 9. GeoInformation International: Cambridge.

LONGLEY, P. & CLARKE, G. (1995B): GIS for business and service planning. GeoInformation International: Cambridge.

LUTUM + TAPPERT GMBH (1996): District Manager 2000: Vertriebsgebiete optimieren. In: GEOMARKETING NEWS 2/98, S. 1 -4.

LUTUM + TAPPERT GMBH (1998): District Manager 2000 Benutzerhandbuch.

MACON (1997): Produktbroschüren. Waghäusel.

MAG, W. (1977): Entscheidung und Information. München.

MAG, W. (1995): Grundzüge der Entscheidungstheorie. München.

MAGUIRE, D. J. (1991): An overview and definition of GIS. . In MAGUIRE, D. J., GOODCHILD, M. F. & RHIND, D. (Hrsg.): Geographical Information Systems. Principles and Applications. Band 1, S., 9 - 20. Longman: Harlow, New York.

MAGUIRE, D. J. (1995): Implementing spatial analysis and GIS applications for business and service planning. In LONGLEY, P. & CLARKE, G. (Hrsg.): GIS for business and service planning, S. 171 - 191. GeoInformation International: Cambridge.

MAGUIRE, D. J. (1999): GIS customisation. In: LONGLEY, P. A. ET AL. (Hg.): Geographical Information Systems. Principles and Technical Issues. Wiley & Sons: New York, Chichester et al. Vol. 1, S. 359-369.

MANDAC, L. (1998): Editorial. In: BAG HANDELSMAGAZIN 7-8/98, S. 3.

MAPINFO CORPORATION (1996): Desktop Mapping Solutions for Sales and Marketing. MapInfo White Paper 1996.

MARTIN, D. (1995): Censuses and the modelling of population in GIS. In LONGLEY, P. & CLARKE, G. (Hrsg.): GIS for business and service planning, S. 48 - 71. GeoInformation International: Cambridge.

MARTIN, D. & LONGLEY, P. (1995): Data sources and their geographical integration. In LONGLEY, P. & CLARKE, G. (Hrsg.): GIS for business and service planning, S. 15 - 47. GeoInformation International: Cambridge.

MARTIN, W. (1996): Auf den Spuren der Daten: Data Warehousing und der transparente Kunde. META Group 6/96.

MEFFERT, H. (1991): Marketing: Grundlagen der Absatzpolitik. 7. Auflage. Gabler: Wiesbaden.

MENNECKE, B. E. (1997): Understanding the role of Geographic Information Technologies in Business: Applications and Research Directions. In: JOURNAL OF GEOGRAPHIC INFORMATION AND DECISION ANALYSIS, Vol. 1, No. 1, S. 44-68.

MERTENS, A. & WEDEKIND, A. (1982): Entwicklung und Stand der Betriebsinformatik, Zeitschrift für Betriebswirtschaft 52, H. 5/82, S. 510 - 525.

MESCHEDE, W. (1980): Verbrauchermärkte im System von Einzugsgebieten konkurrierender innerstädtischer Zentren – dargestellt am Beispiel von Bielefeld. In: HEINEBERG, H. (Hrsg.): Einkaufszentren in Deutschland. Entwicklung, Forschungsstand und -probleme. Münstersche Geographische Arbeiten, Bd. 5. Paderborn. S. 117 – 127.

MICROM (1997, 1998, 1999): Informationsbroschüren. Düsseldorf.

MÖHLENBRUCH, D. & NICKEL, S. (1998): Wettbewerbsvorteile durch Innovation im Einzelhandel. In: TROMMSDORF, V. (Hrsg.): Handelsforschung 1998/98. Wiesbaden: Gabler. S. 9-32.

MONHEIM, R. (1999): Methodische Gesichtspunkte der Zählung und Befragung von Innenstadtbesuchern. In: HEINRITZ, G. (HRSG.): Die Analyse von Standorten und Einzugsbereichen: methodische Grundlagen der Geographischen Handelsforschung. LIS-Verlag, Passau. S. 65 - 130.

MONMONIER, M. (1991): How to lie with maps. University of Chicago Press: Chicago.

MÜLDER, W. & WEIS, H.C. (1996): Computerintegriertes Marketing. Kiehl Verlag: Ludwigshafen.

MÜLLER, H. (1996): Unterstützung der systematischen Vertriebssteuerung durch GIS im Finanzdienstleistungssektor. In: INSTITUTE FOR INTERNATIONAL RESEARCH (Hrsg.): Unveröffentlichte Tagungsunterlagen zur Konferenz "Geomarketing" in Frankfurt am Main, 15.-16.4.96.

MÜLLER-HAGEDORN, L. (1998): Der Handel. Kohlhammer: Stuttgart, Berlin, Köln.

MUNROE, S. (1999): How to solve Multi-Facility Location Problems. In BUSINESS GEOGRAPHICS ONLINE, 05/99, Internet-URL: http://www.geoplace.com/bg/current/599how.asp

NIESCHLAG, R., DICHTL, E. & HÖRSCHGEN, H. (1994): Marketing. 17. Auflage. Duncker und Humblot: Berlin.

NILSSON, R. (1997): Electronic Commerce im Handel. Multimediale Ansätze und erste Erfahrungen im KARSTADT-Konzern. In: Unveröffentlichte Tagungsunterlagen der 44. BAG-Tagung für Unternehmensführung in Baden-Baden, o. S..

NIPPER, J. & STREIT, U. (1977): Zum Problem räumlicher Erhaltensneigung in räumlichen Strukturen und raumvariaten Prozessen. In: Geographische Zeitschrift, Jg. 65, S. 241-263.

NIPPGEN, G. (1999): Optimierung der Werbemittelverteilung mit MarIS / Werbemittelverteilung. In: GFK (Hrsg.): Informationsforum Geomarketing. Wieviel "Geo" braucht das Marketing? Unveröffentlichte Tagungsunterlagen.

NITSCHE, M. (1997): Mikrogeographische Marktsegmentierung. In: LEIBERICH, P. (Hrsg.): Business Mapping im Marketing. Wichmann: Heidelberg. S. 357-379.

NITSCHE, M. (1998A): Ein Zusammenfassender Ausblick: Mikromarketing – Vergangenheit und Zukunft. In: UEBERREUTHER MANAGERAKADEMIE (Hrsg.): Unveröffentlichte Tagungsunterlagen der Konferenz "Mikromarketing und Business Mapping", Leipzig 1998.

NITSCHE, M. (1998B): Micro-Marketing. Daten – Methoden – Praxis. Ueberreuther: Wien.

NORTHWOOD GEOSCIENCE (1996): Manual „Vertical Mapper".

OBERMEYER, N. J. (1999): Measuring the benefits and costs of GIS. In: LONGLEY, P. A. ET AL. (Hg.): Geographical Information Systems. Principles and Technical Issues. Wiley & Sons: New York, Chichester et al. Vol. 2, S. 601-610.

OPENSHAW, S. (1984): The modifiable area unit problem. Concepts and Techniques in Modern Geography 38. Norwich: GeoBooks.

OPENSHAW, S. (1995): Marketing spatial analysis: a review of prospects and technologies relevant to marketing. In LONGLEY, P. & CLARKE, G. (HRSG.): GIS for business and service planning, S. 150 - 165. GeoInformation International: Cambridge.

OPENSHAW, S. & ALVANIDES, S. (1999): Applying geocomputation to the analysis of spatial distributions. In: LONGLEY, P. A. ET AL. (Hg.): Geographical Information Systems. Principles and Technical Issues. Wiley & Sons: New York, Chichester et al. Vol. 1, S. 267-287.

OPENSHAW, S. & OPENSHAW, C. (1997): Artificial Intelligence in Geography. John Wiley & Sons: Chichester, New York u.a.

OSSEN, A. (1999): Den Marketing-Kreislauf in Gang bringen. In: COMPUTERWOCHE FOCUS 1/99, Blickpunkt Wissensmanagement, S. 20-22.

OTT, A. E. (1991): Grundzüge der Preistheorie. 3. Auflage. Vandenhoeck & Ruprecht: Göttingen.

OTTO, T. (1994): Reiselust: Travelling Salesman - eine neue Strategie für eine alte Aufgabe. In: c't 1/1994, S. 188 f.

PALLAGE, M. (1999): What are the most important user / customer trends for GIS and related applications? In: GEOEUROPE 2/99, S. 24.

PARK, R .E., BURGESS, E. W. & MCKENZIE, R. D. (1925): The City. Chicago: University od Chicago Press.

PAUSENBERGER, E. (1989): Zur Systematik von Unternehmenszusammenschlüssen. In: WISU 11/89, S. 621-626.

PEICHL, T. (1999): Rotkäppchen Sektkäufer suchen und finden – Mikrogeographische Uielgruppenanalyse mit POINTplus. In: GFK (Hrsg.): Informationsforum Geomarketing. Wieviel "Geo" braucht das Marketing? Unveröffentlichte Tagungsunterlagen..

PETERSEN, K. & MAUS, O. (1996): Geo-Daten und Analyseinstrumente im Geo-Marketing. In: GEO-INFORMATIONS-SYSTEME 5/96, S. 2 - 9.

PETERSEN, O. (1995): Marktentwicklung. In: BUNDESARBEITSGEMEINSCHAFT DER MITTEL- UND GROßBETRIEBE DES EINZELHANDELS (BAG): Standortfragen des Handels. 5. Auflage, S. 28-35. Köln.

POHL, J. (1998): Scoring einer Interessenten-Datenbank bei der Center-Parcs GmbH & Co. KG. In: UEBERREUTHER MANAGERAKADEMIE (Hrsg.): Unveröffentlichte Tagungsunterlagen der Konferenz "Mikromarketing und Business Mapping", Leipzig 1998.

POIKER, T.K. (1997): From Traditional Cartography to GIS of the 21st Century. In: DOLLINGER, F. UND STROBL, J.: Angewandte Geographische Informationsverarbeitung IX. Salzburger Geographische Materialien, Heft 26, Salzburg, S. 411-416.

POTZNER, R. (1996): Zielgruppenmarketing. Kunde ist nicht gleich Kunde! In: ARC AKTUELL 4/96, S. 11.

POTZNER, R. (1998): Anforderungen an Qualität und Beschaffenheit regionaler Marktdaten. In: UEBERREUTHER MANAGERAKADEMIE (Hrsg.): Unveröffentlichte Tagungsunterlagen der Konferenz "Mikromarketing und Business Mapping", Leipzig 1998.

PREUSS, A. (1997): GIS revolutioniert das Marketing. In: Impulse 5/97.

QUITTER, H. (1996): Ablaufoptimierung beim BMW Bereitschaftsdienst mit GIS-Unterstützung. In: INSTITUTE FOR INTERNATIONAL RESEARCH (Hrsg.): Unveröffentlichte Tagungsunterlagen zur Konferenz "Geomarketing" in Frankfurt am Main, 15.-16.4.96.

QUITTER, H. (1997): Einsatzsteuerung von Servicefahrzeugen. In: LEIBERICH, P. (Hrsg.): Business Mapping im Marketing. Wichmann: Heidelberg. S. 199-218.

RAHN, T. (1999): GIS bei der Standortwahl. In: ARCAKTUELL 5/99, S. 25.

RAPER, J., RHIND, D. & SHEPERD, J. (1992): Postcodes: the new geography. Geoinformation International: Cambridge.

RAPER, J. (1999): Spatial representation: the scientists perspective. In: LONGLEY, P. A. ET AL. (Hg.): Geographical Information Systems. Principles and Technical Issues. Wiley & Sons: New York, Chichester et al. Vol. 1, S. 61-70.

REES, P. H. (1972): Problems of classifying sub-areas within cities. In: BERRY, B. J. L. & SMITH, K. B. (Hrsg.): City classification handbook: methods and applications, S. 265–330. London: Wiley.

REILLY, W. J. (1929): Methods for the study of retail relationships. In: University of Texas Bulletin 2994.

REINHARD, H. (1998): Die Dynamisierung und Individualisierung von Marktverantwortungsgebieten und Außendienstbezirken im Internet zur optimalen Marktbearbeitung. In: UEBERREUTHER MANAGERAKADEMIE (Hrsg.): Unveröffentlichte Tagungsunterlagen der Konferenz "Mikromarketing und Business Mapping", Leipzig 1998.

RENSMANN, F.-J. (1995): Möglichkeiten und Grenzen von GIS im Finanzdienstleistungsmarkt. In: GEO-INFORMATIONS-SYSTEME 3/95.

RICHARDT, B. (1999): Qualitative Ansätze zur Überprüfung von Werbung unter besonderer Berücksichtigung des Direktmarketing. In: GFK (Hrsg.): Informationsforum Geomarketing. Wieviel "Geo" braucht das Marketing? Unveröffentlichte Tagungsunterlagen.

ROPER, C. (1993): Spatial interaction modelling helps W. H. Smith pick better store sites. In GIS EUROPE 4/93, S. 40-42.

RÖTHLEIN, B. (1997): Goldschürfen in der Datenmine. Wie Kaufhäuser per Computer Kunden ködern. In: BILD DER WISSENSCHAFT 5/97.

SAILER-FLIEGE, U. (1996): Jüngere Veränderungen im Einzelhandel in der Heidelberger Hauptstraße. In: Fricke, W. & Sailer-Fliege, U.: Untersuchungen zum Einzelhandel in Heidelberg. Heidelberger Geographische Arbeiten, Bd. 97. S. 49 – 82.

SAILER-FLIEGE, U. (1996): Konkurrenz oder raumfunktionale Arbeitsteilung: Entwicklungen und Bewertungen des Marburger Einzelhandels. In: Berichte zur deutschen Landeskunde Bd. 70, H. 2, S. 523 –543.

SALGÉ, F. (1999): National and international data standards. In: LONGLEY, P. A. ET AL. (Hg.): Geographical Information Systems. Principles and Technical Issues. Wiley & Sons: New York, Chichester et al. Vol. 2, S. 693-706.

SALVANESCHI, L. (1996): Location, location, location: how to select the best site for your business. PSI Library: Grants Pass.

SAURER, H. & BEHR, F.-J. (1997): Geographische Informationssysteme: eine Einführung. Wissenschaftliche Buchgesellschaft: Darmstadt.

SCHÄTZL, L. (1992): Wirtschaftsgeographie 1: Theorie. 4. Auflage. Schöningh: Paderborn.

SCHEUCH, F. (1996): Marketing. 5. Auflage. Vahlen: München.

SCHNEIDER, M. (1998): Am Stau vorbei durchs Wohngebiet? In: SZ vom 22.9.1998, Ressort Wissenschaft.

SCHUH-KURIER (1997): Mit Durchblick in die Zukunft. Konzept 2000. Sonderausgabe.

SCHUH-KURIER (1999A): 10. Handelsforum Baden in Karlsruhe : Tun, was der Kunde verlangt. In: SCHUH-KURIER 15/99, S. 12-13.

SCHUH-KURIER (1999B): FOC: Städtevereinigung gegen Ansiedelung. In: SCHUH-KURIER 20/99, S. 3.

SCHWETZ, W. (1997): Das Angebot an Business-Mapping-Systemen. In: LEIBERICH, P. (Hrsg.): Business Mapping im Marketing. Wichmann: Heidelberg. S. 13-38.

SEGAL, D. B. (1998): Retail Trade Area Analysis: Concepts and New Approaches. In: DIRECTIONS MAGAZINE, Internet-URL: http://www.directionsmag.com/features.asp?featureid=5.

SIEBERT, A. & LOSTER, T. (1997): Risiko-Analyse im Versicherungswesen. In: LEIBERICH, P. (Hrsg.): Business Mapping im Marketing. Wichmann: Heidelberg. S. 339-356.

SIEMENS BUSINESS SERVICES (1999): Data warehouse

SMITH, T. R. & JIANG, Y. (1995): Knowledge-based approaches in GIS. In MAGUIRE, D. J., GOODCHILD, M. F. & RHIND, D. (Hrsg.): Geographical Information Systems. Principles and Applications. Longman: Harlow, New York.

SOMMER, J. (1996): Regionale Stärken identifizieren am Beispiel von R + V InterRegio. In: INSTITUTE FOR INTERNATIONAL RESEARCH (Hrsg.): Unveröffentlichte Tagungsunterlagen zur Konferenz "Geomarketing" in Frankfurt am Main, 15.-16.4.96.

SONDHEIM, M., GARDELS, K. & BUEHLER, K. (1999): GIS interoperability. In: LONGLEY, P. A. ET AL. (Hg.): Geographical Information Systems. Principles and Technical Issues. Wiley & Sons: New York, Chichester et al. Vol. 1, S. 347-358.

STATISTISCHES BUNDESAMT (1999): Digitaler Zeitreihenservice. Internet-URL: http://www.statistik-bund.de/zeitreih/.

STATISTISCHES BUNDESAMT: Statistisches Jahrbuch, div. Jahrgänge.

STEINER, D. (1965): Die Faktorenanalyse: ein modernes statistisches Hilfsmittel des Geographen für die objektive Raumgliederung und Typenbildung. In: Geographica Helvetica, Bd. 20, S. 20-34.

STEINITZ, C. (1993A): GIS: A personal historical perspective – Part 1. In: GIS EUROPE, 5/93, S. 19 - 22.

STEINITZ, C. (1993B): GIS: A personal historical perspective – Part 3. The changing face of GIS from 1965 - 1993. In: GIS EUROPE, 7/93, S. 38 - 40.

STENGEL, S. (1997): Gute Karten - schlechte Karten. Gibt es sowas überhaupt? In: DOLLINGER, F. & STROBL, J.: Angewandte Geographische Informationsverarbeitung IX. Salzburger Geographische Materialien, Heft 26, Salzburg, S. 99-104.

SWOBODA, B. (1999): Ausprägungen und Determinanten der zunehmenden Convenienceorientierung von Konsumenten. In: Marketing. Zeitschrift für Forschung und Praxis, Heft 2/99, S. 95 - 104.

TAYLOR, R. & HÄNNI, U. (1998): Putting the spin on spatial. In: GISEUROPE 5/98, S. 22-23.

TER-NEDDEN, J. (1997): Präsentation und Interpretation des Gutachtens: "Auswirkungen der Entwicklungen im interaktiven Multimedia-Bereich auf den Handel". In: Unveröffentlichte Tagungsunterlagen der 44. BAG-Tagung für Unternehmensführung in Baden-Baden, o. S..

TIETZ, B. (1992): Einzelhandelsperspektiven für die Bundesrepublik Deutschland bis zum Jahre 2010. In: DYNAMIK IM HANDEL 1/92. Frankfurt.

TIETZ, B. (1993): Der Handelsbetrieb. 2. Auflage. München: Vahlen.

TIETZ, B. (1994): Kooperation statt Konfrontation – Kontraktmarketing zwischen Hersteller und Handel. In: TROMMSDORF, V. (Hrsg.): Handelsforschung 1994/95. Wiesbaden: Gabler. S. 39-56.

TIREY, V. (1999): Kundenbeiehungen erfolgreich managen. Vom Database Management zum Customer Relationship Management. In: DATABASE MARKETING 4/99, S. 5-10.

THOMI, W. (1998): Zur Entwicklung des Einzelhandels in Deutschland. Interne und externe Ursachen des Strukturwandels und dessen Rückwirkungen auf das Standortsystem des Einzelhandels. In: GANS, P. & LUKHAUP, R. (Hrsg.): Einzelhandelsentwicklung – Innenstadt versus periphere Standorte. Mannheimer Geographische Arbeiten, S. 5-26, Heft 47. Mannheim.

TOMLIN, C. D. (1990): Geographic Information Systems and Cartographic Modelling. Prentice-Hall: Englewood Cliffs.

TROMMSDORFF, V. (1993): Konsumentenverhalten. 2. Auflage. Stuttgart, Berlin, Köln.

TWARDAWA, W. (1999): Effizientes Zielgruppenmarketing durch Implementierung von Verbraucherpaneldaten. In: GFK (Hrsg.): Informationsforum Geomarketing. Wieviel "Geo" braucht das Marketing? Unveröffentlichte Tagungsunterlagen.

UEBERREUTHER MANAGERAKADEMIE (1998): Unveröffentlichte Tagungsunterlagen der Konferenz "Mikromarketing und Business Mapping", Leipzig 1998.

UNWIN, D. J. (1996): GIS, spatial analysis and spatial statistics. In PROGRESS IN HUMAN GEOGRAPHY, 20, 4, S. 540-551.

VIELBERT, H. (1995): Retail Planning Policy in Germany. In: Davies, R. L. (Hg.): Retail Planning Policies in Western Europe. Routledge: London.

VON RANDOW, G. (1995): Die Macht der Koordinaten. In: DIE ZEIT, Nr. 29/95

VW GEDAS (1996): GIS - Instrumente zur strategischen Planung und kontinuierlichen Verfolgung. In: VW GEDAS CUSTOMER INFORMATION MAGAZINE, Jg. 7, 12/96. Berlin.

WALLNER, M. (1999): Der Informationsbedarf im Einzelhandel. In: Computerwoche 21/99. Internet-URL: http://www.computerwoche.de/archiv/1987/21/8721c123.htm.

WATERS, N. (1989): Expert systems within a GIS: knowledge aquisition for spatial decision support systems. In: PROCEEDINGS FOR A CHALLENGE OF THE 1990S. Ottawa.

WATERS, N. (1999): Transportation GIS: GIS-T. In: LONGLEY, P. A. ET AL. (Hg.): Geographical Information Systems. Principles and Technical Issues. Wiley & Sons: New York, Chichester et al. Vol. 2, S. 827-844.

WEBBER, R. (1995): Classifying European Consumers. In: Tagungsband der GIS for Business Conference 1995.

WEBBER, R. (1996): Shopping for success in Europe. In: GIS EUROPE 12/96.

WEBER, H. (1996): Außendienstoptimierung durch ein GIS bei Suchard. In: INSTITUTE FOR INTERNATIONAL RESEARCH (Hrsg.): Unveröffentlichte Tagungsunterlagen zur Konferenz "Geomarketing" in Frankfurt am Main, 15.-16.4.96.

WENDT, J.-P. (1996): GIS – eine neue Technologie für Marketing und Vertrieb. In: ARC AKTUELL 4/96, S. 1.

WENGLORZ, A. & WINTERKAMP, T. (1999): Die Zukunft des Handel(n)s. E-Business und Data Warehouse ermöglichen integrierte Marketingkonzepte. In: DATABASE MARKETING 4/99, S. 15-17.

WHITE, M. (1991): Car navigation systems. In: MAGUIRE, D. J., GOODCHILD, M. F. & RHIND, D. (Hrsg.): Geographical Information Systems. Principles and Applications. Band 2, S. 115 – 125. Longman: Harlow, New York.

WICKERT-INSTITUT FÜR KAUFKRAFTFORSCHUNG (1997): Kaufkraft-Spezial 1997 - Gesamtdeutschland nach PLZ-Gebieten. PC-Datenbank. Erolzheim

WILSON, A. G. (1967): A statistical theory of spatial distribution models. In: Transportation Research, Bd. 1, S. 253 –269.

WILSON, A. G. & BENNET, R. J. (1985): Mathematical methods in human geography and planning. Wiley & Sons: Chichester.

WÖHE, G. (1996): Einführung in die allgemeine Betriebswirtschaftslehre. 19. Auflage. Vahlen: München.

WRIGLEY, N. (1999): Market Rules and Spatial Outcomes: Insights from the Corporate Restructuring of the U.S. Food Retailing. In: GEOGRAPHICAL ANALYSIS 3/99, S. 288-309.

ZENTES, J. & SWOBODA, B. (1999): Neuere Entwicklungen im Handelsmanagement. Umfeldbedingungen und Strategische Konzepte. In: Marketing. Zeitschrift für Forschung und Praxis, Heft 1/99, S. 75 - 89.

ZIMMER, W. & BOSCH, D. (1999): Software-Standards für individuelle Lösungen. In: BAG HANDELSMAGAZIN ONLINE 1/99. Internet-URL: http://www.bag.de/c201de.htm.

ZIPF, A. (1999): Tourenplanung im Web und Navigation durch Raum und Zeit mit Deep Map. In: ARCAKTUELL 5/99, S. 14-15.

ZMG - ZEITUNGS-MARKETING-GESELLSCHAFT (1998): ZMG-Verbreitungsatlas 1998/99. ZMG: Frankfurt.